知识产权前沿热点
实务探讨

国家知识产权局专利局专利审查协作广东中心　组织编写

知识产权出版社
全国百佳图书出版单位
—北京—

图书在版编目（CIP）数据

知识产权前沿热点实务探讨/国家知识产权局专利局专利审查协作广东中心组织编写.
北京：知识产权出版社，2025.3（2025.10 重印）. —ISBN 978－7－5130－9772－7

Ⅰ.D923.404

中国国家版本馆 CIP 数据核字第 2025LV7326 号

内容提要

本书汇聚当前知识产权领域的前沿热点话题，主要从数据知识产权登记保护规则研究、乡村振兴背景下广东特色农产品相关知识产权保护策略研究、现代农业智能设计育种技术专利分析、高分子领域参数限定专利申请的审查策略研究等四个方面，对当前知识产权领域热点问题进行全面梳理与深刻分析。本书是相关领域创新主体和知识产权相关从业者全面了解知识产权制度的最新发展态势，更好地开展专利实务工作的实用工具书。

责任编辑： 王瑞璞　房　曦　　　　　　**责任校对：** 王　岩
封面设计： 杨杨工作室·张　冀　　　　　**责任印制：** 孙婷婷

知识产权前沿热点实务探讨

国家知识产权局专利局专利审查协作广东中心　　组织编写

出版发行：	知识产权出版社 有限责任公司	网　　址：	http://www.ipph.cn
社　　址：	北京市海淀区气象路 50 号院	邮　　编：	100081
责编电话：	010－82000860 转 8335	责编邮箱：	fangxi202210@126.com
发行电话：	010－82000860 转 8101/8102	发行传真：	010－82000893/82005070/82000270
印　　刷：	北京九州迅驰传媒文化有限公司	经　　销：	新华书店、各大网上书店及相关专业书店
开　　本：	787mm×1092mm　1/16	印　　张：	17.25
版　　次：	2025 年 3 月第 1 版	印　　次：	2025 年 10 月第 2 次印刷
字　　数：	320 千字	定　　价：	108.00 元

ISBN 978－7－5130－9772－7

编 委 会

编 写 组

主　　编：曲新兴

副 主 编：刘樟华

编写人员：贺　隽　　黄晓东　　陈翠莹　　狄文桥

肖雯雯　　李　莺　　刘自琴　　柯虹乔

李　博　　梁永焯　　张　浩　　王胜佳

于　淼　　韩福平　　陈小燕　　徐　丹

郭玉洁　　庄晓莎　　孟凡娜　　王春芬

毕晓博　　郑琼娟

前　言

　　党的二十届三中全会提出，高质量发展是全面建设社会主义现代化国家的首要任务。发展新质生产力是推动高质量发展的内在需求和重要着力点。在加快发展新质生产力的过程中，加强知识产权保护能够进一步激励创新，维护良好的市场环境，是新质生产力的催化剂。本书旨在汇聚当前知识产权领域的前沿热点话题，共享研究成果，助力知识产权相关从业者深入了解知识产权制度，促进对知识产权制度的运用。

　　本书从数据知识产权这一热点领域出发，对比梳理国内外数据知识产权保护的现状，从数据对象、登记属性和分级分类三个角度深入研究了数据知识产权登记客体的边界，并探索性地提出数据知识产权登记制度的框架，以典型司法诉讼案例为着手点，剖析数据知识产权登记保护存在的问题，为数据资源的有效利用与安全保障提供了法律与制度上的视角与思考。以广东特色农产品为出发点，从地理标志、商标和专利角度总结分析了广东地区丰富多样的特色农产品在乡村振兴战略大背景下的知识保护现状，并提出有效利用知识产权制度的策略建议，保护并促进品牌建设与价值提升，为农业现代化转型和乡村振兴注入新动力。为关注热点领域的技术发展态势，本书第三部分聚焦智能设计育种领域，从智能设计育种作物表型信息数字化、全基因组选择育种、作物智能预测与筛选育种和智能设计基因编辑育种四个方面分析了关键技术的专利申请趋势、重点申请人分布等发展态势，为行业从业者提供了参考与启示。最后，高分子领域作为现代工业与科技进步的重要基石，对其专利申请审查策略的探究不仅关乎技术创新的高度与深度，更直接影响到产业的综合竞争力。对该领域专利检索技巧与审查策略的分析，有助于规划技术研发，有效规避法律风险，提高专利申请质量，最大化创新成果的商业价值。

参与本书编写的有黄晓东（第一部分第一章）、狄文桥（第一部分第二章）、肖雯雯（第一部分第三章）、陈翠莹（第一部分第四章）、李莺（第二部分第一、三章）、刘自琴（第二部分第二章）、柯虹乔（第二部分第四章之一至四）、李博（第二部分第四章之五至七、第五章之一）、梁永焯（第二部分第五章之二）、张浩（第二部分第六章之一）、贺隽（第二部分第六章之二至四，第三部分第一、六章）、王胜佳（第三部分第一、六章）、于淼（第三部分第二章）、徐丹（第三部分第三章）、韩福平（第三部分第四章）、陈小燕（第三部分第四章）、郭玉洁（第三部分第五章）、庄晓莎（第四部分第一章之一、之二、之四以及之三第（三）（四）点，第二章之一至三，第三章之一、之四）、孟凡娜（第四部分第一章之三第（一）（二）点）、王春芬（第四部分第二章之四、之五）、郑琼娟（第四部分第三章之二）、毕晓博（第四部分第三章之三）。中心学术委员会委员孙燕、谭雯、杨隆鑫和贺隽对本书进行了审稿，并提供了许多宝贵的指导性意见。

本书不仅是对当前知识产权领域热点问题的全面梳理与深刻分析，还是对未来发展趋势的预见与前瞻。希望本书能够帮助相关领域创新主体和知识产权相关从业者全面了解知识产权制度的最新发展态势，更好地开展专利实务。由于时间和水平有限，本书难免存在疏漏、错误、不足之处，恳请广大读者不吝批评指正。

编委会

2024 年 8 月

目　录

第四部分 高分子领域参数限定专利申请的审查策略探究 / 213

第一部分

数据知识产权
登记保护规则研究

第一章 前　言

一、研究背景

（一）数据产权制度的发展

数字经济时代，数据作为新兴生产要素，已经成为国家重要基础性战略资源。2020 年 4 月，中共中央、国务院发布《关于构建更加完善的要素市场化配置体制机制的意见》，正式将"数据要素"列为五大生产要素之一，与土地要素、劳动力要素、资本要素、技术要素并列。习近平总书记强调，数据基础制度建设事关国家发展和安全大局，要维护国家数据安全，保护个人信息和商业秘密，促进数据高效流通使用、赋能实体经济，统筹推进数据产权、流通交易、收益分配、安全治理，加快构建数据基础制度体系。2023 年 3 月，国家数据局正式获批成立，负责协调推进数字中国、数字经济、数字社会规划和建设等，由国家发展和改革委员会管理。这表明，国家对数据要素的高质量发展越加重视。

随着新一轮科技革命和产业变革的深入发展，数字化转型已是大势所趋。数据作为数字经济的核心要素，正逐渐成为经济高质量发展的重要支撑。数据知识产权保护需求应运而生。2022 年 12 月 19 日，《中共中央　国务院关于构建数据基础制度更好发挥数据要素作用的意见》（以下简称《数据二十条》）重磅落地，提出建立四大数据基础制度：一是建立保障权益、合规使用的数据产权制度，二是建立合规高效、场内外结合的数据要素流通和交易制度，三是建立体现效率、促进公平的数据要素收益分配制度，四是建立安全可控、弹性包容的数据要素治理制度。其中，数据产权制度体系是其他三大类数据要素基础制度体系的根基。

当前，虽然数据知识产权的概念已经被越来越多的人所认知和接受，但我国数据要素市场的建设尚处于探索阶段，数据要素确权、定价、流通、监管等基础制度体系尚不健全。数据权益和行为规则界定不清带来的一些问题日益显现，数据权益相关纠纷呈上升趋势。因此，必须通过构建数据产权制度，实现数据要素的获取、加工、流通、利用以及收益分配等行为有法可依、有规可循，如此才能推动数据要素市场规范化、制度化建设，最终有效提升数据要素的市场化配置效率。

国家知识产权局局长申长雨表示，构建数据知识产权制度是一项重大的制度创新和实践创新，面临难得机遇和诸多挑战，要充分考虑数据的安全、公众的利益和个人的隐私，充分把握数据的特有属性和产权制度的客观规律，充分尊重数据处理者的创造性劳动和相关投入，充分发挥数据对产业数字化转型和经济高质量发展的支撑作用。

建立"归属清晰、合规使用、保障权益"的数据产权制度，促进我国数据基础制度建设，激活数据要素潜能，推动我国数字经济高质量发展，加快建设数字中国，助力实现中国式现代化。

（二）数据知识产权登记保护规则的建立

自《知识产权强国建设纲要（2021—2035年）》（以下简称《纲要》）、《"十四五"国家知识产权保护和运用规划》（以下简称《规划》）和《数据二十条》对构建数据知识产权保护规则等工作作出部署以来，国家知识产权局高度重视数据知识产权工作，稳步推进相关工作。截至2024年1月，国家知识产权局确定了17个作为开展数据知识产权工作的试点地方，推动有关单位在制度构建、登记实践、权益保护、交易使用等方面开展数据知识产权地方试点工作。2023年，国家知识产权局将"开展数据知识产权保护规则构建相关重点问题研究"纳入年度重点工作。之后，国家知识产权局确定了在数据知识产权保护方面的基本思路，并构建了数据知识产权保护的基本规则。《数据二十条》出台后，一些地方颁布的法规或文件也就数据产权登记作出了或详或略的规定。

虽然数据知识产权登记已在部分试点城市推动和落实，并取得了一定的积极效果，但数据知识产权登记仍然处于探索阶段，还存在登记对象边界不清、区域登记规则差异明显、审查方式单一不能满足多元化要求及数据知识产权登记保护效力不明确等问题。因此，在当前背景下，研究数据知识产权登记保护规则对数字知识产权保护制度的完善及推动数字经济的发展有着重要意义。

二、国内外数据知识产权登记保护规则现状研究

（一）国内数据知识产权登记保护规则现状

1. 国家层面数据知识产权保护政策及措施

（1）数据产权民事保护

我国对于数据产权权益的民事保护主要有以下方式。

一是《著作权法》。《著作权法》的保护更多是基于个体数据上所包含的信息，需要满足《著作权法》上规定的独创性要求。但是当面对一个具有相当规模的大数据集合时，《著作权法》保护要求其具备信息编排上的独创性，以作为汇编作品来保护。

二是《反不正当竞争法》的商业秘密保护能够为数据类权益提供保护。但是商业秘密保护的局限性在于它只能够作用在特定的主体之间。当数据成为一个产品或者作为商品在市场上流通时，数据产品便没有办法获得商业秘密保护。

三是《反不正当竞争法》第二条"商业道德条款"提供的保护。这种保护更多是对于他人非法获取和利用他人大数据集合行为的规制。

尽管《反不正当竞争法》在征求意见稿中也增加了单独的数据条款，但更多还是考量是否具有实质性替代的标准，背后考量的是两个竞争者之间的竞争利益，而不是对于数据集合本身的保护。

（2）数据知识产权制度的建立部署

党的十八大以来，党中央和国务院围绕推进数据基础制度、数据要素市场、数字经济建设等工作，制定出台了一系列政策文件（参见表1-2-1）。截至2024年1月，国家知识产权局已确定北京、上海、江苏、浙江、福建、山东、广东、深圳、天津、河北、山西、安徽、河南、湖北、湖南、贵州和陕西作为开展数据知识产权工作的17个试点地方，从推动制度构建、开展登记实践等方面开展数据知识产权地方试点工作。2022年12月，《数据二十条》提出数据资源持有权、数据加工使用权和数据产品经营权"三权分置"的中国特色数据产权制度框架，并强调研究数据产权登记的新方式。数据产权登记是推动构建数据产权制度的关键一环，可以保护数据要素市场参与主体合法权益，促进数据的开放流动和开发利用，支撑数字经济高质量发展。

表 1 - 2 - 1　党中央和国务院相关政策文件

发布时间	文件名	主要内容
2020 年 3 月	《中共中央　国务院关于构建更加完善的要素市场化配置体制机制的意见》	首次将"数据"与土地、劳动力、资本、技术等传统要素并列，提出要加快培育数据要素市场，发展数据登记结算等市场运营体系
2021 年 1 月	《建设高标准市场体系行动方案》	研究制定加快培育数据要素市场的意见，建立数据资源产权、交易流通、跨境传送和安全等基础制度和标准规范，推动数据资源开发利用
2021 年 3 月	《中华人民共和国国民经济和社会发展第十四个五年规划和 2035 年远景目标纲要》	首次将"加快数字化发展　建设数字中国"单列一篇，并将数字经济核心产业增加值占 GDP 比重列为"十四五时期经济社会发展主要目标之一"
2021 年 9 月	《知识产权强国建设纲要（2021—2035 年)》	提出研究构建数据知识申请保护规则
2021 年 10 月	《"十四五"国家知识产权保护和运用规划》	明确研究构建数据知识申请保护规则
2021 年 12 月	《要素市场化配置综合改革试点总体方案》	提出规范和培育数据交易主体，发展数据资产评估、登记结算、交易撮合、争议仲裁等市场运营体系，开展数据资产化服务
2021 年 12 月	《"十四五"国家信息化规划》	提出发展数据资产评估、登记结算、交易撮合、争议仲裁等市场运营体系
2022 年 10 月	《高举中国特色社会主义伟大旗帜　为全面建设社会主义现代化国家而团结奋斗——在中国共产党第二十次全国代表大会上的报告》	要构建全国统一大市场，深化要素市场改革，完善产权保护等市场经济基础制度
2022 年 12 月	《中共中央　国务院关于构建数据基础制度更好发挥数据要素作用的意见》	以数据产权、流通交易、收益分配、安全治理为重点，提出 20 条政策措施，提出"三权分置"的中国特色数据产权制度框架，并强调研究数据产权登记新方式

发布时间	文件名	主要内容
2023 年 2 月	《数字中国建设整体布局规划》	数字中国建设按照"2522"的整体框架进行布局，并明确释放商业数据价值潜能，加快建立数据产权制度，开展数据资产计价研究，建立数据要素按价值贡献参与分配机制
2023 年 3 月	《党和国家机构改革方案》	组建国家数据局，由国家发展和改革委员会管理，负责协调推进数据基础制度建设，统筹数据资源整合共享和开发利用，统筹推进数字中国、数字经济、数字社会规划和建设等
2023 年 7 月	《2023 年知识产权强国建设纲要和"十四五"规划实施推进计划》	加快数据知识产权保护规则构建，探索数据知识产权登记制度，开展数据知识产权地方试点

2. 地方数据知识产权登记保护规则探索及措施

（1）建立制度，规范数据产权登记管理体系

截至 2024 年 11 月，浙江、北京已将数据知识产权的相关内容写入了地方性法规；上海已将数据知识产权工作写入市级各类法规、政策文件，上海市知识产权局牵头制定《上海市数据产品知识产权登记存证暂行办法》，并加快推动"区块链 + 数据知识产权（上海知识产权服务链）"建设；江苏、浙江、北京、深圳四地陆续发布数据知识产权登记相关的法律文件；贵州、山东等地正式印发登记办法；浙江印发《浙江省企业首席数据官制度建设指南（试行）》，推行企业设置首席数据官，明确首席数据官的岗位职责和具体职责。多地也积极推进数据知识产权保护和运用相关实践探索，助力数据维权，促进数据资源合理流通，如表 1 - 2 - 2 所示。

表 1 - 2 - 2　各地数据产权登记制度的介绍

发布时间	地区	文件名	主要内容
2017 年 7 月	贵州	《贵州省政府数据资产管理登记暂行办法》	全国首个政府数据资产数据登记办法

发布时间	地区	文件名	主要内容
2022 年 11 月	深圳	《数据知识产权登记试点工作方案》	明确为经过一定规则处理的、具有商业价值的非公开数据提供数据知识产权登记服务，并指导制定登记相关制度文件
2023 年 5 月	北京	《北京市数据知识产权登记管理办法（试行)》	包括总则、登记内容、登记程序、管理监督和附则五部分 25 条，明确了数据知识产权登记对象、登记主体和登记程序等主要事宜
2023 年 5 月	浙江	《浙江省数据知识产权登记办法（试行)》	对使用范围、登记申请、登记审查、登记证书的使用、监督管理作出详细规定
2023 年 6 月	深圳	《深圳市数据知识产权登记管理暂行办法》	全国首部数据知识产权登记相关规范性法律文件，按照构建数据资源和数据产品服务两级数据市场思路，明确了在深圳市行政区内的首次登记、许可登记、转移登记、变更登记、注销登记和异议登记行为
2023 年 9 月	广东	《广东省数据知识产权登记服务指引（试行)》	规定了数据知识产权的登记对象、登记主体、管理及登记机构、登记平台等
2023 年 10 月	山东	《山东省数据知识产权登记管理规则（试行)》	包括总则、登记事项、登记程序、管理服务、附则五章 32 条，明确了管理机构和登记机构初审和复审、证书有效期等事宜
2023 年 11 月	贵州	《贵州省数据要素登记管理办法（试行)》	由总则、登记机构、登记主体、登记内容、登记程序、登记类型、安全管理和附则八章组成，共 44 条办法规定
2024 年 1 月	天津	《天津市数据知识产权登记办法（试行)》	包括总则、登记申请、登记内容、登记程序、变更登记、证书效力、管理监督七章 27 条，明确了数据知识产权登记对象、登记主体和登记程序等主要事宜

发布时间	地区	文件名	主要内容
2024 年 1 月	江苏	《江苏省数据知识产权登记管理办法（试行）》	分为总则、登记事项、登记规范、监督管理、附则五章 30 条，明确了数据知识产权保护的客体、登记要求、审查程序、争议处理、保护效力等
2024 年 4 月	安徽	《安徽省数据知识产权登记办法（试行）》	明确了数据知识产权登记的基本框架、申请程序、审查程序、续展变更和监督管理等内容
2024 年 8 月	河北	《河北省数据知识产权登记办法（试行）》	明确登记原则、申请主体、登记流程、审查公示、异议处理、证书使用和监督管理等
2024 年 10 月	山西	《数据知识产权登记管理办法（试行）》	明确了数据知识产权登记的对象是依法依规获取的、经过一定规则处理形成的、具有实用价值的数据集合
2024 年 11 月	上海	《上海市数据产品知识产权登记存证暂行办法》	主要涉及数据产品的登记申请、登记撤回与变更、登记撤销、登记管理等内容

（2）搭建平台，完善数据产权登记基础设施

早在 2015 年，北京便成立了全国首家数据资产登记服务机构——中关村数海数据资产评估中心，为数据资产登记确权赋值。截至 2024 年 8 月，深圳、浙江、江苏、广东、山东、福建等地均已上线可办理数据产权登记的平台系统（参见表 1 - 2 - 3），申请者通过"存证—登记—审核—公示"等环节后，可取得数据知识产权登记证书，在一定程度上解决了企业在数据要素流通中"不能交易"及"不敢交易"的问题，进一步推动了数据资产的价值挖掘、权益保护和合规交易流通。

表 1 - 2 - 3　各地数据产权登记平台

地区	成立时间	名称	成效	备注
北京	2022 年 7 月	北京国际大数据交易所数据资产登记中心	未公开	—
深圳	2022 年 11 月	深圳市数据知识产权登记系统	截至 2023 年 9 月，数据公示信息共 86 条，主要包括"自有/自采数据"和"购买数据"两类数据	全国首个专注数据知识产权登记的信息化系统，颁发了全国首批数据知识产权登记证书
江苏	2023 年 4 月	江苏省数据知识产权登记平台	截至 2023 年 9 月，数据公示信息共 122 条，主要包括"自有/自采数据"和"授权数据"两类数据	—
浙江	2023 年 4 月	浙江省数据知识产权登记平台	截至 2023 年 9 月，数据公示信息共 307 条	已与浙江知识产权交易中心、浙江大数据交易中心等平台打通
福建	2023 年 4 月	福建省数据知识产权登记存证平台	截至 2023 年 9 月，数据公示信息共 538 条	—
广东	2023 年 7 月	广东省数据知识产权存证登记平台	截至 2023 年 9 月，数据公示信息共 1 条	广东联合电子服务股份有限公司的"广东省高速公路车流量短期预测数据"
山东	2023 年 7 月	山东省数据知识产权登记平台	截至 2023 年 9 月，登记公告信息共 5 条	—

（3）探索创新，扩大数据产权登记应用场景

数据知识产权登记证书可作为持有数据的合法凭证，用于数据的流通交易、收益分配和权益保护。各地以数据为关键要素，推动数据知识产权登记证书在数据知识产权质押融资、数据知识产权许可、数据交易等方面加速创新，促进数据要素价值创造与价值实现。

在数据知识产权质押融资方面，北京、深圳、浙江、江苏等试点示范省市立足数据知识产权质押融资全链条规范服务，积极探索形成规范的数据知识产权质押融资模式，创新性解决中小微企业融资难、融资贵等问题。如浙江杭州通过数据知识产权的"存证＋登记＋存储"平台体系建设，对数据采集脱敏、存证存储、评估融资、融后处置等环节进行探索实践，并出台《数据知识产权质押服务规程》省级团体标准。江苏联合苏州银行、南京银行等金融机构给予数据知识产权权利人大量资金支持，南京、无锡、南通等城市均落地数据知识产权质押融资业务，并开创了以数字人民币形式为企业发放数据知识产权贷款的模式。

在数据知识产权许可方面，江苏徐州将数据知识产权许可应用于高校专利转化，将获取登记证书后的数据许可给高校，高校利用数据资源通过专利可视化手段，为研发人员、企业家和投资者提供决策支持，促进了高校科技成果的转化和商业化应用。

在数据交易方面，深圳通过与数据交易所合作，将登记证书作为数据卖方合法持有数据的基础凭证，便利企业数据进场交易。此外，深圳还积极推动登记证书在数据资产会计入表、数据要素统计核算等领域的应用。

（二）国外数据知识产权保护现状研究

数据作为基础性战略性资源，也是各国战略争夺的重点，数据知识产权所涉也从私人纠纷上升至国家安全问题。[1] 美国、欧盟、日本、韩国等经济体先后将数据知识保护作为其国家发展中的重要战略。虽然尚未建立数据知识产权登记相关制度，但上述四个国家和地区针对数据知识产权保护的经验值得借鉴。

1. 美国数据产权保护政策及措施

美国一方面不断强化国内知识产权保护的深度和广度，在国内立法、行政政策等方面采取积极措施；另一方面在国际范围内重塑知识产权保护政策，扩张现有知识产权权利范围，积极通过区域和双边途径将本国数据知识产权保护规则在全球范围内推广。[2]

（1）数据产权保护的立法

美国数据保护的法律采用分散立法模式，在数据保护方面存在一些问题，如联

---

[1] 郝义飞. 国际数据保护及其对我国的启示：以欧美数据保护立法为例 [J]. 办公室业务, 2022 (16)：173 – 175.

[2] 周念利，李玉昊. 数字知识产权规则"美式模板"的典型特征及对中国的挑战 [J]. 国际贸易, 2020 (5)：90 – 96.

邦立法与州立法的关系问题、执法机构之间的协调、诉讼的举证。❶《美国数据隐私和保护法案》在制度设计上考虑了增强个人数据权利的国际趋势，同时也指出联邦优先购买权和私人诉讼权，只收集其业务运营所必需的数据。但是，该法案离正式成为联邦法律还有一定的距离。美国仍未在数据保护方面形成全面、整体的联邦法律。

（2）数据产权保护的形式

美国从产业利益出发，对个人数据持积极利用的态度，其数据保护的法律规定较为宽松，坚持以市场为主导、以行业自律为主要手段。在不违背反垄断规则的前提下，行业组织会对行业行为进行自我规范，美国政府发挥监督和指导的作用。

（3）数据产权的流通制度

美国在加大数据知识产权国内立法保护的同时，积极主导推动国际双边和多边协议，基于本国优势产业数据用途角度扩张现有知识产权权利范围，积极通过区域和双边途径将本国系统性的实验数据保护规则在全球范围内推广，如《跨太平洋伙伴关系协定》（TPP）、《美墨加协议》等。❷

2004 年美国推动亚太经济合作组织（APEC）通过了亚太区域第一个关于跨境数据流动治理的指导性文件，即《亚太经合组织隐私框架》，并建立起一套规则系统即"跨境隐私规则体制"（CBPRs）。美国的这套跨境数据流动治理体系和规则与欧盟的相关条例并行，成为全球跨境数据流动治理的另一种主流范式。❸

以知识产权为核心的技术贸易出口一直是美国经济增长的重要方面。美国不断利用政策工具保护其经济科技领域内的竞争优势，维护美国投资者的利益。

2. 欧盟数据产权保护政策及措施

欧盟对数据产权保护的起步较早，相关立法以对个人权利的保护为主。于 2018 年 5 月 25 日施行的欧盟《通用数据保护条例》（GDPR）是全球首部全面的个人数据法，极大地影响了欧洲乃至全世界的数据保护立法进程，对全球个人信息和隐私保护立法产生了深远影响，并被许多国家借鉴。

（1）数据产权保护的立法

欧盟的数据立法在对个人数据进行保护的同时，也注重数据的自由流通的财产

---

❶ 郝义飞. 国际数据保护及其对我国的启示：以欧美数据保护立法为例 [J]. 办公室业务，2022（16）：173 - 175.

❷ 秦乐，李红阳. 美欧数字经济知识产权治理趋势研究 [J]. 信息通信技术与政策，2022（6）：36 - 40.

❸ 赛迪研究院. 赛迪观点：《美国数据隐私和保护法案》的内容及启示 [EB/OL]. （2023 - 03 - 14）[2024 - 06 - 30]. https：//baijiahao. baidu. com/s? id = 1760304735531205877&wfr = spider&for = pc.

利益，希望在数据权利保护与数据自由流通之间进行权益平衡。❶

欧盟在数据治理方面不断完善，打造单一数据空间以消除成员国政策碎片化，构建数据保护与流动机制，形成垂直管理的治理体制，致力于提高个人数据保护水平。欧盟的重点是建立欧盟单一数字市场，通过数据保护立法建立一个安全有序的数字经济市场，形成一个协同和保护数据管理系统。❷ 2018 年，欧盟通过《非个人数据自由流动条例》，旨在促进单一市场跨境非个人数据流动，降低数据本地化，激励数据服务市场竞争，保证有关机关获取数据的权力，保障专业用户能够自由迁移数据。❸

2020 年欧盟颁布《欧洲数据战略》以促进数据流通共享，提出建立欧洲单一数据空间，使欧盟成为数据驱动型社会领导者的目标。2022 年 2 月 23 日，欧盟委员会发布《数据法案》(Data Act)，以促进欧洲数据价值释放为目标，明确了多项数据流通共享措施。❹

（2）数据产权保护的形式

德国率先在行业数据之间试点数据空间（data space），即通过建造标准化的通信接口，打造用于数据交易的共享、可信空间，为行业间数据交易提供交换途径。数据空间制度在解决行业数据共享问题上取得了较大的成功，截至 2022 年已经得到包括中国、日本、美国等在内的 20 多个国家以及 118 家企业和机构的支持。❺

（3）数据产权的流通制度

在欧盟内部，个人数据是可以自由流通的。同时，欧盟也鼓励非个人数据，包括公共部门数据、私营部门数据和科学研究数据在成员国之间自由流动和再利用，为欧盟的数字经济创造新的活力。

建立欧洲数字经济的重点是建立单一的数字市场；跨境数据流动是欧盟单一数字市场构建中的重要组成部分，保障数据在成员国之间自由流动，使数字资源在不同市场参与者间交换以创造出更大的价值。❻

2023 年 7 月 10 日，欧盟委员会通过了《欧盟－美国数据隐私框架》（DPF）的充分性决定。该框架用于确保美国对美国和欧盟之间传输的个人数据的保护与欧盟

---

❶ 余圣琪. 数据权利保护的模式与机制研究［D］. 上海：华东政法大学，2022.

❷❹ 马文婷，付安之，梁雨. 欧盟数字战略和数据立法概况及对我国数据制度建设的借鉴［J］. 电子知识产权，2022（10）：38－48.

❸❻ 田新月. 欧盟跨境数据流动法律规制研究［D］. 武汉：武汉大学，2020.

❺ 张永忠，张宝山. 构建数据要素市场背景下数据确权与制度回应［J］. 上海政法学院学报（法治论丛），2022，37（4）：105－124.

提供的保护相当。

3. 日本数据产权保护政策及措施

日本数据立法模式体现出对于私人利益与公共利益的平衡，对数据权利保护与数据自由流动的利益平衡。日本的数据治理模式以构建开放的数据流通体系为目标，在不突破现有法律规定和法律解释的前提下，对于数据不新设排他性私权的限制，在尊重数据交易契约自由原则的基础上促进数据的自由流通。

（1）数据产权保护的立法

《日本个人信息保护法》以个人信息的有效利用及其保护为对象，目的在于协调个人信息有效利用和个人权益保护之间的平衡，确立了个人信息保护的基本理念和原则，明确了国家和地方公共团体的职责以及使用个人信息的企事业单位应履行的义务。❶ 同时，日本先后颁布了与《日本个人信息保护法》有关的施行令、施行规则，进一步细化了个人信息保护规则。

2021 年 6 月，日本宣布了国家数据战略（NDS）。这是日本第一个全面的数据战略，旨在为建立数字社会奠定基础。这一战略的基本价值是"建成以市民为中心并兼顾效率和信任的社会"，而这一价值将通过"实现经济发展和解决社会问题以创造新价值"的以人为本的社会以及数字孪生技术来实现。

（2）数据产权保护的形式

日本在数据信托制度基础上，创新出数据银行（data bank）的交易制度，在取得个人授权的基础上，银行可以将数据作为资产进行开发和利用。❷ 数据银行是数据资本化的第一步。数据银行制度将数据作为供给方的个人资产，并且借鉴银行关于货币资产的管理运营模式，对数据的所有权、知情权、隐私权和收益权进行了合理安排。❸

（3）数据产权的流通制度

日本对内以《日本个人信息保护法》《日本防止不正当竞争法》等作为数据治理的基础，对外则积极参与双边、多边合作机制，大力提倡"可信赖的数据自由流动"（DFFT）理念❹，促进在互信的基础上实现数据跨境自由流动。

❶ 张红. 大数据时代日本个人信息保护法探究 [J]. 财经法学，2020 (3)：150 - 160.

❷ 张晓磊. 日本跨境数据流动治理问题研究 [J]. 日本学刊，2020 (4)：85 - 108.

❸ 张永忠，张宝山. 构建数据要素市场背景下数据确权与制度回应 [J]. 上海政法学院学报（法治论丛），2022，37 (4)：105 - 124.

❹ 李墨丝. 欧美日跨境数据流动规则的博弈与合作 [J]. 国际贸易，2021 (2)：82 - 88.

日本经济产业省（METI）启动了数据跨境传输的研究。该部门建立一个系统，作为 2023 年在日本举办的 G7 峰会之前能够实现顺畅的跨境数据传输的协调措施。

日本在积极建设国内跨境数据流动相关法律制度的同时，在双多边交涉中增加关于跨境数据流动规则的谈判，实现日本与其他国家和地区之间规范的跨境数据流动。日本积极推动美日欧三方建立数据安全联盟，形成一个大型"数据池"，并且通过这种方式来增强其竞争优势。

4. 韩国数据产权保护政策及措施

韩国在数据治理方面开辟了独特的国家治理模式，并推动了相关科技业务模式和监管框架的发展。多年来，韩国政府在建设国家宽带网络和促进数字技术应用方面做了大量工作。

（1）数据产权保护的立法

韩国的数据保护法在处理个人数据的整个生命周期中提供了非常规范的具体要求，原则上几乎总是需要数据主体的同意才能处理其个人数据。[1] 韩国 2020 年 1 月通过了"数据三法"——《韩国个人信息保护法》《韩国信用信息法》《韩国信息通信网法》的修订案。该法案旨在扩大个人和企业可以收集、利用的个人信息范围，有效放宽了对有关数据利用的限制，为数据产业发展奠定了基础。

2021 年 2 月，韩国政府成立了"数据 119 项目"，并发布了一项旨在利用开放数据重振数字经济的数据战略，通过提高数据保护水平获得欧盟《通用数据保护条例》的充分性认定。[2]

2021 年 12 月 7 日，韩国知识产权局颁布了修订后的《韩国反不正当竞争和商业秘密保护法》。此次修订将非法获取和使用数据以及未经许可使用名人肖像和姓名的行为定义为不正当竞争行为，并在未来加以监管。

（2）数据产权的流通制度

在韩国对外贸易协定框架下，韩国通过一系列双边、多边贸易协定谈判，与其他国家和地区达成了一些关于数据跨境流动的规定。在韩欧和韩美自由贸易协定中，韩国表示将对其监管制度进行修改，在允许跨境转移金融数据信息的同时，解决诸

[1] 金到妍. 论数据的知识产权保护：以中韩数据保护模式比较为视角［D］. 北京：中国政法大学，2023.

[2] 郑乐锋. 韩国数据治理方式：世界在线率最高国家如何打造第三条道路：译文［J］. 信息安全与通信保密，2021（12）：45－53.

如保护消费者敏感信息等问题。❶

2021 年 10 月，韩国通过《韩国数据产业振兴和利用促进基本法》（以下简称《韩国数据基本法》），旨在为发展数据产业和振兴数据经济奠定基础，对数据的开发利用进行统筹安排，提出培养数据经纪商作为数据经济的促进者，并构建数据价值评估、资产保护和争端解决机制等内容，建立数据交易/分析的报告系统，为数据交易、分析活动以及市场主体提供系统、全面的支持。

---

❶ 郑乐锋. 韩国数据治理方式：世界在线率最高国家如何打造第三条道路：译文［J］. 信息安全与通信保密，2021（12）：45 - 53.

第二章　数据知识产权登记客体边界研究

2022 年 12 月，《数据二十条》就建立数据知识产权制度、数据要素流通与交易、数据要素收益分配以及数据要素治理等基础制度提出了非常全面的意见，并提出了数据资源持有权、数据加工使用权和数据产品经营权"三权分置"的中国特色数据知识产权制度框架。

客体是权利结构的重要组成部分。权利结构受到权利客体的直接影响。在明确数据产权登记制度的基本功能之后，明确数据知识产权登记的客体是构建我国数据知识产权登记制度的关键一环。一方面，需要明确数据知识产权登记的标的物；另一方面，需要明确数据产权登记的权利，即明确具体可以通过登记加以记载并予以公示的权利。数据数量众多、类型多样，不同的数据类型有着不同的权利需求，因此在客体保护方面不能简单粗暴地采取"一刀切"的方式，而应当结合不同数据类别的特征和其上承载的利益需求，采取差异化保护，做到有的放矢。

国务院 2021 年 12 月 12 日印发的《"十四五"数字经济发展规划》提出要建立健全数据产权规则，从数据的性质出发，逐步分类确权赋权。2022 年 6 月中央全面深化改革委员会第二十六次会议审议通过了《中共中央　国务院关于构建数据基础制度更好发挥数据要素作用的意见》。会议上，习近平总书记强调要统筹推进数据产权，加快构建数据基础制度体系，同时指出要建立数据产权制度，对公共数据、企业数据、个人数据分类分级授权使用，建立数据产权运营机制，健全数据要素权益保护制度。基于数据来源的多样性、数据持有者的广泛性以及数据运用的多维性等特质，处于不同行业背景、应用于不同现实场景时，数据有着不同的表达；基于此，数据知识产权的保护也存在着差异。工业互联网、智能网联汽车、互联网企业 App 随着移动互联网、云计算、人工智能技术的蓬勃发展已经得到广泛应用，并且随之产生的原生数据及其衍生数据也将具有巨大的价值。由此，本章进一步从分级分类的角度，将数据知识产权的客体划分为不同维度进行分析研究。

一、数据对象

根据国际标准化组织在信息技术术语标准中的定义，通常意义上的数据是"信息的一种形式化方式的表现，这种表现背后的含义可再被展示出来，且这种表现适用于沟通、展示含义或处理"。"数据"一词在法律上无论是从其本身的客体归属，还是从语意理解层面来看，都有不同的含义，但通常认为其是一种无形客体。从客体归属层面看，数据通常是指实务中人们现在所关注的有关基于大数据技术所收集使用与保护的个人信息。从语意理解层面看，数据是指与人身基本无关并在法律和政策范围内可进入市场流通转让的信息，包括基于企业收集的原始数据和再加工编排后的衍生性数据集合。

（一）工业互联网数据

工业互联网数据是指在工业互联网这一新业态下，工业互联网企业开展研发设计、生产制造、经营管理、应用服务等业务时，围绕客户需求、订单、计划、研发、设计、工艺、制造、采购、供应、库存、销售、交付、售后、运维、报废或回收等工业生产经营环节和过程，所产生、采集、传输、存储、使用、共享或归档的数据。

1. 工业互联网数据特点

工业互联网数据除了大数据的规模性、非排他性、可复制性、主体多样性等基础共性，还具有可靠性、实时性、关联性、复杂性等特点。在可靠性方面，工业互联网数据十分注重数据质量，在数据采集、传输、使用等环节中都需要保证数据真实、完整、准确。在实时性方面，数据的采集、传输、使用、协同显示出了较强的时序关联性，因此对数据的实时性处理要求很高。在关联性方面，工业互联网数据不是独立存在的，生产各环节中既有来自庞大管理系统的数据，也有来自产线、设备、工业产品等方面的实时数据，还有来自互联网、供应链的各种外部数据等，各个不同生产环节中的数据持续产生关联并且不断更新。在复杂性方面，基于工业互联网应用场景的全面性、专业性特征，工业互联网数据具有较高的复杂性。

2. 工业互联网数据分级分类

工业数据具有多种分类维度，如按所属行业类别、业务类型、产生部门、存储方式、存储位置、更新频率、用途等。工业互联网数据应用场景覆盖各类过程的工业数据，按其来源属性（设备数据、业务系统数据、知识库数据和用户个人数据）、数据敏感性（一般数据、重要数据和敏感数据）、业务类型（研发设计数据、生产制造数据、经营管理数据、外部数据）等维度进行类别划分。

3. 工业互联网数据保护边界

我国司法实践明确企业对基于合法获得数据形成的数据衍生产品享有财产性权益。工业互联网数据与企业的生产经营、商业秘密、知识产权息息相关，各种数据类型混杂多样。作为达成交易的基础性条件，工业互联网数据权属边界如何界定成为关注重点。

基于工业互联网数据的各种类型不难看出，对于研发设计、生产制造类数据，涉及企业核心利益的技术成果、设计图纸、软件代码等可以通过专利权、著作权或计算机软件著作权等进行保护；基于企业的保密需求，也可选择采用商业秘密的方式保护。而对于生产过程中所采集的大量生产线工况、设备运行数据、环境参数等实时数据，对其经过一定规则处理、分析后能够产生生产力或商业价值提升的，应成为数据知识产权的保护客体而被保护。这类数据往往只与企业相关，并不直接与互联网平台及政府部门、个人相关，因此权属边界也较为清晰。

经营管理类数据和外部数据经过分析、整理后，对产品当前的运营情况乃至相关行业的发展前景预测均有重要的参考意义，除作为商业秘密被保护之外，将其作为数据产权而流通，也是选择之一。但是，这类数据往往关联性复杂，权属边界很难厘清，在相关法律制度和标准尚未健全的情况下，行业实践中仍未形成具有共识性的权属分割规则。

因此，建立工业互联网数据产权法规，通过明确数据的权属关系，保护数据安全和个人隐私，引导工业企业加快数据汇聚、推动数据共享，将有利于工业互联网数据产业的创新与繁荣。

（二）车联网数据

在驾驶的车辆中，有大量的数据产生，它允许为汽车司机提供许多额外的服务，例如，关于汽车本身的技术功能的数据、驾驶行为的数据、位置数据、关于汽车周围的数据（其他汽车和交通）、关于天气的数据和道路状况等。在驾驶过程中，汽车通过移动通信不断地连接到互联网，并能实时交换数据以获得进一步的服务。由此可知，车联网数据容易涉及如何保护车主的隐私以及如何处理数据中的所有权问题。

1. 车联网数据特点

车联网数据具有三重属性，分别对应车联网数据治理中的个人信息保护、数字市场与国家安全三个方面。对车主、乘客而言，数据意味着个人信息；对车企、车联网平台企业而言，数据是数字经济的"石油"，具有重要经济利益；对主权国家而言，车联网形成的数据则代表着对国家安全至关重要的情报。车联网数据治理的核心，需要在个人信息保护、数字市场与国家安全三者之间达成平衡。

2. 车联网数据分级分类

我国自动驾驶汽车仍处于发展初期，尚未建立行业数据分类分级的技术标准及相关的管理制度，不利于维护国家数据安全、支持产业创新发展、保护个人信息安全。自动驾驶汽车数据包括车、路、网、人等众多数据，且很多数据横跨众多领域，给自动驾驶汽车数据分类分级整理和归纳工作带来了巨大挑战。

（1）按车联网数据类别分类

车联网数据可按照数据属性、特征和典型应用场景分为车辆基础数据（包括车辆基础数据、车辆工况及运行数据、感知决策控制数据、网联终端软件数据等）、用户个人数据（包括用户身份数据、用户画像数据、服务需求让渡隐私数据等）、应用程序数据（包括出行辅助数据、影音娱乐数据、生活服务数据等）、外部环境数据（包括基础设施基本数据、交通数据、定位和导航数据、环境感知数据等）。

（2）按信息系统安全等级分类

参照《信息安全等级保护管理办法》，将自动驾驶汽车数据分为三级，包括自主保护级、监管保护级和专控保护级。第一级为自主保护级，对应信息系统的安全保护等级第一级（自主保护级）和第二级（指导保护级），即发生数据泄露，但国家安全利益没有或有轻微损害。第二级为监管保护级，对应等保第三级（监督保护级）和第四级（强制保护级），即发生数据泄露，对国家安全形成损害或严重损害。第三级为专控保护级，对应等保第五级（专控保护级），即发生数据泄露对国家安全形成极其严重损害。研究制定自动驾驶汽车数据分类分级规则，有助于企业明确能够支持其研发及服务需收集数据的边界，指导设立国家安全和个人隐私保护需要的最小数据边界，为建立汽车数据和网络安全管理体制机制提供必要支撑。

3. 车联网数据保护边界

通过车联网实时交换数据发现，大量数据是由智能汽车上的传感器产生的。在法律讨论中，在讨论通过物联网传感器产生的数据时，提出了一个新的"数据生产者权利"——它应该被分配给数据产生设备的所有者（或长期用户），用于允许授权使用这些数据，因此方便访问和重复使用非个人（和匿名个人）数据。因此，应具体地定制特别是在复杂的多利益攸关方情况下解决适当的数据所有权问题，尤其是谁对数据具有事实上的控制权、访问的问题以及谁在连接的和自主的网络中获得所产生的数据的益处的问题。

关于车联网的数据，有一个复杂的多方利益相关者的情况，包括汽车制造商、零部件供应商、备件生成商、独立维修提供商、保险公司以及车主。汽车制造商正在汽车市场上生产和销售汽车，它们试图尽可能多地控制车辆数据，因为这样一个事实上对数据的控制允许它们将这些数据商业化，从而获得除汽车销售外的额外收入。上述利益相关者都可以先行提炼现有司法实践对于个人数据、企业数据具体产权权利内容的一般性共识进行赋权，可以先行赋予企业数据持有权、加工使用权、经营权等。同时，对每一项权益的行使可借鉴知识产权制度的保护期限、保护范围、强制许可、合理使用等对经营者的数据产权进行合理的限制，以促进数据的有效流通。

（三）互联网企业商业数据

互联网企业商业数据，是经由商业主体收集并汇编或加工，以用于市场活动的具有商业价值的电子数据集合。数据经营者首先将收集、汇集或交易所得的原始数据经过去标识化和匿名化等脱敏加工后形成商业数据集合，然后采集者根据需要付出相应劳动，对数据进行不同程度的"粗细加工"，进而形成具有价值的数据资产。

1. 互联网企业商业数据特点

在探讨商业数据的法律保护问题之前，应先确定商业数据的特点。在明确商业数据的概念后，厘清商业数据的特征，有助于更准确地理解商业数据。具体而言，商业数据具有可复制性、价值延伸性、相关性三个特征。在可复制性方面，因为商业数据的商业价值不会随着外部使用者的增加而减损，相反随着外部使用者的增加，商业数据可以发挥最大商业利用价值，进而带动社会整体利益提升。在价值延伸性方面，商业数据不仅本身可以作为商业主体的生产要素投入经营活动，为商业主体带来可观的利润，而且其经过数据处理技术的再度改造，可为商业主体应对市场风险提供有效的决策支持。在相关性方面，商业数据之间亦相互关联。正是商业数据之间的相互关联，才能使商业主体借助大数据分析技术挖掘出商业数据的巨大财富价值。

2. 互联网企业商业数据分级分类

从三个维度对互联网企业商业数据进行分类：原始数据与衍生数据、公开数据与非公开数据，以及单一数据个体与数据资源整体。

（1）原始数据与衍生数据

原始数据是由企业利用大数据技术进行收集和存储的海量数据集合。衍生数据是企业基于自行收集或其他方式获取的数据资源，经过进一步分析和加工形成的具有更高价值和分析预测能力的数据产品。

（2）公开数据与非公开数据

公开数据是指可为社会公众所公开获取的信息，如政府公开数据、商家点评数据、实时公交数据等。非公开数据是指不可为社会公众公开获取的信息。对于符合商业秘密构成要件的非公开数据可以通过商业秘密进行保护。

（3）单一数据个体与数据资源整体

对于单一数据个体而言，数据控制主体只能依附于用户信息权益，依其与用户的约定享有原始数据的有限使用权。未经许可使用他人控制的单一数据个体，只要不违反"合法、正当、必要、不过度、征得用户同意"的原则，一般不应被认定为侵权行为。而对于数据资源整体而言，用户享有竞争权益。此种分类方式是对原始数据的进一步细化，数据持有者对不同的原始数据分别享有不同的权益。

3. 互联网企业商业数据保护边界

在权利客体方面，通过商业数据类型，需要对权利客体认定问题加以具体解构：一是基于不同的数据应用场景，二是基于不同的数据开放状态，三是基于不同的数据处理程度。在保护期限方面，商业数据不适于过长的保护期限，应当被赋予较短时效内的权利保护。法院倾向于认为数据持有者对原始数据一般不享有独立的权益，但是对于衍生数据可享有独立性的财产权益。互联网企业对于原始数据，不能享有独立权利，需要受到其与用户签订的信息使用协议的限制。而对于衍生数据，由于其是互联网公司在原始数据的基础上通过一定的算法，经过深度分析过滤、提炼整合以及匿名化脱敏处理之后形成的，互联网公司对其享有具独立性的财产权益。

此外，根据数据是否处于对外公开的状态，商业数据可以分为公开数据与非公开数据。对于公开数据，平台经营者应当在一定程度上容忍他人收集或利用其平台已公开的数据，否则将可能阻碍以公益研究或其他有益用途为目的的数据运用，有违互联网互联互通之精神。对于非公开数据，一般是数据持有者利用技术措施设置访问权限的数据，不会被他人随意获取；若他人利用技术手段破坏或绕开访问权限获取这类数据，则显然具有不正当性。当然，即便是公开数据，也不意味着任何人可以毫无节制地获取和使用，而应当本着善良、诚信原则，仅在必要限度内进行获取和使用。

对于公开的商业数据而言，只有形成了实质性投资的那部分公开商业数据，才是商业价值的载体。因此，需要获得利益的是已公开商业数据中经过实质性投资的那部分海量数据集合。对于非公开商业数据，也就是保密商务信息而言，其所指向的主要是非公开衍生数据和小部分非公开原生数据。由于其中的一部分非公开衍生数据还要采取保密措施，因此非公开数据不管是基于数据本身的实质性投资，还是基于需要采取保密措施的数据所需要进行的对保密措施的实质性投资，其都比公开商业数据的实质性投资更多。综上所述，对于非公开商业数据，给予防御性权利保护；针对已公开的商业数据中投入实质性投资的部分，给予权益保护。

二、数据知识产权登记属性

数据的特征体现于以下四个方面：一是具有非独占性与非竞争性。数据尽管来自数据主体的生成或开发，但其本身具有非独占性，不能像有形财产一样通过直接"占有"等形式取得具有绝对权意义上的财产权。这一特点也决定了数据本身具有非竞争性，不能排除其他任何人以相同或者不同的方式予以获取。正是在这一意义上，对数据产权不宜简单地借用物权方式予以确权，也不能简单地采用"所有权"之类的确权方式。二是具有非消耗性。这一特征主要是针对消费者对某一数据的消费，并不会导致数据数量减少和质量降低。相反，基于数据的反复利用和交易，数据反而能够释放更大的价值。三是具有价值性。数据的价值性主要体现为其具有经济价值，具体包括使用价值和交换价值。不仅如此，数据本身的累积性使得数据价值因使用、流动而得以体现。四是具有可支配性。数据的可支配性是指数据从产生到流通、交易、使用的全过程中都受到相关主体的实际管理、控制。数据是在人们的相关数据行为支配下实现流动与共享等目的的。

《数据二十条》提出，要界定数据生产、流通、使用过程中各参与方享有的合法权利，建立数据资源持有权、数据加工使用权、数据产品经营权"三权分置"的产权运行机制。数据知识产权登记客体为依法取得、经过一定处理以及创造性投入、具有实用价值、商业价值和智力成果属性的数据。数据知识产权登记的客体应具备以下三大特征。

1. 合法性

个人和企业对源于自身的数据享受所有权的前提是数据的取得是合法的，不违反其他合法权益。设立数据资源持有权主要是为了鼓励"依法持有"与"合法持有"。若数据持有者是依法依规持有的数据，则享有进行自主管控的权益。数据在法律层面的清晰，要求数据产权的确立要有明确的法律地位，否则很难实现市场主体享有依法依规持有、使用、获取数据收益的权益。因此，对数据知识产权登记保护的客体首先要保证合法性，并限定于合理保护的范围。

2. 创造性

只有经过劳动，数据处理者才能对特定数据产生财产权。劳动，通常是指人们为了创造价值而付出的努力或行动。在数字技术下，数据是"对客观事物的逻辑表达"。未经人工处理的数据处于共有状态。基于生产生活需求，通过劳动对数据进行加工处理，处理后的数据是经过人类劳动（活劳动或物化劳动）过滤的产物，具有一定的价值凝结，成为财产权的客体。因此，数据知识产权保护登记的客体应具有创造性，是人类智力活动的产物。

3. 价值性

价值性是自然界的物质成为民法上的物之首要条件。这里的价值主要指使用价值和经济价值，从有体物的特征延展到无形财产认定。不具有使用价值的数据不能成为法律意义上的数据。在数字经济时代，数据的使用价值更多体现为其成规模地作为生产要素在参与数字化生产中发挥的作用。数据要素赋能劳动创造更大的财富，同时基于数据要素的数字经济规模化效应突出。因此，只有有价值的数据才有登记的需要，成为数据知识产权登记的客体。

三、数据知识产权分级分类

（一）公共数据

1. 公共数据的定义

公共数据，主要涉及政务数据，是指政府在承担公共管理和公共服务职能过程中产生的各类信息、资料等数据，如财政税收、文化、教育、卫生行政部门的政务数据。公共数据具有很强的公共性，其中部分还涉及国家机密和商业机密，或者个人隐私保护。

2. 公共数据分级分类

公共数据分级主要是对数据在遭到破坏时可能出现的后果预估，分析数据对公众造成的危害程度，然后对公共数据进行定级，制定相应安全保护措施，让不同级别的数据都能够得到安全保护。数据在进行分级的时候可以根据数据的重要性进行划分，将数据按照被非授权操作后对公众的危害程度由高到低进行划分，按数据共享属性划分等。

（1）按数据的重要性进行分级

根据公共数据的重要程度，可将公共数据划分为一级数据、二级数据、三级数据和四级数据四个等级。

一级数据是指对国家安全、社会稳定和公共利益具有重大影响的数据。这类数据包括国家机密、军事机密、涉及个人隐私的敏感信息等。一级数据的访问和使用应受到最高级别的安全保护，只有经过严格审批和授权的人员才能接触。

二级数据是指对国家和社会有一定影响的数据。这类数据包括政府部门的行政管理数据、企事业单位的经营数据等。二级数据的访问和使用应受到较高级别的安全保护。只有经过相应权限限制的人员才能接触。

三级数据是指对公众有一定影响的数据。这类数据包括公共服务数据、社会统计数据等。三级数据的访问和使用应受到一定的安全保护，但相对于一、二级数据来说，权限限制可以相对宽松一些。

四级数据是指对公众影响较小的数据。这类数据包括公共信息公开数据、一些非敏感的科研数据等。四级数据的访问和使用相对较为自由，但仍需要遵守相关法律法规和规定。

（2）按被非授权操作后对公众的危害程度分级

根据数据被非授权操作后对公众的危害程度，可将公共数据划分为公开数据、受限数据、敏感数据、涉密数据四个等级。公开数据是指可被无条件获取的数据。该类数据被非授权操作后无危害，应实施基本的技术和管理措施，确保数据生命周期安全。公开数据可以直接共享和开放。受限数据是指可被有条件获取的数据。该类数据被非授权操作后会对特定公众和群体有益，但可能对其他公众和群体产生不利影响。对受限数据应实施必要的技术和管理措施，确保数据生命周期安全。敏感数据是指相关组织、机构和个人收集、产生的不涉及国家秘密，但与国家安全、经济发展以及公共利益密切相关的公共数据，应实施较严格的技术和管理措施，保护数据完整性，建立数据安全管理规范以及数据实时监控机制。涉密数据是指国家秘密、商业秘密、个人隐私等具有保密性质的数据信息，应实施严格的技术和管理措施，保护数据的机密性和完整性，建立严格的数据安全管理规范以及数据实时监控机制。

（3）按数据共享属性分级

根据公共数据的共享属性分级，可将公共数据划分为无条件共享类、受限共享类以及不共享类三个等级。

无条件共享类数据是指可以提供给公共管理和服务机构共享使用的公共数据。该类数据可以直接共享，但不得超出依法履行职责的必要范围。

受限共享类数据是指可以按照一定条件提供给公共管理和服务机构共享使用的公共数据。该类数据依据不同受限程度分为一般条件共享类和严格条件共享类。该类数据应当说明理由并明确共享条件。

不共享类数据是指不宜提供给其他公共管理和服务机构使用的公共数据。该类数据应当提供明确的法律、法规、规章或者国家有关规定作为依据。

（二）企业数据

1. 企业数据的定义

企业数据，是企业等商业主体在其生产经营活动中积累的以电子或者非电子形式存在的信息、资料，如企业生产经营业绩数据，企业财务业绩数据，企业战略、产品、客户关系数据等。在互联网环境下，企业数据与个人数据之间存在一定的交叠，如企业用户授权其使用的数据在一定条件下也可以被纳入企业数据范畴。在处理企业数据与个人（用户）数据的法律关系时，应当在确保用户利益基础上，以促进数据商业价值的开发和利用为原则。

2. 企业数据分级分类

对企业数据进行分级分类是十分必要的。对于重要程度较高的企业数据，法律可以赋予相关主体对此类数据更多的权利，以保证企业数据的安全。比如对企业秘密数据，相关主体需要遵守更加严格的保密措施和规定，如加密、备份、访问控制等；同时法律也会规定更为严厉的惩罚措施，以防止机密数据泄露和被非法使用。对企业数据进行分级分类化处理，对涉及国家安全、公共安全、个人信息领域的重要数据，在数据交易、跨境流动时，进行严格监管并予以必要限制。

（1）公开方式

1）非公开的企业数据

企业数据的公开程度不仅代表企业对数据的控制力度，同时也影响到公众获取数据的难度及对获取和使用行为正当性的判断。非公开数据，一般是企业利用技术措施设置访问权限的数据，不会被他人随意获取；若他人利用技术手段破坏或绕开访问权限获取这类数据，则显然具有不正当性。因此，应以数据公开与否为界，对非公开的企业数据给予企业权利保护。

2）公开的企业数据

对于公开的企业数据，企业应当在一定程度上容忍他人收集或利用其平台已公开的数据，否则将可能阻碍以公益研究或其他有益用途为目的的数据运用，有违互联网互联互通之精神。公开的企业数据并不意味着任何人都可以毫无节制地对其获取和使用，而应当本着善良、诚信原则，仅在必要限度内进行获取和使用。因此，应对投入实质性投资的公开数据给予企业权益保护，禁止他人不正当获取、使用相应的企业数据。

（2）数据加工程度

1）原始个体数据

数据的产生、流转及适用大致会涉及用户、企业以及第三方这三类主体，其中企业和第三方有时候也存在身份的转换和并存。网络用户为原始数据的提供者。原始数据产生的源头虽然是用户个体，但是单一用户所提供的数据往往是零落分散的，其所包含的价值有限，故其对社会的价值贡献十分有限。因此，企业对于原始个体数据不享有独立的权益，且也不符合数据知识产权登记要求。

2）原始数据集

原始个体数据经由企业收集而形成了一定规模的原始数据集，可以为大数据分析提供样本。但在此加工节点上，其仍旧为数字化信息的物理堆砌，没有产生新的资讯内容，未提供额外价值。因此，企业对于原始数据同样不享有独立的权益，且也不符合数据知识产权登记要求。

3）衍生数据

衍生数据则是指企业基于前述堆砌数据进行整理编排形成的数据。这种区分方式更多反映洛克所倡导的劳动论，即付出劳动者应享有劳动产品的财产权。对于衍生数据，应加大数据知识产权保护力度，使得企业对于衍生数据享有独立性的财产权益，赋予企业对衍生数据以占有、使用、收益、处分为内容的知识产权，但该知识产权在时间和内容范围方面受到限制。

（3）涉及国家安全

1）涉及国家安全的企业数据

企业数据的跨境流通极易使企业数据聚集到某些国家，造成"数字霸权""数字垄断"，而且企业数据中所蕴含的大量信息可能涉及国家机密，威胁我国国家安全。企业数据中可能会隐含国家机密数据，如通行软件中含有对行动轨迹、交通等的数据，一旦泄露，会对国家安全造成威胁。因此，对于涉及国家安全的企业数据，在进行数据知识产权登记和保护时，要及时上报国家有关部门，由国家有关部门严格审核后确定是否可以对涉密的企业数据进行数据产权登记。

2）不涉及国家安全的企业数据

企业应承担信息公开的义务。不涉及国家或商业秘密的一般企业数据跨境流动的制度阻碍较小。从服务国际贸易角度来看，企业征信数据的跨境共享能够有效改善中小企业的国际贸易与投融资环境。在分类分级管理原则下，数据跨境流动能够兼顾现实需求与隐私保护要求。因此，对于不涉及国家安全的企业数据，为了促进数据流通和交易，应鼓励企业进行数据知识产权登记，使得这部分企业数据能够实现共享。

（三）个人数据

1. 个人数据的定义

承载着个人信息的数据资源即个人数据。《网络安全法》第七十六条规定："个人信息，是指以电子或者其他方式记录的能够单独或者与其他信息结合识别自然人个人身份的各种信息，包括但不限于自然人的姓名、出生日期、身份证件号码、个人生物识别信息、住址、电话号码等。"《民法典》第一千零三十四条在此基础上增加了"电子邮箱、健康信息、行踪信息"等内容。个人数据既可能涉及人格利益，也可能涉及财产性利益。

2. 个人数据分级分类

截至 2023 年，并无个人数据分级分类的统一指标。参考现有的对于个人信息分级分类的方法，大致可以从数据性质、数据敏感程度、数据可识别性等维度进行划分。从数据敏感程度划分，可分为一般个人数据、敏感个人数据、出境个人数据和重要个人数据。

1）一般个人数据

主要包括个人的通用信息和基本信息，通用信息例如民族、性别、国家等，基本信息则包括个人姓名、电话号码等。

2）敏感个人数据

是指一旦泄露或者被非法使用，容易导致自然人的人格尊严受到侵害或者人身、财产安全受到危害的个人数据，包括生物识别、宗教信仰、特定身份、医疗健康、金融账户、行踪轨迹等数据，以及不满十四周岁未成年人的个人信息数据。

3）出境个人数据

是指因业务等需要需向境外提供的个人数据。关于出境个人信息的规定较多，分别散见于《个人信息保护法》《网络安全法》《数据安全法》《个人信息出境安全评估办法》等，主要涉及信息处理者需通过本国相关部门的安全评估、对个人的告知义务等方面。

4）重要个人数据

是指与国家安全、经济发展以及公共利益密切相关的个人数据，一旦被泄露、篡改或滥用将会对国家安全、经济社会发展和公共利益造成不利影响。对重要数据需从国家安全、经济运行、社会稳定、公共健康、公共安全等角度进行认定，只对组织自身而言重要或敏感的数据不属于重要数据。

第三章　数据知识产权登记制度研究

数据是对信息的记录，即使用约定俗成的字符对事物的数量、属性、位置和相关关系进行抽象表示，并进行处理、保存和传递。数据无法通过实体的占有而排他，可被无限复制，由无限多处于不同空间的主体在同一时间内对其进行占有、存储、加工、使用等。因此，数据知识产权登记的首要功能是证明功能，即通过数据知识产权登记，在数据交易、数据收益分配等情形中证明权利的归属。

数据本身种类繁多，来源复杂，涉及诸多权益，如个人数据涉及隐私权，企业数据涉及商业秘密，公共数据可能涉及国家秘密。确保数据来源的合法性，是数据流通和交易中的重要问题。数据知识产权登记机构要求数据知识产权登记的申请人提供数据来源合法性证明文件，并依据国家制定的数据流通和交易负面清单，排除不能交易或严格限制交易的数据项，对符合规定的数据交易进行登记。如此一来，实现流通数据来源合法、个人隐私保护到位、流通和交易行为规范就成为可能。

一、登记制度中的技术

《数据二十条》对公共数据提出原始数据不出域、数据可用不可见的要求。因登记主体有保护数据不可见的需求，在平台搭建、数据收集和传输过程中采用数据可用不可见的隐私技术是必要的。

各地在进行登记试点时，对登记数据的存证提出了要求。采用的存证技术包括区块链存证技术和时间戳存证技术。二者均是对由数据计算得到的哈希值进行存证。

（一）区块链技术

区块链作为一种分布式数据存储技术，把数据区块按照时间顺序依次链接以形成链式数据结构，再运用密码技术保证数据不可被篡改和伪造。区块链因其具有去中心化、加密存证等特点，天然适用于知识产权保护。区块链技术在建立信任关系的基础上，由分布式结构实现，其基础技术体现在加密算法上。区块链上数据的安全性因不可篡改而得以保证。区块链技术中的交易记录和数据信息公开透明，能够有效破除信息不对称问题。

因区块链数据具有公开透明、不可篡改、过程可追溯等特点，与数据知识产权的产生、保护和流转天然契合。区块链作为一个基于技术的知识产权存证中心，可以对登记数据的哈希值进行区块链存证保存。可利用多种加密算法对数据进行加密运算后存储至区块链，并将存证主体、时间、过程和内容等生成唯一对应的数字指纹，提供难以篡改的存证记录，生成区块链确权证书。截至 2023 年，试点的多地中，浙江、北京等均采用区块链技术进行存证。

（二）时间戳技术

时间戳作为一种新型的取证方式，是指能证明数据在一个时间点是已经存在的、完整的、可验证的并具有法律效力的电子凭证。其核心是将数据的哈希值和权威时间源绑定，提供客观存证功能。哈希值可以说是数据的指纹，每一份数据的哈希值都是唯一的。将时间戳和哈希值相结合，就能认定数据在一个时间点是已经存在、完整、可验证的。据了解，深圳在进行数据哈希值存证时采用的是时间戳技术。

虽然时间戳存证具有成本低、易操作、效率高等特点，但若要在全国范围内推广使用，还需考虑构建官方统一认证的时间戳存证平台，设立统一的验证标准，以保证时间戳的真实性和权威性。

通过区块链、时间戳等可信技术，可打造数据来源可确认、使用范围可界定、流通过程可追溯、安全风险可防范的可信数字生态。

二、登记制度的内涵

各地数据知识产权登记管理规则均详细规定数据知识产权登记的程序。在登记主体、登记客体、登记机构、登记内容和登记程序等方面，各地有不同选择。

（一）登记主体

登记主体是指享有数据相关权益，向登记机构发起登记行为的自然人、法人或非法人组织。提出数据知识产权登记服务申请的应当是依法依规处理数据的单位或个人。业内对登记主体主要有两种定义：一是数据持有者和数据加工者是登记主体，二是数据持有者、数据加工使用者和数据产品经营者均可作为登记主体。试点中，北京将数据持有者和处理者作为登记主体；深圳聚焦数据全过程中各参与方的权利，认为数据资源持有者、数据加工使用者和数据产品经营者均可作为数据知识产权的登记主体。

（二）登记客体

登记客体是指登记的对象。登记的数据应符合数据知识产权登记中客体的定义。各地对于登记客体的规定略有不同。北京、浙江、江苏、深圳均对受保护的登记客体作出数据来源合法、经过一定的算法加工、具有实用价值及智力成果属性等限定。北京还额外规定需处于未公开状态。

在多数规定中，登记客体的表述为数据、数据集、数据集合。《深圳市数据产权登记管理暂行办法》明确对数据资源和数据产品进行区分，指出数据资源是自然人、法人或非法人组织在依法履职或经营活动中制作或获取的，以电子或其他方式记录、保存的原始数据集。而数据产品是自然人、法人或非法人组织通过对数据资源投入实质性加工和创新性劳动形成的数据和数据衍生产品，包括但不限于数据集、数据分析报告、数据可视化产品、数据指数、应用程序编辑接口（API 数据）、加密数据等。规定中对于登记客体界定的细微差异是否会在确权实践中引起明显不同尚难以确定。

（三）登记机构

数字经济时代，数据已成为与土地、劳动力、资本、技术并列的基础资源和生产要素。伴随着数字贸易逐渐成为全球贸易的新重点，数据知识产权保护逐渐成为新一轮国际贸易规则制定的焦点问题。

根据全国多地的实践，数据知识产权登记机构大致可分为两种。

1. 国家数据局及各省数据管理机构

根据国务院机构改革方案，国家数据局于 2023 年 3 月 7 日组建，2023 年 10 月 25 日正式挂牌，由国家发展和改革委员会管理，负责协调推进数据基础制度建设、数字基础设施布局建设，统筹数据资源整合共享和开发利用，统筹推进数字中国、数字经济、数字社会规划和建设等，协调促进智慧城市建设，推动信息资源跨行业跨部门互联互通。

各省数据管理机构，由于发展重点的差异，其名称、职能、规划、领导体制各不相同。山东省大数据局设有电子政务处、数据应用管理与安全处等。浙江省大数据发展管理局设有发展规划处、数据资源处、应用推广处、基础设施和安全处等。广东省政务服务和数据管理局设有数据要素处、基础设施处、安全管理处等。

2. 地方数据知识产权登记机构

截至 2024 年 8 月，浙江、江苏、福建、山东、北京、上海、深圳、广东 8 个省市相继开展数据知识产权登记试点工作，不同省市的数据知识产权登记机构存在差异。另外，新增天津、河北、山西、安徽、河南、湖北、湖南、贵州、陕西 9 个省市共同作为 2024 年数据知识产权试点地方。

数据确权登记有以下几种路径：

浙江和深圳选择行政机关主导的知识产权体系下的数据确权登记路径。《浙江省数据知识产权登记办法（试行）》规定：数据知识产权登记服务通过浙江省数据知识产权登记平台开展，由浙江省知识产权研究与服务中心具体承担。《深圳市数据产权登记管理暂行办法》规定："市发展改革委是本市数据产权登记工作的主管部门，负责统筹协调全市数据产权登记管理工作。"可见，即使在同一路径下，不同地区也可能选择不同机构作为主管部门。

上海选择在数据交易过程中进行数据登记。2021 年 11 月，上海数据交易所正式揭牌，提供较完整的交易前质量、合规、资产评估，交易中查询、识别、建模，交易后交易核验、仲裁纠纷等服务。在数据进入交易所挂牌交易前，需要取得产品登记证书和产品说明书。

北京则对上述两种路径进行综合。2022 年 7 月，北京国际大数据交易所数据资产登记中心正式揭牌。《北京市数据知识产权登记管理办法（试行）》规定："北京市知识产权局统筹本市行政区域内的数据知识产权登记管理工作，建设全市统一的数据知识产权登记平台，开展本市行政区域内数据知识产权登记工作。"

（1）明确数据知识产权机构的职责划分

各地数据知识产权相关机构名称存在差异，机构职责尚未明确，容易导致职责混乱、机构名称难以区分等问题。从数据知识产权保护层面，推进数据知识产权登记制度的发展，负责数据知识产权登记，通过数据知识产权登记使得数据知识产权权利人可以很容易证明数据的权属和内容，并可以在权利遭受侵害时举证证明自己享有相应的数据产权，作为数据流通和交易的基础，促进数据资源的整合共享和开发利用。从数据的应用、流通、交易，以及数据知识产权进行登记保护方面，进一步研究如何布局数字基础设施建设，推进数据资源整合共享和开发利用，更好地利用到城市和国家的建设中。

（2）统一数据知识产权登记制度

各地数据知识产权登记情况不均衡、登记标准存在差异，容易导致重复登记、区域保护、地区互斥等问题，严重影响数据知识产权保护的发展进程及数据知识产权管理的效率和质量。在国家层面建议设置明确统一的登记制度，包括登记机构、登记程序、登记内容、审查标准等，确保登记工作的统一性。在数据应用中，对数据知识产权登记进行监督，共同推动数据知识产权登记的发展，使数据知识产权登记权利人获得更有效的法律保护。

（3）协调不同国家机关的数据管理职能

根据数据知识产权的划定范围，将具有独创性智力成果的数据进行数据知识产权登记，可以全国统筹推进数据知识产权保护相关制度研究，从中央层面负责数据的全面管理，以数据资源管理治理和开发利用为核心进行顶层设计和制度统筹，加速数据基础制度领域的建章立制，优化数据流转利用相关的监管执法，提升数据要素的治理合规能力建设水平以及促进数据生态治理的内外环境塑造。全面了解和掌握各省数据管理机构的职能配置，理顺中央与地方的权责关系，指导各省数据管理机构统一建设。

（4）协同构建数据交易市场

规范各地区的数据知识产权登记制度，向公众公开数据知识产权登记查询，并对数据流通中数据知识产权的变动进行登记维护，保护数据知识产权权利人的法律权利。建设数据交易基础设施，建立健全数据交易规则，制定全国统一的数据交易标准体系，规范各地区的区域性数据交易场所和行业性数据交易平台，构建多层次市场交易体系，降低交易成本，推动数据流通使用。

（四）登记内容

北京和浙江试点均明确规定登记申请人应填写登记申请表并提供必要的证明文件。江苏则规定了一般登记事项和特别登记事项，其中特别登记事项由登记机关根据申请登记的数据流通使用情况确定。深圳则提出首次登记、许可登记、转移登记、变更登记、注销登记和异议登记等不同阶段的登记程序，并对具体流程和所需材料作出具体规定，实现对数据知识产权登记的规范化管理。

（五）登记程序

1. 登记数据的存证

各地试点办法均对登记数据的存证作出了要求。北京、江苏和浙江要求数据登记前需进行公证存证或运用区块链等可信技术进行存证。北京要求申请人应通过主管部门指定的登记机构如实填写登记申请表并提供必要的证明文件，提交的登记申请表应包含存证公证情况，登记前未进行数据存证或者公证的不予登记。深圳提出可由登记机构运用区块链等相关技术对登记信息进行上链保存，但未要求提前进行存证公证。

数据集合区块链存证仅仅是对数据集合整体进行可信的存证，并没有对数据集合中的具体字段内容进行逐条上链存证。数据处理者可以根据实际需求，开展过程数据的区块链存证，以在发生对部分内容的侵权行为需举证时，可以对数据集合整体进行验证，提升全过程动态管理水平。数据集合区块链存证用于数据知识产权登记使用。过程数据的区块链存证用于降低侵权举证难度。

2. 登记申报

申请人通过登记机构设立的数据知识产权登记平台提出线上登记申请，如实填写登记申请表并提供必要的证明文件。登记申请表主要包括名称、所属行业、应用场景、数据来源、更新频次、算法规则简要说明、存证公证情况等。

数据的更新频次因数据来源不同而有所不同。对于自有数据，数据更新期限根据实际情况确定。对于通过授权、购买或其他方式获得的数据，更新期限应根据授权文件、采购合同等中的约定确定。

浙江试点办法进一步指出，在说明数据来源时，应说明数据属于个人数据、企业数据还是公共数据；涉及个人数据的，应当提交依法依规采集、持有、托管和使用的证明；涉及企业数据的，需说明是内部数据采集还是外部数据采集；涉及公共数据的，应当提供依法依规获取的证明，包括公共数据开放利用协议或授权运营协议等。关于数据算法规则的说明，北京试点办法指出，应简要说明数据处理过程中对算法模型的构建等；涉及个人数据、公共数据的，还应对数据已进行的必要匿名化、去标识等情况进行说明，确保不可通过可逆模型或者算法还原出原始数据。

另外，当权益主体、数据来源、更新频次、存证公证情况等数据知识产权申请信息发生变化时，应当及时通过登记平台申请变更登记。

3. 确权出证

（1）数据登记的审查

市场主体选择数据确权登记主要是为了通过数据登记机构的审查，降低数据交易风险。至于能否真正有效降低交易风险，则与登记机构的审查程序和审查标准息息相关。

截至 2024 年 8 月，北京、浙江、深圳、江苏等地均选择对登记客体进行形式审查。山东则在 2023 年 10 月率先建立数据知识产权登记申请初审、复审制度，明确初审、复审程序，并率先建立数据知识产权实质审查制度。山东省明确由山东数据交易有限公司（山东省数据知识产权存证登记平台运维部门）负责数据知识产权登记的初审，由山东省国家知识产权保护中心组织复审、核准颁证登记。形式审查是登记机构仅对申请材料是否符合规定要求、是否符合登记程序作出审查，而不对登记事项的真伪进行调查核实。实质审查是不仅对申请材料是否符合规定作出审查，也对申请事项是否真实且合法进行审查。为提高登记的公信力，多数地区设置公示期。公示期内所有人均可对登记事项提出异议。

1）分级分类审查的必要性

现有的数据登记制度虽然涉及数据的多方面审查，但主要审查数据的形式、合法性、实用性等。现有审查方式中所称的对数据的智力成果属性进行实质审查，主要由申请人进行书面承诺，无法满足实际应用中对数据的独创性和价值性进行审查的要求。因此，有必要将新颖性审查和创造性审查等实质审查内容纳入数据登记制度中，探索根据需要将审查区分为包括形式审查和/或新颖性审查在内的初审阶段以及包括创造性审查在内的复审阶段，并在实践中根据不同的数据类型或者请求原则进入不同的审查程序。

待登记的数据中，部分数据可能仅经过简单处理，例如清洗、去重等。这类数据由于可作为模型训练中的样本数据而存在经济价值，但因其未经过深加工，可以仅对数据进行初审。数据登记申请者对数据进行登记的主要目的在于防御，不期望对数据进行价值评估和/或交易时，也可申请仅对数据进行初步审查。

从数据分类的角度来看，个人数据、公共数据等一般不涉及商用场景，进行数据价值评估的需求较低，可以仅进行初审后即完成登记。至于企业数据，可根据企业的不同需求选择不同的审查程序。

2）新颖性审查

在初审阶段，对于登记数据的实质审查可以审查其新颖性，包括对完全新颖性的审查和对明显新颖性的审查。

完全新颖性是指数据的哈希值不同。例如，若拟登记数据所涉及的数据集在存证系统中的哈希值与存证系统中其他数据集的哈希值相同，则认为两份数据完全相同，相关数据登记不符合完全新颖性。例如，完全复制他人数据就属于该情形。

更多情况下，抄袭者可能仅对数据进行简单修改而使得相应的哈希值发生变化。例如，仅在复制的数据集合中增加或修改部分字符，并不影响数据集的整体功能，与原数据集实质相同，但哈希值因修改而发生变化。显然，若对其进行授权，将侵犯原数据持有者的利益。因此，有必要提出明显新颖性审查。

对于一份数据登记申请，申请表中通常包括数据大小、数据更新频率、数据来源、数据采集方式、数据应用场景、数据解决的问题、数据处理规则等。明显新颖性审查是对申请表中所涉及的多个维度是否相同的审查。对于上述仅在复制的基础上进行非实质修改的数据，除哈希值外，可以对申请表中涉及的内容作进一步审查。当两份数据的大小、更新频率、来源、采集方式、应用场景、解决的问题、处理规则等各项目均相同时，可推断数据本身的内容相同，相关数据登记不符合明显新颖性的规定。

3）创造性审查

新颖性审查仅是对数据是否复制于其他数据的基本审查，不能满足实际应用中评估数据价值性的需求。现有专利审查制度中，实用新型仅涉及明显新颖性审查，而发明专利申请则包括创造性审查。因审查程序的不同，在专利交易中，通常认为发明专利的价值高于实用新型专利的价值。在数据交易中，同样有衡量数据价值性的需求。例如，当一份数据被用于质押、融资、交易时，需衡量数据的价值。因此，可参考现有专利审查制度，对数据进行包括不同审序的分级审查。

进行过深度加工的数据，其应用价值较高。例如经过算法模型处理的数据，可以直接用于生成结果，购买者在购买相关数据后，可直接使用数据生成相关成果，无须再对数据进行深加工。对于这类数据，登记申请者可根据需求提出复审，即对数据进行创造性审查。

对于数据内容本身进行创造性审查，难度较大。对于申请登记的数据，各试点单位均规定应当是经过处理的数据而不是原始数据。基于此，在复审阶段进行创造性审查时，可以以数据的处理规则作为审查基础。

数据的处理规则包括算法、模型等，通常有明确的处理步骤、处理过程或规则方法，可通过文字进行描述。因此，对数据处理规则的审查可以是对处理规则本身的审查。例如，数据处理方法或数据模型构建方法已获得专利保护，则数据登记的申请人可以提交对相关专利文件，辅助数据的创造性审查。对于所使用的数据处理规则已被授予专利权的数据登记申请，可以参考相关专利申请的审查结论，对通过该处理规则获得的数据给予"具有创造性"的结论。对于不存在相关专利申请的数据，申请人需要提交相关的数据处理规则文件，对数据所使用的处理规则及其达到的效果进行描述，以对数据进行创造性审查。

对数据进行创造性审查时，可参考发明专利申请的创造性审查。具体的，可将申请登记数据的数据处理规则与现有的数据处理规则进行比对，并同步考虑数据解决的问题、产生的效果及应用场景等，以综合判断数据的创造性。例如，若一份数据的数据处理规则仅是其他数据处理规则的简单拼凑，则可认为该数据的处理规则不具有创造性，则所申请登记的数据不具有创造性。因此，即使一份数据具备新颖性，但因其处理规则不具备创造性，则认为该数据不具备创造性。其中用于进行比对的数据处理规则，可以类比专利审查制度中的现有技术，例如可以包括登记平台中的另一份登记数据的数据处理规则、专利技术中的数据处理规则、期刊论文中的数据处理规则，或以其他形式存在的处于公开状态的数据处理规则等。

以上对数据审查进行探讨，主要涉及数据在初审和复审阶段所涉及的实质审查。对完全新颖性的审查为对哈希值的简单比较。对明显新颖性的审查是一种合理推断式审查，在实践过程中，可以对该审查方法进行验证。创造性审查以发明专利的创造性审查为参考原型，以数据使用的处理规则为审查基础，结合数据其他维度的内容，综合判断数据是否具有创造性。数据的创造性审查还存在充足的探索空间，期待有更多的从业者对其进行探索和尝试。

（2）信息公示

登记机构对经审查符合数据知识产权登记要求的，在登记平台进行登记前公示。公示内容包括申请人、数据知识产权名称、应用场景、数据来源、算法规则的简要说明等。公示期内，任何单位和个人可对公示内容提出异议并提供必要的证明材料。登记机构收到异议后，将异议内容转送申请人，申请人提交相关证明材料。

（3）出证

信息公示结束无异议或者异议不成立的，登记机构对登记申请予以核准，签发数据知识产权登记证书，并在登记平台上公告。数据知识产权登记证书是数据持有的证明，用于数据流通交易、收益分配和权益保护。登记证书具有有效期，期满需要继续使用证书的，应办理续展登记手续。

三、现有登记制度存在的问题

分析各地区的相关规定和平台组建情况，可以看到由于数据确权实践尚处于探索阶段，各地的数据登记平台也处于建设完善阶段，现有的登记方式仍存在以下问题。

1. 审查程序不统一

对于登记数据的审查，各地的规定各不相同。部分地区初审和复审结合，既进行形式审查也进行实质审查；而部分地区则只进行形式审查。显然，在这种情形下，数据交易在跨地域时可能会遭遇不便，数据登记的公信力同样受影响。在获得一定的实践经验之后，可以创建全国统一的登记机构，统一登记机构的日常管理、审查标准、法律责任等，提高数据确权登记的科学性和公信力，便于跨地区的数据流动，降低数据流动的成本。

2. 缺乏统一的审查标准

截至 2024 年 8 月，登记的数据体量暂时不大，部分地区在对数据进行实质审查时，尚能保持统一的审查标准。倘若建立全国统一的登记机构和集成的数据确权登记平台，将需要对大量数据进行数据登记，届时也需要更大规模的审查队伍，如何确保审查标准的一致性将是一个大问题。因此，在形成统一的审查程序后，审查标准和审查原则的确立迫在眉睫，例如设立数据审查指南，形成规范的审查方法。

3. 缺乏对数据的分级分类审查

当前数据登记过程中，通常仅对数据进行形式审查。有些数据可能是一般数据；而有些数据则属于涉及国家安全的重要数据，或涉及重大经济利益的商用数据，或涉及个人隐私的特殊数据。显然，对于不同类型或不同重要程度的数据，有必要采用分级分类的审查方式，以有效实现知识产权保护。

4. 流通机制尚未构建

数据通过登记制度获得确权后，充分流通有利于更大地发挥市场价值。不管是跨省市还是跨境，都尚未有统一的互认机制和相关的法律法规。这一点也是亟待解决的问题之一。

数据知识产权登记制度是一种新兴的知识产权保护制度。当前各地均处于探索阶段，多方面仍处于研究甚至是空白阶段。对于数据登记制度的未来方向，还需要政府、企业和公众协同努力，共同推动相关制度进一步发展和完善。

四、针对现有登记制度存在问题的措施和建议

当前，国家数据知识产权地方试点工作稳步推进，社会各界的认可度和关注度也越来越高。但同时，数据知识产权登记在客观上还存在一些问题和阻力，特别是数据知识产权基础制度还不成熟，创造、运用、保护还没有完全贯通，全社会对数据知识产权的认知和信心还没有完全建立起来，亟须从国家层面统一指挥部署，进一步加快推进，提高影响，形成胜势。借此机会，提出以下建议。

（一）推进一体化数据知识产权登记模式

数据价值的充分发挥，根本在于高质量的数据生产和高效的流通使用。各地区独立开展数据知识产权登记试点工作，各地对数据知识产权性质的认识不同，在登记对象和登记主体的定义、审查标准的选用等方面也各有不同。在国家层面尚未形成统一的数据知识产权顶层设计，数据知识产权的交易、流通渠道不顺畅。数据知识产权在各个试点登记机构之间如何进行互认，以提高数据知识产权登记证书的法律适用效力且避免不同机构的重复登记工作，是亟待解决的难题。

1. 建立集成的数据知识产权登记平台

统一登记要求和审查标准，推进一体化数据知识产权登记模式，建议从国家层面统一数据知识产权机构。2022 年 9 月 1 日，由上海数据交易所编写的《全国统一数据资产登记体系建设白皮书》正式发布。该白皮书首次提出采用"七统一"原则建设全国统一数据资产登记体系和登记市场，即统一登记依据、统一登记机构、统一登记载体（平台系统）、统一登记程序、统一审查规则、统一登记证书、统一登记效力。

一体化数据知识产权登记模式是数据资产登记及服务体系在全国范围内对数据资产登记按照"七统一"原则作的规范和规则要求，将数据资产登记管理、服务提供、技术平台、保障措施等相关组织与系统有机地融合为一个整体，形成协同效力和整体效能，以确保数据资产登记的市场公信力和法律效力。

一体化数据知识产权登记模式不是简单地将数据资产登记集中化，而是保证各地数据资产登记系统和制度的互联互通，确保全国各地数据资产登记数据在规则指

引下能共享使用，提供同样效力的登记事项。一体化数据知识产权登记模式也不只是建设一个单一化集中式的数据资产登记系统，而是保证不同地区属地化管理下的数据资产登记管理标准化，提供多方互动、协同创新的多样化动态化服务。

一体化数据知识产权登记模式在保证全国数据资产登记公信力的同时，可兼顾市场效率和服务创新，快速满足客户需求和市场变化，实现数据资产登记业务快速有序健康发展。一体化数据知识产权登记模式推进的难点是全国数据资产登记中心节点的权威性不易确立，所需的能力不易快速形成。中心节点需要强大的技术能力来提供数据资产登记服务，需要强大的组织能力来组建一体化的组织体系和制度体系。尽管道阻且长，相信通过不断的探索，在不久的将来，可以实现数据知识产权的大统一，以匹配逐渐增强的市场需求。

2. 完善数据知识产权登记平台建设

数据纠纷当事方可通过反不正当竞争、著作权或商业秘密等途径获得事后司法救济。提高企业等潜在登记主体参与数据知识产权登记的意愿至关重要。只有参与数据知识产权登记的市场主体形成一定规模，才能真正发挥事前数据知识产权登记保护的作用。一方面，可以降低企业的登记成本，例如，江苏省明确规定数据知识产权登记不收费；深圳市规定收费项目应当公示，调整主要收费项目应当征求相关市场参与人的意见并报主管部门备案。另一方面，登记平台完善"数据可用不可见"相关技术也有利于促进市场主体积极参与数据知识产权登记。在平台搭建、数据收集和传输的过程中采用"数据可用不可见"的隐私技术是必要的。《浙江省数据知识产权登记办法（试行）（征求意见稿）》的起草说明就提到充分运用"可用不可见"等隐私计算、区块链存证等可信技术实现算法支撑。在数据知识产权确权登记过程中充分保障数据安全，可以提升企业作为最重要的市场主体参与数据产权登记的积极性。

（二）设立分级分类审查制度

在探索多维度数据确权方式方面，根据数据采集方式的不同，数据涉及一般数据、个人隐私的特殊数据、国家安全和民族安全的重要数据。对于不同类型或级别的数据，有必要采用分级分类的审查方式，建立分级分类标准制度体系建设，以便有效保护相关利益。

首先，可以根据数据的类型确定不同的数据确权方式和保护措施，如个人数据需要着重保护隐私权和人格权，企业数据需要聚焦商业秘密和知识产权保护，公共数据则需要强调公开和共享的原则。其次，根据数据的产生和使用情况确定数据的权利归属和使用范围，如个人产生的数据所有权应属于个人，使用和流通应受到合理的限制和监管，企业或机构产生的数据所有权应该属于企业或机构。再次，根据数据的价值和贡献确定数据的权利归属和使用范围，数据的价值越大，其权利就应该得到越全面的保护和越严格的监管。最后，根据数据全生命周期中的共享和合作情况，确定数据的权利归属和使用范围。

第四章 数据知识产权登记保护研究

开展数据知识产权工作是落实国家和省重大部署的重要举措。习近平总书记在主持中共中央政治局就实施国家大数据战略第二次集体学习时指出，要制定数据资源确权、开放、流通、交易相关制度，完善数据知识产权保护制度。党的二十大报告强调要"加快发展数字经济，促进数字经济和实体经济深度融合，打造具有国际竞争力的数字产业集群"。《纲要》对"研究构建数据知识产权保护规则"作出了部署。《规划》提出构建数据知识产权保护规则，深入开展数据产权属性研究，完善保护政策，探索建立分级分类的数据保护模式，推动建立数据知识产权保护行业规范，加强数据生产、流通、利用、共享过程中的知识产权保护等工作任务。

一、现有法律框架下在数据知识产权保护方面存在的问题

随着云计算与大数据时代的到来，数据在企业或者个人经营活动中的价值与日俱增，并逐步发展成为对传统生产方式变革具有重大影响的新型生产要素。知识产权保护是实现数据资源财产化的重要法律路径。对于数据的知识产权保护，最为直接的方式即将数据保护纳入现有法律制度的调整范畴之内，并以必要的法律释义实现既有规则在数据领域的有效适用。但是在现有的法律框架下，实现数据知识产权的保护仍然存在很多问题。

（一）数据权益较难界定

大数据时代，数据来源各异、纷繁复杂，涵盖了个人数据、公共数据、商业数据等多种类型。数据组成的复杂性、数据内容的多变性等特征使得数据边界并不明晰，具有不确定性，也给划定数据边界带来了一些困难和障碍。在实践中，按照是否经历加工环节，可将数据分为原初数据和衍生数据；按照是否公开，可将数据划分为公开数据、半公开数据和非公开数据；按照数据来源与记载内容不同，可将数据划分为个人数据、企业数据、政务数据等。在知识产权司法保护中，特别是在反

不正当竞争法司法实践中，如何准确审查经营者据以主张保护的数据来源及属性，从而合理界定数据权益保护边界、明确数据权益归属，存在一定的困难。数据包承载的利益主体呈现多元化的特点，使得判定数据权益归属成为司法实践中的难点。

一方面，数据的来源和结构通常极具复杂性。数据流通的过程需多方参与，包括从数据收集者流向数据集生产者、从数据集生产者流向数据分析者，不同企业在不同环节中扮演的角色不同。由于数据价值具有积累性与非消耗性，因此数据在单个企业内部实现应有价值的同时，在不同主体间的外部流通中也会实现价值和增值，因而参与数据流通的主体皆有分享数据权益的正当性，但在讨论关联性的数据权益具体如何分配时，问题又随之而来。同时，数据集在经过分析、处理后被用于辅助决策时更接近于智力成果，应当被置于知识产权保护的制度之下，此时各方主体对数据权益的分配只能通过合同约定，但由于现实中各个主体之间对应关系错综复杂，因而通过合同约定各个主体在数据利用过程中的投入与贡献来分配数据权益，难以做到兼顾公平。

另一方面，由于数据具有可克隆性等特殊属性，个体在网络上的所有行为都能够被互联网技术解构，再重组成为可识别、可获取、可利用的数据图谱，从而为商业活动和个性化服务提供指导。算法对个体数据的复刻，使得数据的产权边界变得更加模糊，给数据知识产权保护带来了极大的挑战。

数据知识产权维权存在取证难、认定难的问题。数据知识产权司法案件所涉领域主要集中在电子商务、网络游戏等新领域新业态行业，其纠纷呈现侵权行为隐蔽、被侵权对象范围广、跨区域取证、以电子证据为主等特点，对证据链的合法性、完整性、充分性有一定要求，取证较难。数据知识产权登记中由于数据内容可变性，故关于数据权属的认定不清晰，同时由于数据权属问题本身尚未有清晰的法律界定，因此数据知识产权维权存在权属认定难、认定标准不统一的问题。

（二）现有法律框架下保护的局限性

1.《著作权法》对于数据的保护方式及其局限性

在现有《著作权法》体系内，汇编权是可对部分形态的数据进行保护的途径之一。《著作权法》对于数据的保护是以数据汇编作品的形式展开的。《著作权法》第十五条规定："汇编若干作品、作品的片段或者不构成作品的数据或者其他材料，对其内容的选择或者编排体现独创性的作品，为汇编作品，其著作权由汇编人享有，但行使著作权时，不得侵犯原作品的著作权。"《与贸易有关的知识产权协定》及

《世界知识产权组织版权条约》（WCT）对于汇编作品的界定与我国《著作权法》实质相同，承认汇编作品的数据构成。由此，数据作为市场活动中所形成的数据资源也当然属于汇编作品构成成分之一。当企业通过其所收集的数据编排形成新的数据集且具独创性时，可以从汇编作品的角度出发为其数据权益寻求著作权保护。

但是，在实践中，基于汇编作品的企业数据著作权保护是存在很大局限性的。这是因为在这样的保护模式下，数据若想获得著作权保护，首先要满足汇编作品的形式要求，即应当是若干企业数据所组成的数据集合，而不能是特定的数据个体；在此基础上，由若干数据所组成的数据集合还必须满足汇编作品在编排上的独创性要求。受《著作权法》保护的作品必须是智力创造的成果，而不能仅仅来源于辛勤劳动。缺乏独创性的企业数据集合无法获得著作权法的保护。

数据信息的全面性正是其商业价值所在，由此，不具有独创性的数据信息是一种普遍存在的事物，并将随着信息服务业的发展而大量增加，但《著作权法》对于这些不具有独创性的数据信息却无法提供相应的保护。即使对于有独创性的数据信息而言，以《著作权法》保护数据信息仍然是不充分的。对于现实中的大部分数据信息来说，它们往往达不到《著作权法》所要求的独创性条件。

按照《著作权法》仅保护表达而不保护思想的原则，《著作权法》对数据信息所保护的是其独创性的选择或编排的表达，而不是它所选择或编排的内容。对于竞争者而言，很容易通过改变数据信息的编排结构来规避著作权的保护，这就会使对数据信息的保护失去意义。数据的价值往往在于数据内容本身，而非编排结构上的独创性，因此，当就具有极高商业价值的事实信息如商业数据集、金融数据集等发生纠纷时，汇编作品的保护路径就难以对其进行保护，往往会给企业带来巨大的损失。

2. 《专利法》对于数据的保护方式及其局限性

《专利法》要求被保护的技术方案具有鲜明的技术特征。专利权所保护的客体须满足新颖性、创造性和实用性，且对于创造性的要求是知识产权客体中最高的。涉及数据的技术发明创造，利用自然规律解决特定的技术问题，形成特定的技术方案，就能够通过申请专利的形式获得专利保护，例如大数据领域的数字处理设备。《专利审查指南》（2017 年 4 月 1 日起施行及之后的版本）将发明专利保护范围扩展至含有技术特征的商业模式、商业方法，但保护的必要条件之一是"含有技术特征"。在实践中，该项条款主要用于对具有鲜明技术特征属性、解决技术问题的分析处理数据的算法等提供专利保护，同时受到解决的技术问题类型、处理的数据类型以及具体应用目的等多种限制。加之专利保护必须满足"新颖性、创造性、实用性"的规定，也导致企业数据的编排、选择和计算在专利法框架下进行保护存在诸多困难和障碍。

《专利法》对于数据保护模式的局限有：首先，涉及数据的技术可受到专利保护，而数据本身并不能受到保护。现有《专利法》并不对数据集合进行保护，国家知识产权局关于修改《专利审查指南》的决定也明确指出："如果权利要求涉及抽象的算法或者单纯的商业规则和方法，且不包含任何技术特征，则这项权利要求属于专利法第二十五条第一款第（二）项规定的智力活动的规则和方法，不应当被授予专利权。"我国《专利审查指南》所认可的能够成为《专利法》保护对象的算法程序并非生成企业数据的"单纯算法"，而是算法程序与特定程序硬件或应用场景相结合的技术方案。其次，专利保护的构成要件对于企业数据来说实现难度较大。从数据的利益形态看，专利的获取、流通和利用都以信息公开为前提，这与企业数据依赖自我控制以防外泄的理念不符。在企业数据的运算生成实践中，能满足专利授权条件的技术方案仅仅是众多算法程序中的一小部分，更多的则是不具备可专利性的"单纯算法"，难以通过专利法对其进行有效保护。

3. 《反不正当竞争法》对于数据的保护方式及其局限性

在企业数据的知识产权保护中，《反不正当竞争法》也是关键的法律依据。商业秘密作为重要的知识产权客体类型，即是由《反不正当竞争法》进行调整的。我国实践中，对于企业内部保密性数据的保护，通常是通过援引《反不正当竞争法》第九条的商业秘密条款以及第二条的一般性条款而开展。而商业秘密的保护门槛较为严苛，需要具有秘密性和价值性，且权利人应该采取一定的保密措施防止竞争对手在公开渠道直接获得该信息。对于现实中大多数的数据信息而言，信息制作者采集的信息本身大多来自公有领域，是任何人均可以从公开渠道直接获取的，因此，很难通过商业秘密的条款进行保护。数据信息若通过商业秘密获得保护，其内容必须不是公知信息，并且必须客观上处于秘密状态并采取了相应的保密措施。

大数据凝聚着经营者所投入的大量人力、资金以及技术，已然成为一种重要的商业资源和竞争优势。当经营者无法适用汇编作品及商业秘密的有关规定来对抗侵权行为时，通常选择援引《反不正当竞争法》第二条的方式来寻求兜底性保护，这也是当下实务中最常见的大数据知识产权保护措施。但是，《反不正当竞争法》保护模式同样存在着难以克服的局限性。

从规制的对象来看，《反不正当竞争法》解决的是具有竞争关系的经营者与侵权者的冲突，一旦二者间不存在竞争关系，那么无论侵权者的行为多么恶劣，都无法通过《反不正当竞争法》予以规制，存在很大的保护漏洞。

从立法目的来看，《反不正当竞争法》所要保护的法益是市场竞争秩序，而非某一个体的私权，因此只能为大数据经营者提供间接的事后保护。信息一经披露，大数据经营者的权利即受到损害，事后救济所能弥补的损失范围及其对侵权行为所起的震慑作用都十分有限。此外，《反不正当竞争法》第二条实质上是一种原则性条款，在具体的适用中存在高度宽泛的解释弹性，不同法官对同类案件的考量与判断可能会产生很大的差异，以至市场主体无法找寻案件处理规律，也带来了裁判标准模糊、自由裁量空间过大的问题，甚至会直接阻断新型商业模式的发展，使当事方难以判断能否通过《反不正当竞争法》保护模式主张自己的权利，同时也极易产生原则性条款滥用的争议，且该条款在数据保护中的标准不统一。

二、数据知识产权登记制度下的权益保护与效力

（一）各地试点推行的数据知识产权登记权益保护

浙江：明确通过登记存证明晰数据权益归属。德清县市场监管局、德清县人民法院签署数据知识产权协同保护合作备忘录。舟山市海洋大数据知识产权联盟发布《数据知识产权登记运用保护倡议书》。

北京：北京互联网法院与北京市知识产权局、北京国际大数据交易所签署了《数据知识产权框架协议》，三方将开展数据知识产权登记、交易、流通、纠纷解决、平台建设和人才培养以及业务研讨等领域的相关合作。

上海：指导知识产权人民调解组织拓展数据知识产权业务。上海仲裁委员会、上海国际经济贸易仲裁委员会专门成立了数据仲裁中心。

江苏：省司法厅、市场监督管理局联合印发《关于推广数据知识产权和商业秘密在线保护公证服务的通知》，省知识产权局与省法院联合印发《强化数据知识产权协同保护合作备忘录》，推动省法院在《关于深化最严格知识产权司法保护　服务保障在科技创新上取得最新突破行动方案》中纳入推进数据知识产权基础制度建设，妥善审理涉数据知识产权案件等内容，依法保障数据开发、利用、维护等各环节相关主体的利益。

深圳：持续推动建立健全数据知识产权登记的证据认定规则。将与市中级人民法院签署合作备忘录，共同探索数据知识产权登记的证据认定规则。市中级人民法

院对《深圳市中级人民法院与深圳市市场监督管理局关于协同推进数据知识产权保护工作备忘录》的内容进行了确认并反馈了意见，并已由市中级人民法院上报省高级人民法院。在此基础上，完成了该工作备忘录的局内意见征集工作。

广东：一是与广州知识产权法院开展合作。广东省市场监督管理局与广州知识产权法院签订《强化数据知识产权协同保护合作备忘录》，健全数据知识产权司法保护与行政保护衔接机制，共同建立共商、共享、共治机制，合力加强数据生产、流通、利用和共享过程中的知识产权保护。二是注重数据产权保护理论研究。收集梳理国内外数据产权保护相关资料，提炼可供我国参考的数据保护经验启示。三是深入开展调研，打好试点基础。与省人民法院、广州知识产权法院、广州互联网法院具有丰富审判经验的法官座谈，围绕数据产权属性和定义，探讨数据知识产权存证登记证书的证据效力等问题。四是协同推进数据知识产权纠纷多元化解。与知识产权纠纷调解、仲裁和公证机构交流，探讨数据知识产权证据保全、采信经验。协调广东知识产权纠纷人民调解委员会、广州仲裁委员会、广东省广州市南方公证处等机构在广东省知识产权维权援助公共服务平台设立服务窗口，完成与仲裁、公证机构办案系统对接，研究数据知识产权保护服务方案，探索构建数据知识产权纠纷多元解决机制新格局。五是加强宣传引导。举办"欧洲数据合规"等主题沙龙，邀请TCL等企业作主题分享，提升企业对数据合规立法与政策的认知，围绕企业跨境数据合规、风险应对及数据知识产权保护等问题进行交流，增强企业的数据知识产权保护意识和风险防控能力。

（二）数据知识产权登记应发挥的效力

数据知识产权登记具有以下基本功能，即证明和保护数据知识产权的功能、降低数据交易成本的功能。

1. 证明和保护数据知识产权的功能

数据知识产权登记证书是权利人依法持有数据并对数据行使权利的合法凭证。登记部门应当建立数据知识产权登记档案，设置数据知识产权登记簿，用于记载数据知识产权基本状况以及其他依法应当登记事项。因此，登记制度的建立与实施意味着权利能够被清晰地记载于登记簿上，登记机构依据登记簿向权利人颁发相应的权利证书。故此，登记证书就成为权利人是否享有权利以及享有何种权利的有力证明。一方面，登记簿是由国家设置的登记机构来制作并且需要永久保存的，这就使得登记簿上对权利归属和内容的记载能够持久稳定地存在。另一方面，登记机构依据登记簿给权利人颁发的权利证书掌握在权利人手中，这使得他们无论是从事财产权交易还是维护权益，都可以很容易地证明权利的归属和内容。如果对方或争议解决机关不相信权利证书，还可以进一步查阅登记簿的记载。

数据不同于作为有体物的动产和不动产，它并不占据客观的、有形的物理空间，无法为人所触摸。数据是对信息的记录，即使用约定俗成的字符对于事物的数量、属性、位置和相关关系进行抽象表示，从而适合在该领域中用人工或自然的方式进行保存、传递和处理。数据无法通过实体的占有而排他，可以被无限地复制，由无限多的主体在不同的空间于同一时间内对之进行占有、存储、加工、使用等处理活动。所以，数据知识产权登记的首要功能就是证明功能，即通过进行数据知识产权登记，并由登记机构颁发权利证书给权利人，可以在数据交易、分配数据收益等情形中起到证明权利的归属及内容的作用。

2. 降低数据交易成本的功能

数据本身种类繁多，来源复杂，涉及诸多权益。如个人数据涉及个人信息权益、隐私权等人格权，而企业数据涉及著作权、商业秘密，公共数据还可能有国家秘密、国家安全的保护问题。故此，数据流通尤其是数据交易中一个很大的问题就是如何确保数据来源的合法性，避免数据交易侵害他人的合法权益，这也是导致数据供给不足的主要原因之一。通过数据知识产权登记可以在一定程度上降低此等合规成本，即登记机构要求数据知识产权登记的申请人提供数据来源合法性的证明文件，并且依据国家制定的数据流通和交易负面清单，排除那些不能交易或严格限制交易的数据项，将符合法律法规规定的数据交易加以登记。这样一来，人们可以基于对数据产权登记的信赖进行交易，即便登记错误，交易的数据来源不合法、侵害他人合法权利，也与交易相对人无关。唯其如此，方能实现流通数据来源合法、隐私保护到位、流通和交易规范。

三、司法诉讼案例分析

民事诉讼活动的目的，是在证明过程中，法官对当事人所争议的事实尽可能接近真实地了解，进而根据当事人的诉求作出判决。诉讼证明是对案件事实的证明，而证明标准是法律规定对待证事实证明应达到的最低程度，是法律规定的对待证事实的最低举证要求。证明标准是当事人的一项证明任务，是当事人提供证据对案件事实加以证明所要达到程度的基准。这一标准是待证法律事实真伪状态的分界点，是否达到标准决定着当事人能否卸除举证责任。证据证明力大小、强弱决定着当事人能否达到证明标准。

数据知识产权权属证明分为权利要件事实的证明和归属要件事实的证明。权利要件是指权利是否存在。归属要件则指主张权利人为证明其拥有权利而所需举出的权利归属证据。2023 年 12 月 14 日，北京互联网法院依法组成合议庭，公开开庭审理数据堂（北京）科技股份有限公司与隐木（上海）科技有限公司著作权与不正当竞争纠纷一案。该案事实涉及 aidatatang1505zh 数据集、《数据知识产权登记证》，是全国首例涉及行政机关《数据知识产权登记证》效力认定的案件。在这之前涉及数据知识产权的案件，沿用的《著作权法》《专利法》《反不正当竞争法》均存在一定的局限性，主张权利人对其所拥有的数据有否进行数据知识产权登记。以下为相关案例分析。

（一）权属明确（"酷米客"诉"车来了"不正当竞争案）

1. 基本案情

"酷米客"是由深圳市谷米科技有限公司（以下简称"谷米科技"）运营的实时公交查询 App。"车来了"是由武汉元光科技有限公司（以下简称"元光科技"）运营的实时公交查询 App。谷米科技、元光科技都为客户提供实时公交信息服务，但二者收集公交数据的方式不同。谷米科技是通过 GPS 软件获取每辆公交的实时信息，后将此类数据上交当地管理部门。元光科技则是从管理部门处间接获得该部分数据。自然，谷米科技实时收集的数据更加准确，而元光科技由于网络延迟无法接收到公交的准确位置信息。基于此，元光科技为获取准确的公交数据，遂利用网络爬虫侵入谷米科技的数据系统。案发后谷米科技立即报警立案调查，广东省深圳市南山区人民法院最终判决元光科技单位和五名个人犯有非法获取计算机信息系统数据罪。

2. 现行判决及问题

裁判结果［广东省深圳市中级人民法院（2017）粤 03 民初 822 号民事判决书］：深圳市中级人民法院判决元光科技向谷米科技赔偿经济损失及合理费用。法院认为，谷米科技通过收集、分析、整合收集来的公交数据，形成了"酷米客"的后台数据，其智力劳动的投入赋予该部分数据经济价值，使该部分数据具备了无形财产的属性，因此，谷米科技对该部分数据依法享有财产权利。元光科技使用该部分数据应当征得谷米科技的同意。其在未经授权的情况下利用网络爬虫技术进入"酷米客"后台盗取数据的行为，损害了谷米科技的合法权益，违背了谷米科技的意志，构成不正当竞争。

在该案例的判决上，采用的是《反不正当竞争法》。企业对于不具备商业秘密所要求的新颖性，而同时又不具备《著作权法》要求的独创性大数据，往往援引《反不正当竞争法》第二条，主张纳入该条的"合法权益"予以保护，但条件是：首先，经营者对于数据信息具有合法权益（有投入，有比单一信息更强的实用性，经营者可以依据数据获得较高的商业利益）；其次，行为具有不正当性，违反诚实信用或公认的商业道德；最后，造成了实质损害，即损害其他经营者的合法权益，扰乱了社会经济秩序。然而，在采用《反不正当竞争法》时，权利人由于没有登记制度，难以提供证据证明权利归属，使法官难以确定真正的权利人。

3. 登记制度的优势

对于该案例而言，如果设立了数据知识产权登记，则从主观意愿上分析，谷米科技及时对实时收集的数据进行了数据知识产权登记，由于权属清晰，可以促使登记人重点关注侵权纠纷，在发生侵权纠纷之时往往能够积极止损、及时提起数据知识产权侵权之诉。同样地，由于元光科技可以查询到谷米科技已经对数据进行数据知识产权登记，提早认知到其采取的行为是侵权活动，因此可以避免在无意识之中侵犯数据知识产权。

在实际司法诉讼中，虽然两家公司都为客户提供实时公交信息服务，都是相同的公交数据，但是如果谷米科技及时对实时收集的数据进行了数据知识产权登记，则法院能够通过数据知识产权登记证书来初步确认它的权利归属，能快速地进行权利判断。权属确立在司法诉讼中的作用非常重要。在司法诉讼中，首先要确定的就是权属问题，即判断诉讼标的物的归属。

总之，数据知识产权登记能够实现权属确立，而权属确立在司法诉讼中具有非常重要的作用，有助于保障当事人的合法权益，提高审判效率，维护法律权威，促进社会和谐。

（二）保护客体界限清晰（"新浪微博"诉"脉脉"不正当竞争案）

1. 基本案情

"新浪微博"是由北京微梦创科网络技术有限公司（以下简称"微梦公司"）运营的社交媒体 App；"脉脉"是由北京淘友天下技术有限公司、北京淘友天下科技发展有限公司（以下简称"淘友公司"）共同经营的人脉社交 App。根据新浪微博开放平台的《开发者协议》，微梦公司和淘友公司通过微博平台 OpenAPI 进行合作。

OpenAPI，即开放应用编程接口，是服务型网站常见的一种应用，即网站的服务商将自己的网站服务封装成一系列 API 开放出去，供第三方开发者使用。作为互联网新的应用开发模式，OpenAPI 能够更好地发挥数据资源价值，实现开放平台方和第三方应用方之间的合作共赢。OpenAPI 的权限由微梦公司通过技术手段来控制。淘友公司必须在满足相应权限的前提下才能访问相关资源。

微梦公司向北京市海淀区人民法院提起诉讼，主张淘友公司实施了如下四项不正当竞争行为：一是非法获取、使用新浪微博的用户信息，二是非法获取并使用脉脉用户手机通讯录联系人与新浪微博用户的对应关系，三是模仿新浪微博加 V 认证机制及展现方式，四是发表网络言论对其构成商业诋毁。

2. 现行判决及问题

裁判结果：经审理，海淀法院作出一审判决，判令淘友公司停止涉案不正当竞争行为，同时在脉脉网站及其首页连续 48 小时刊登声明，为微梦公司消除影响；赔偿微梦公司经济损失 200 万元及合理费用 208 998 元。淘友公司不服一审判决，向北京知识产权法院提起上诉。2016 年 12 月 30 日，二审法院终审判决：驳回上诉，维持原判。

就该案例而言，微梦公司和淘友公司通过微博平台 OpenAPI 进行合作，微梦公司通过 OpenAPI 实现了将自己的网站服务封装成一系列 API 开放给淘友公司，供淘友公司使用，实现双方的合作共赢。虽然在未经特别申请并取得授权的情况下，淘友公司无权获取用户的职业、教育信息，但是，由于这些数据都可以通过另外的合法渠道直接从访问云平台取得，故而无法归类到《反不正当竞争法》的商业秘密中进行保护。在该案的判决上，对于这种能够从访问平台获取的用户的职业、教育信息等的数据信息并非由于明确的权属、清晰的界限而得到有效的保护，法院只是从获取途径的合法性中进行判断，最后认定为非法获取从而构成不正当竞争。

3. 登记制度的优势

对于该案例而言，假设引入了数据知识产权登记制度后，微梦公司能够及时对实时收集的数据，诸如微博客户头像、名称、标签、教育信息和职业信息等进行数据知识产权登记，明确其数据知识产权客体的保护范围，则在司法诉讼中的益处包括：第一，明确权利边界，确定数据知识产权客体的保护范围有助于明确权利人的权利边界，避免侵权行为的发生；第二，提高审判效率，在司法诉讼中，如果数据知识产权的保护范围已经确定，法官可以根据现有的法律和证据快速判断侵权行为是否成立，从而提高审判效率；第三，保障权利人利益，确定数据知识产权客体的保护范围可以保障权利人的利益，防止他人非法使用其知识产权，从而获得不正当利益。

综上所述，通过数据知识产权登记确定知识产权客体的保护范围，对司法诉讼具有诸多好处，可以有效地保护知识产权所有人的合法权益，提高审判效率，促进创新和公平竞争，增强公众的法律意识。

（三）赔偿有法可依（"优酷视频 App"诉"乐播投屏 App"不正当竞争案）

1. 基本案情

优酷网络技术（北京）有限公司（以下简称"优酷公司"）系优酷网（www.youku.com）的运营者。优酷网主要面向互联网用户提供网络视频点播服务，服务终端覆盖 PC 端、互联网电视、手机移动端等。其主要盈利模式为通过在视频点播时投放一定的贴片广告收取广告费，以及通过设置"付费会员免广告"机制收取会员费。优酷公司为了推广"优酷视频"手机应用软件（以下简称"优酷视频 App"），对手机浏览器播放优酷网视频的时长进行了限制，即用户通过手机浏览器访问优酷网时，只能观看 10 分钟的视频内容，继续观看完整视频则需下载优酷视频 App。通过优酷视频 App 观看免费视频时，需观看视频片头广告后才能看到完整的视频内容。此外，用户亦可通过优酷视频 App 连接互联网电视机顶盒，将视频内容投屏至电视机屏幕进行观看。

优酷公司发现，使用由乐播公司开发的"乐播投屏"手机应用软件（以下简称"乐播投屏 App"）访问优酷网，可直接观看或投屏观看优酷网完整视频，既无须观看片头广告，亦不受播放时长限制。优酷公司认为以上播放过程突破了优酷公司所设置的视频播放时长限制，并去除了相应的片头广告。优酷公司认为该行为破坏了其经营模式的正常运行，攫取了本应属于优酷公司的用户流量，挤占了优酷视频 App 本应获得的下载量和市场份额，给其造成了包括广告费收入、用户流量、软件下载量在内的损失，故诉至法院。

2. 现行判决及问题

裁判结果［北京海淀区人民法院（2018）京 0108 民初 13867 号民事判决书］：优酷公司作为优酷网及优酷视频 App 的经营者，通过向用户提供海量的电影、电视剧等视频播放服务，在满足相关公众消费需求的同时，亦为自身谋取相应的经济利益，此乃市场经营之常态。尽管该公司在提供部分视频服务时设定了在免费视频前播放广告、通过手机浏览器访问只能观看 10 分钟、观看完整视频需下载优酷视频 App 等限制，但该案中并无证据证明这些设定已超出合法经营、自主决策的范围，抑或不正当、不合理地限制甚至侵害了消费者的合法权益。

相反，优酷公司以其自主经营方式获利，在满足企业生存和发展需要、不断改善和丰富视频内容服务的同时，也为消费者提供了不同选择，使消费者可根据自身的意愿、偏好等，选择观看广告后免费观赏影视剧，或支付费用后免除广告直接播放视频内容。此外，消费者如不愿接受优酷公司所提供的服务内容或模式，亦可转而选择市场中其他相关经营者的服务。综上所述，法院确认优酷公司在该案中通过正当经营、合法竞争所获得的利益，应当受到法律保护。

对于该案而言，优酷公司认为造成了包括广告费收入、用户流量、软件下载量在内的损失。没有相关法，优酷公司难以找到明确的赔偿依据来确定损失金额，这可能导致损害赔偿数额难以确定，不公平现象发生。同时，在该侵权案件中，侵权行为对权利人造成的损失可能体现在广告费收入、用户流量、软件下载量等多方面。没有法律规定的赔偿规则，优酷公司在发现侵权行为时，难以准确判断侵权行为的影响程度，只能在损失较大时才提起诉讼，而且也难以确定合理的赔偿金额。而在核定赔偿金额时，由于案件类型和具体情况多种多样，如果没有法律规定的赔偿规则，当事人和法官可能难以找到类似的案件作为参考，来确定当前案件的损失赔偿额，只能通过采集到的证据进行主观判定。同时，由于没有明确的赔偿规则，当事人在诉讼过程中花费更多时间和精力来论证损失赔偿金额，无疑增加了诉讼成本，不利于知识产权的保护和知识产权纠纷的解决。

3. 登记制度的优势

对于该案而言，假设引入了数据知识产权登记制度后，对司法诉讼可产生的有益作用包括：第一，立法确定侵权赔偿可以统一赔偿标准，使得司法实践中的赔偿数额更为合理，有利于平衡侵权人和被侵权人的利益；第二，立法确定的侵权赔偿标准可以为法官提供明确的依据，简化审判程序，提高审判效率；第三，立法确定的侵权赔偿标准可以为侵权人提供明确的赔偿指导，使侵权人更加清楚地了解其应当承担的赔偿责任；第四，立法确定的侵权赔偿标准可以更好地保护被侵权人的利益，为其提供充分的经济补偿；第五，通过立法确定侵权赔偿，可以增强法律的威慑力，减少侵权行为的发生。因此，数据知识产权登记能够促使制定知识产权法中的赔偿规则，对公平、合理地解决知识产权纠纷、保护权利人的利益具有重要意义。

四、小　结

在本书中，我们深入探讨了数据知识产权登记保护的重要性及其在现有法律框架下的应用和挑战。随着数字经济的蓬勃发展，数据已成为关键的生产要素和企业竞争力的核心。然而，数据权益的界定、保护和维权过程中存在的问题，如权益归属不明确、取证难度大、法律保护局限性等，迫切需要通过制度创新来解决。

各地的试点工作为我们提供了宝贵的实践经验，展示了数据知识产权登记在明确权属、降低交易成本、提高司法审判效率以及促进创新和公平竞争中的积极作用。通过案例分析，我们进一步认识到，数据知识产权登记不仅有助于权利人在司法诉讼中快速确立权属，还能为侵权赔偿提供明确的法律依据，从而确保权利人的合法权益得到有效保护。

总结来看，数据知识产权登记制度的建立和完善，对于推动数据资源的合法、有序流通，激发创新活力，构建公平竞争的市场环境具有重要意义。未来，我们期待更多的政策支持和法律明确，以促进数据知识产权保护工作的深化，为数字经济的健康发展提供坚实的法律保障。同时，也需要社会各界的共同努力，包括企业、法律实务界、学术界等，共同推动数据知识产权保护的进步，以实现数据资源的最大化利用和社会福祉的增进。

第二部分

乡村振兴背景下广东特色农产品相关知识产权保护策略研究

第一章 绪 论

2023 年 4 月，习近平总书记走进广东省茂名市柏桥村，考察调研当地发展荔枝等特色种植业、推进乡村振兴的情况，指出："发展特色产业是实现乡村振兴的一条重要途径，要着力做好'土特产'文章，以产业振兴促进乡村全面振兴。"

近几年，特色农业在各地蓬勃发展，它以其突出的区域地缘优势、较高的工艺技术特点和良好的市场适应性迅速成为农村经济新的增长点，构成了区域经济的重要支撑力，而地理标志、农产品精深加工专利技术等知识产权是赋能区域特色农业发展的有效途径和重要手段。为了充分发挥知识产权在乡村振兴中的重要作用，《知识产权强国建设纲要（2021—2035 年)》提出"实施地理标志农产品保护工程""推动地理标志与特色产业发展、生态文明建设、历史文化传承以及乡村振兴有机融合，提升地理标志品牌影响力和产品附加值"。《"十四五"国家知识产权保护和运用规划》提出"知识产权助力乡村振兴工程"，推进专利技术强农、商标品牌富农、地理标志兴农、新品种惠农。国家《地理标志产品保护办法》于 2024 年 2 月 1 日实施。

广东作为知识产权强省和农产品大省，拥有丰富的特色农产品资源及一大批国内外知名的地理标志保护产品。截至 2022 年底，广东省获批地理标志保护产品 162 个，注册地理标志商标 121 件，入选中欧地理标志互认互保名录地理标志产品 10 个，拥有国家地理标志产品保护示范区 4 个。此外，广东省在地理标志保护方面也走在全国前列。2022 年 11 月 30 日，广东省人大常委会通过《广东省地理标志条例》。该条例统一规范了地理标志的运用保护管理和服务规则，是全国首部地理标志保护和运用地方性法规。广东省特色农产品产业具有广阔的发展前景。

然而，广东省特色农产品产业也存在以初（粗）加工产品为主、资源综合利用率低、深加工少、产业链短、科技创新对产品附加值以及品牌价值提升的作用不明显等问题。此外，广东省涉农专利申请和保护虽然取得了一定成效，但也存在一些问题，例如专利数量较多但高价值专利相对较少，专利转化运用不足等。

如何有效发挥知识产权制度优势，加强法律保护，保障和推动广东省特色农产品地理标志保护，有效利用专利技术促进地方特色农产品加工技术创新，形成竞争优势，是实现广东省乡村振兴的有效途径。本书以广东省特色农产品作为研究对象，从广东省特色农产品地理标志保护现状、特色农产品地理标志商标保护现状、地理标志农产品相关专利保护现状和重点特色农产品产业分析等方面进行梳理和研究，探索特色农产品全产业链的知识产权保护策略，探讨地理标志保护与商标、专利保护如何协同促进产业发展。

第二章　特色农产品产业概述和相关知识产权制度

一、特色农产品产业概述

中国历史悠久、幅员辽阔，气候类型也多种多样，生物资源丰富，在不同的地域发展出了众多适宜不同地区、具有不同品质特性的农产品。特色农产品主要是指依据当地原始地理面貌、土壤、水资源和人文环境等独特的生态环境，有着悠久的生产历史，由传统生产工艺生产的具有地方特色的农产品，包括当地特色的特产品和特色农副产品。

特色农产品的种类众多，按照品质特色、开发价值、市场前景的划分，确定了特色蔬菜、特色果品、特色粮油、特色饮料、特色花卉、特色纤维、地道中药材、特色草食畜、特色猪禽蜂、特色水产十类特色农产品。❶ 特色农产品从现代产业链出发可以划分为上、中、下游三个部分（参见图 2 - 1 - 1）。

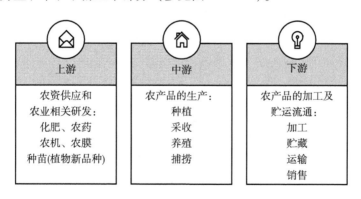

图 2 - 1 - 1　农产品产业链

---

❶ 中华人民共和国农业部. 农业部关于印发《特色农产品区域布局规划（2006—2015 年）》的通知 [EB/OL]. (2007 - 08 - 20) [2024 - 11 - 17]. http：//www. moa. gov. cn/nybgb/2007/dbq/201806/t20180614_ 6152016. htm.

1. 特色农产品产业链上游

特色农产品产业链上游主要涉及农资供应、农业相关研发，在种植业上涉及化肥、农药、农机、农膜、种苗、燃料，在养殖业上涉及饲料、畜禽水产药物、种苗等。农业相关研发包括对上述物质的研发。

2. 特色农产品产业链中游

特色农产品产业链中游主要涉及农产品的生产，包括种植、采收、养殖、捕捞等。

3. 特色农产品产业链下游

特色农产品产业链下游主要涉及农产品的加工及贮运流通，加工包括粗加工和深加工。粗加工的农产品通常能保留或部分保留农产品的原貌，其环节包括清洗、分级、分割、包装等。深加工产品则涉及食品、饮料、医药、化妆品等多个领域，而且与贮藏、运输、销售密切相关。特色农产品甚至能成为文化传播和交流的载体。

二、知识产权制度在特色农产品中的应用

特色农产品保护中所涉及的知识产权主要包括植物新品种权、地理标志、专利权、商标权、著作权、商业秘密、非物质文化遗产等。其中，植物新品种权是农业知识产权所独有的内容，而地理标志则是与特色农产品最为相关的知识产权制度。[1]在我国，农产品知识产权的主要保护形式是地理标志、专利权和植物新品种权。

（一）地理标志

《商标法》中规定的地理标志概念为：地理标志是标示某商品来源于某地区，该商品的特定质量、信誉或其他特征，主要由该地区的自然因素或人文因素所决定的标志。通常地理标志具备的声誉与该地区的自然因素或者人文因素息息相关，是该地区的特色。使用地理标志的产品具有一定的地理特色或者人文特色，并且具有区别于其他地区的质量、信誉或特征。

1. 我国地理标志的发展历史

我国地理标志保护制度起步较晚，主要发展经历了起源、开始、快速发展、改

---

[1] 吕火明，李晓，刘宗敏，等. 农业科技创新机制研究［M］. 成都：四川科学技术出版社，2015：197.

革等阶段，也在从多部门管理逐渐走向统一。下面对我国地理标志的主要发展脉络进行了梳理，如图 2 - 2 - 1 所示。

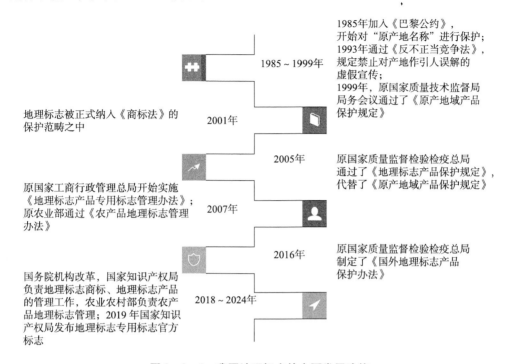

1985年加入《巴黎公约》，开始对"原产地名称"进行保护；1993年通过《反不正当竞争法》，规定禁止对产地作引人误解的虚假宣传；1999年，原国家质量技术监督局局务会议通过了《原产地域产品保护规定》

1985～1999年

地理标志被正式纳入《商标法》的保护范畴之中

2001年

2005年　原国家质量监督检验检疫总局通过了《地理标志产品保护规定》，代替了《原产地域产品保护规定》

原国家工商行政管理总局开始实施《地理标志产品专用标志管理办法》；原农业部通过《农产品地理标志管理办法》

2007年

2016年　原国家质量监督检验检疫总局制定了《国外地理标志产品保护办法》

国务院机构改革，国家知识产权局负责地理标志商标、地理标志产品的管理工作，农业农村部负责农产品地理标志管理；2019 年国家知识产权局发布地理标志专用标志官方标志

2018～2024年

图 2 - 2 - 1　我国地理标志的主要发展脉络

中国对地理标志的保护起源于 1985 年 3 月加入《巴黎公约》，作为成员国之一，须履行公约规定的义务，于是便开始以行政文件的形式对"原产地名称"进行保护。原产地名称是一种特殊的地理标志，是表明一项产品的原产地的国家、地区或特定地方的地理名称。

1999 年 7 月 30 日，原国家质量技术监督局局务会议通过了《原产地域产品保护规定》，该规定于 1999 年 8 月 17 日开始施行。《原产地域产品保护规定》的出台标志着我国正式开启地理标志的保护。

1993 年通过的《反不正当竞争法》，规定禁止对产地作引人误解的虚假宣传。2001 年 10 月 27 日，第九届全国人大常委会第二十四次会议通过了《关于修改〈中华人民共和国商标法〉的决定》，其中规定"地理标志"可作为集体商标或证明商标申请注册并且获得保护，从此地理标志被正式纳入《商标法》的保护范畴之中。

2005 年 5 月 16 日，原国家质量监督检验检疫总局局务会议通过了《地理标志产品保护规定》，该规定于 2005 年 7 月 15 日起开始施行，代替了《原产地域产品保护规定》。

2007年12月6日，原农业部第15次常务会议通过《农产品地理标志管理办法》，并于2008年2月1日起开始施行。该办法加强了对农产品地理标志的保护力度。至此，我国在地理标志保护制度和管理体系上形成了质监、工商、农业三部门组成的管理体系，法律体系主要包括专门法和《商标法》。

2016年3月28日，原国家质量监督检验检疫总局制定了《国外地理标志产品保护办法》，有效保护在中国销售的国外地理标志产品。

2018年，国务院进行机构改革，重组国家知识产权局，由其负责地理标志商标和地理标志产品的管理工作，由农业农村部负责农产品地理标志管理。

2019年10月16日，国家知识产权局发布地理标志专用标志官方标志，并且对地理标志专用标志予以登记备案，并纳入官方标志保护。原相关地理标志产品专用标志同时废止，原标志使用过渡期至2020年12月31日。

2022年11月17日，农业农村部发布农业农村部公告第623号，决定废止农业部公告第1071号（2008年8月1日发布）中的《农产品地理标志登记程序》，自公告发布之日起执行。另外，农业农村部信访处答网民关于"农产品地理标志认证政策咨询"的留言中有提到："按照中央编办构建地理标志统一认定制度有关工作要求，2022年3月，我部已停止了农产品地理标志登记工作，包括受理、评审、公示和公告，2022年制定的有关登记计划也相应停止实施。按照部门'三定'，我部正配合国家知识产权局构建地理标志统一认定制度。"❶

地理标志专用标志也在历史发展中经历了几次变革，具体变化如图2-2-2所示。

2. 我国现行地理标志保护制度

我国现行农产品地理标志保护制度包括农产品地理标志、地理标志商标、地理标志产品，涉及《农产品地理标志保护管理办法》《地理标志产品保护规定》《商标法》《反不正当竞争法》等。2022年3月，农业农村部已经停止对农产品地理标志的登记，但已经登记的农产品地理标志仍然受到保护。我国现行地理标志保护制度如表2-2-1所示。❷

---

❶ 中华人民共和国农业农村部. 中华人民共和国农业农村部公告 第623号［EB/OL］.（2022-11-17）［2023-09-18］. http：//www. moa. gov. cn/govpublic/ncpzlaq/202211/t20221121_6415870. htm.

❷ 赵小平. 中国地理标志成案研究［M］. 太原：山西人民出版社，2022：5-6.

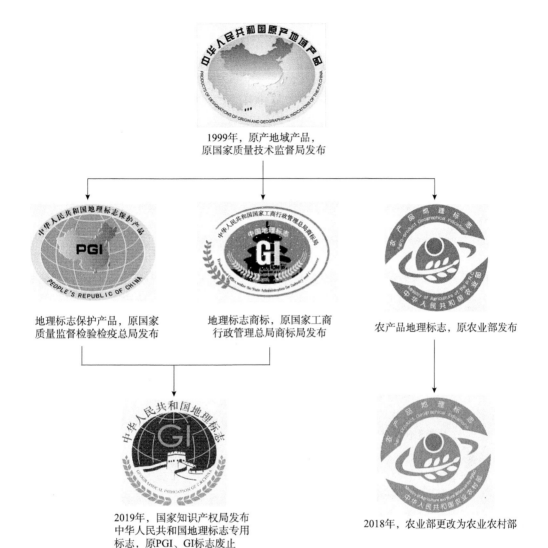

1999年，原产地域产品，
原国家质量技术监督局发布

地理标志保护产品，原国家
质量监督检验检疫总局发布

地理标志商标，原国家工商
行政管理总局商标局发布

农产品地理标志，原农业部发布

2019年，国家知识产权局发布
中华人民共和国地理标志专用
标志，原PGI、GI标志废止

2018年，农业部更改为农业农村部

图 2-2-2　我国地理标志专用标志的变更历史

表 2-2-1　中国现行三种地理标志保护制度

项目	商标法保护制度	地理标志产品保护制度	农产品地理标志保护制度
申请主体	申请人应当是团体、协会或者其他组织：个人或者企业不得作为申请主体	当地县级以上人民政府指定的地理标志产品保护申请机构或人民政府认定的协会和企业	择优确定的农民专业合作经济组织、行业协会等组织

项目	商标法保护制度	地理标志产品保护制度	农产品地理标志保护制度
管理机构	国家知识产权局	国家知识产权局	农业农村部与省级人民政府农业行政主管部门（2022 年 3 月前）
保护范围	农产品、加工品等	农产品、加工品等	主要是初级农产品
立法模式及适用法律	商标法模式，《商标法》等	专门法模式，《地理标志产品保护规定》等	专门法模式，《农产品地理标志管理办法》等
目的	通过商标法律以注册证明商标或集体商标的方式来保护地理标志	保护我国的地理标志产品，规范地理标志产品名称和专用标志的使用，保证地理标志产品的质量和特色	规范农产品地理标志的使用，保证地理标志农产品的品质和特色
保护期限	10 年，期满可续展	获得注册后，符合保护条件，可永久保护	获得注册后，符合保护条件，可永久保护
标识图案	每个产品注册为证明商标或集体商标。作为集体商标、证明商标注册的地理标志使用地理标志专用标志的，应在地理标志专用标志的指定位置标注统一社会信用代码，并应同时使用地理标志专用标志和该集体商标或证明商标，并加注商标注册号	地理标志保护产品使用地理标志专用标志的，应在地理标志专用标志的指定位置标注统一社会信用代码，并应同时使用地理标志专用标志和地理标志名称，并在产品标签或包装物上标注所执行的地理标志标准代号或批准公告号	农产品地理标志实行公共标识与地域产品名称相结合的标注制度

（1）地理标志商标保护制度

我国《商标法》涉及地理标志的规定主要体现在间接保护、禁用标准、地名合理使用三个方面。关于间接保护，根据《商标法》第十条第二款的规定，县级以上的行政区域名称不能作为商标注册，而地理标志的名称多数由地名和产品种类组合而成。为了让地理标志能够获得注册商标保护，凡是地名作为集体商标或证明商标组成部分的，不受限制。关于禁用标准，如果地理标志所标识的商品并非来源于其标示的地区，并且可能误导消费者，则该地理标志将不被注册，且禁止使用。关于地名合理使用问题，《商标法》第五十九条作出规定，注册商标中含有的商品的通用名称或含有的地名，注册商标专用权人无权禁止他人正当使用，如"库尔勒香梨"中的"香梨"和"库尔勒"两个元素可以允许他人合理使用。❶ 地理标志商标的注册申请同普通商标大同小异。

（2）地理标志产品保护制度

地理标志产品保护主要涉及《地理标志产品保护规定》，其第二条明确规定地理标志产品是指产品质量、信誉等特征来源于特定地域，范围既包括本区域的养殖或种植产品，也包括原材料部分或全部来自该区域并且在此完成加工的产品。地理标志产品的申请主体也只包括特定团体、协会等，个人不得申请。县级以上人民政府依法指定的各类企业、机构或者协会都可以作为申请人，并且需要由县级以上人民政府来负责划定地理标志产品的具体区域范围。如果该区域范围跨县区域，则需要地级市以上政府划定。同样，如果地理标志产品的区域范围跨地级市区域的，则需要省级政府来划定。

（3）农产品地理标志保护制度

农产品地理标志保护主要涉及《农产品地理标志管理办法》，其为地理标志的申请、注册、登记和管理等程序提供了有效的制度保障。其适用对象为直接在农业生产活动中获得的动植物产品，对经过深加工的农产品并不适用。申请农产品地理标志注册登记的主体包括各类农民专业合作经济组织、事业单位法人、社团法人等。登记申请主体需要经过政府授权，这相当于通过政府的公信力保证申请人的资质和能力。企业和任何个人不得作为申请农产品地理标志的主体。农产品地理标志的审批需要经过三级审核，最终由农业农村部发布公告批准（2022年3月前）。自2022年3月起，农业农村部已停止农产品地理标志登记工作。

（二）专利权

专利是受法律规范保护的发明创造，它是指一项发明创造向国家审批机关提出专利申请，经依法审查合格后向专利申请人授予的在规定的时间内对该项发明创造享有的专有权。特色农产品中所应用的专利包括发明专利、外观设计和实用新型，涉及农产品的专利是对农业生产方法、农业材料所享有的一种专有权利，该农业材料不包括动植物新品种，但动植物新品种的培育方法可申请专利。

---

❶ 林威. 国际协作视野下的地理标志保护问题研究：以《中欧地理标志协定》为例［D］. 昆明：云南大学，2022.

专利所涉及的主要法律法规为《专利法》《专利法实施细则》，其对发明的定义、专利申请、专利审查、专利的保护等都作了详细规定。专利的申请主体可以是企事业单位、社会公民、团体协会组织等。农产品专利的保护涉及各个环节。不仅是在中端和后端的申请、使用等方面，研发农业专利的行为也属于农业专利保护的一部分。

（三）植物新品种权

我国《植物新品种保护条例》将植物新品种界定为：经过人工培育的或者对发现的野生植物加以开发，具备新颖性、特异性、一致性和稳定性并有适当命名的植物品种。植物新品种权是植物新品种育种人对其研发和培育的植物新品种所获得的一种专有权，它是以知识产权形式对植物新品种实施的保护，与专利权、著作权等一样，属于知识产权范畴。我国政府于 1997 年 3 月 20 日颁布《植物新品种保护条例》，并于 1999 年 4 月 23 日正式成为国际植物新品种保护联盟的第 39 个成员。

我国植物新品种保护的管理机构分别为农业农村部（原农业部）与国家林业和草原局（原国家林业局），分别下设新品种保护办公室。其中，农业农村部主要负责农作物、水果、草本花卉等植物；国家林业和草原局主要负责林木、干果和木本花卉等植物。我国目前实施的是《国际植物新品种保护公约》1978 年文本框架下的植物新品种保护制度，即我国不是对所有植物物种进行新品种保护，而是主管部门通过发布植物新品种保护名录的形式来宣布保护的物种范围。只有在植物保护名录范围内的物种，才可以在我国申报植物新品种保护。

（四）其他知识产权

1. 非物质文化遗产

非物质文化遗产是指各社区、群众，有时是个人，视为其文化遗产组成部分的各种社会实践、观念表述、表现形式、知识、技能以及相关的工具、实物、手工艺品和文化场所。农产品方面涉及的非物质文化遗产主要为农产品生产技艺，包括种植、养殖、捕捞等农业生产的技术和技巧。这些技艺或技巧代代相传，具有独特的地域特色和工艺特点，以及农业习俗等，如丰收、种植、收获农业活动常伴随的特定节庆或习俗。

2. 著作权

农产品类著作权主要涉及的是农业科技人员、农业企业等对文学艺术类作品集、计算机软件所享有的著作权，如农产品包装中图案、文字、色彩或者其组合，农业科技工作者的研究类论文，农产品加工中涉及的计算机程序等，农产品生产和经营过程中形成的各类文字材料、数据、图片等。

3. 商业秘密

商业秘密是指不为公众所知悉，具有商业价值，并经权利人采取相应保密措施的技术信息、经营信息等商业信息，其属于知识产权的客体。农业生产中的商业秘密主要有：准备或已申请专利的发明创造技术信息；准备或已申请品种权的植物新品种新种质、中间育种材料；准备或已经申请的发明奖、科技进步奖的成果；处在研究开发工作中的阶段性技术和信息；准备或已经生产的产品技术和信息、销售网络、供货渠道、价格信息、商业数据等。

第三章 广东省特色农产品地理标志保护分析

地理标志作为一种新兴的知识产权，与地方特色农业发展密不可分，是保护地域特色资源优势和农业文化遗产不可或缺的重要载体，有利于提升地方特色产业的知名度和形象，推动地方特色产业的发展和蓬勃壮大。广东地处我国大陆最南端，北边与江西、湖南相接，南端面临南海，西边与广西交界，东边与福建相接，并且在珠江口东西两边与香港、澳门相邻。广东自然区域分布明显，陆地面积为 17.977 万平方千米，是国内人多地少的省份之一，其中宜农地为 434 万公顷，主要以山地和丘陵地势为主，有珠江三角洲和潮汕平原。广东属于东亚季风区，是中国光能、热能和水资源最富饶的区域之一，得天独厚的优势非常适合热带水果和蔬菜的种植。另外，广东四季常青，海岸线绵长，全省林业的利用面积为 10.25 万平方千米，自然资源丰富，农林牧渔产品种类繁多，加之各地独特的自然风貌和人文特征，造就了一大批名优特产。❶ 这几年来，广东各区域立足当地资源特点，充分发挥在亚热带特色农业、海洋渔业等方面的优势，高效发展特色农业。在特色农业发展自然基础条件的带动下，广东省特色农业发展的速度不断加快，培育出一大批享誉海内外的国际知名品牌特色农业产品，如世界知名的凤凰单丛、英德红茶、新会陈皮、化橘红等。这些产品具有鲜明的广东文化和经济特色，也是当地的主要产业和支柱产业，拉动了当地经济的增长。随着地理标志制度在我国的兴起和不断完善，广东省有越来越多的产品开始利用这一制度来进行保护和发展。

一、全国各省市地理标志产品获批情况

统计数据显示，截至 2022 年底，我国累计批准地理标志产品 2495 个，其中国内总计 2355 个，国外在华总计 140 个，核准使用地理标志专用标志市场主体 23 484

---

❶ 叶小丽. 广东省特色农业发展对策研究 [D]. 湛江：广东海洋大学，2018.

家，地理标志产品年直接产值超 7000 亿元。❶

近年来，广东省着力推动地理标志与特色产业发展、生态文明建设、乡村振兴有机融合，实施国家地理标志农产品保护工程项目，着力打造一批特色鲜明的"乡愁产品"，各项工作取得了显著成效。截至 2022 年底，广东获批国家地理标志保护产品数量达到 162 个，在全国排名第三，仅次于四川和湖北，具体参见图 3 - 1 - 1。

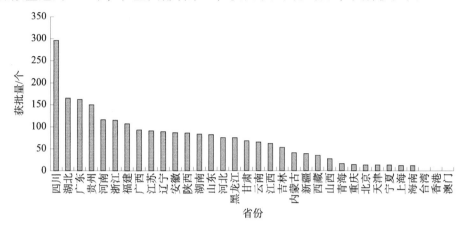

图 3 - 1 - 1　全国地理标志累计批准情况

二、广东省地理标志产品获批情况

截至 2022 年底，广东省获批的 162 个国家地理标志保护产品，涵盖了初级农产品、加工食品、道地药材、手工艺品等领域，其中农产品或其加工产品有 153 个，占地理标志保护产品的 94.4%，具体名录参见表 3 - 2 - 1。其中，凤凰单丛、吴川月饼、英德红茶、香云纱、新会陈皮、化橘红、高州桂圆肉、增城荔枝、梅州金柚 9 个地理标志产品与农产品地理标志大埔蜜柚一同入选中欧地理标志产品互认互保清单；广东凤凰单丛茶入选中泰"3 + 3"地理标志互认互保清单；凤凰单丛、莞香、新会陈皮、北乡马蹄、化橘红被列入全国首批地理标志运用促进重点联系指导名录；广东新会、广东罗定、化橘红、英德红茶入选国家地理标志产品保护示范区筹建名单。据广东省 2023 年公布的相关数据，广东省地理标志产品总产值已超 200 亿元。❷

❶ 国家知识产权局. 国家知识产权局 2022 年度报告［EB/OL］. (2023 - 06 - 05)［2023 - 08 - 20］. https：//www. cnipa. gov. cn/art/2023/6/5/art_3249_185538. html.

❷ 广东省市场监督管理局. 首届地理标志产品广货手信节在广州开幕［EB/OL］. (2023 - 06 - 19)［2023 - 11 - 20］. http：//amr. gd. gov. cn/gkmlpt/content/4/4204/mpost_4204142. html#2963.

表 3 - 2 - 1 广东省获批地理标志产品名录（截至 2022 年底）❶

所属地市	总个数	县（区）	个数	地理标志产品名称
广州市	11	从化区	2	从化荔枝蜜、钱岗糯米糍
		增城区	5	增城丝苗米、增城迟菜心、派潭凉粉草、增城挂绿、增城荔枝
		萝岗区	2	萝岗糯米糍、萝岗甜橙
		南沙区	2	新垦莲藕、庙南粉葛
深圳市	1	南山区	1	南山荔枝
珠海市	1	斗门区	1	白蕉海鲈
汕头市	8	潮阳区	3	金玉三捻橄榄、西胪乌酥杨梅、潮阳姜薯
		澄海区	2	潮汕橄榄菜、潮汕贡菜
		龙湖区	1	亚热果酒
		南澳县	1	南澳牡蛎
		濠江区	1	达濠鱼丸
佛山市	9	南海区	1	九江双蒸酒
		高明区	1	合水粉葛
		三水区	1	乐平雪梨瓜
		禅城区	2	石湾玉冰烧酒、石湾美术陶瓷［公告名称：石湾美术（红狮牌）］
		顺德区	4	香云纱、香云莎［公告名称：香云纱（香云纱牌）］、伦教糕、顺德红米酒
韶关市	14	曲江区	2	马坝油粘米、火山粉葛
		南雄市	1	南雄板鸭
		翁源县	2	九仙桃、三华李
		新丰县	1	新丰佛手瓜
		仁化县	2	长坝沙田柚、仁化白毛茶
		乐昌市	3	北乡马蹄、张溪香芋、沿溪山白毛尖
		乳源县	1	乳源彩石
		始兴县	2	清化粉、始兴石斛

---

❶ 广东省市场监督管理局（知识产权局）. 2022 广东省知识产权统计数据［EB/OL］.（2023 - 08 - 05）［2023 - 08 - 20］. http：//www. amr. gd. gov. cn/attachment/0/528/528173/4231643. pdf.

续表

所属地市	总个数	县（区）	个数	地理标志产品名称
河源市	3	河源市	1	河源米粉
		连平县	1	连平鹰嘴蜜桃
		紫金县	1	紫金春甜桔
梅州市	13	梅州市	1	梅州金柚
		大埔县	2	西岩乌龙茶、大埔青花瓷
		丰顺县	2	马图绿茶、八乡山番薯
		平远县	1	平远脐橙
		五华县	3	长乐烧酒、大田柿花、七畬径茶
		蕉岭县	4	蕉岭绿茶、桂岭蜂蜜、三圳淮山、蕉岭冬笋
惠州市	7	惠城区	1	惠州梅菜
		龙门县	1	龙门年桔
		博罗县	5	罗浮山大米、柏塘山茶、观音阁花生、观音阁红糖（观音阁黑糖）、罗浮山荔枝
汕尾市	3	海丰县	1	虎畎金针菜
		陆河县	2	陆河青梅、陆河木瓜
中山市	3	中山市	3	中山脆肉鲩、神湾菠萝、黄圃腊味
东莞市	2	东莞市	2	莞香、东莞米粉
江门市	3	新会区	2	新会陈皮、新会柑
		台山市	1	台山鳗鱼
阳江市	7	阳江市	3	阳江豆豉、阳江姜豉、阳江黄鬃鹅
		阳西县	1	程村蚝
		阳东区	1	大八益智
		阳春市	2	春砂仁、马水桔
湛江市	10	湛江市	1	湛江剑麻纤维
		廉江市	1	廉江红橙
		雷州市	2	流沙南珠、覃斗芒果
		徐闻县	3	愚公楼菠萝、徐闻山羊、徐闻良姜
		吴川市	2	吴川月饼、苏村番薯
		遂溪县	1	下六番薯

所属地市	总个数	县（区）	个数	地理标志产品名称
茂名市	8	茂名市	3	茂名白糖罂荔枝、茂名储良龙眼、茂名高脚遁地龙香蕉
		电白区	1	水东芥菜
		高州市	2	高州桂圆肉、新垌茶
		信宜市	1	信宜怀乡鸡
		化州市	1	化橘红
肇庆市	20	肇庆市	2	端砚、肇庆裹蒸
		鼎湖区	2	文岕鲤、文岕鲩
		高要区	4	麦溪鲤、麦溪鲩、活道粉葛、高要巴戟天
		怀集县	6	怀集茶秆竹、汶朗蜜柚、桥头石山羊、谭脉西瓜、岗坪切粉、新岗红茶
		封开县	2	封开油栗、封开杏花鸡
		德庆县	1	德庆贡柑
		广宁县	1	广绿玉
		四会市	2	四会贡柑、四会沙糖桔
清远市	16	清远市	1	清远鸡
		连州市	3	东陂腊味、星子红葱、连州溪黄草
		连南县	3	连南瑶山茶油、连南无核柠檬、清远乌鬃鹅
		清新区	1	清新冰糖桔
		英德市	4	英德红茶、英石、西牛麻竹叶、西牛麻竹笋
		连山县	2	连山大米、连山大肉姜
		阳山县	1	阳山淮山
		佛冈县	1	竹山粉葛
潮州市	2	潮州市	1	凤凰单丛（枞）茶
		潮安区	1	潮州手拉朱泥壶
揭阳市	5	普宁市	2	普宁蕉柑、普宁青梅
		惠来县	1	惠来荔枝
		揭东区	2	埔田竹笋、吴厝淮山

续表

所属地市	总个数	县（区）	个数	地理标志产品名称
云浮市	16	郁南县	4	郁南无核黄皮、郁南无核沙糖桔、东坝蚕茧、庞寨黑叶荔枝
		新兴县	4	新兴香荔、新兴排米粉、象窝茶、新兴话梅
		云安区	3	南盛沙糖桔、托洞腐竹、云安蚕茧
		罗定市	5	罗定肉桂、泗纶蒸笼、罗定皱纱鱼腐、罗定稻米、罗定豆豉

三、广东省地理标志产品分布情况

参见图3-3-1，从数量和空间的维度来看，截至2022年底，广东省各地市中，肇庆市、云浮市、清远市拥有的地理标志产品数量最多，分别是20个、16个、16个；拥有10个（包括10个）以上地理标志产品的地市还包括韶关市、梅州市、广州市和湛江市。可见，广东省地理标志产品大多集中在农产品资源丰富的粤东西北地区。同时，当地地理标志产品数量的多寡也与地方政府对知识产权的重视程度有关。例如广州市对知识产权重视程度较高，拥有较多的地理标志产品。综合来看，边远县市通过发展地理标志，打造本地农业品牌，有利于提振经济、扶贫富农、招商引资，对县域农业、县域经济的发展具有强有力的推动作用。

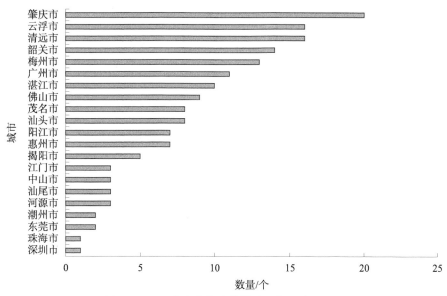

图3-3-1　广东省各地获批地理标志产品数量

参见图 3-3-2，从产品所属种类来看，广东省地理标志产品中果蔬类有 67 个，占总数的 41%；其次为加工食品类，占总数的 13%；此外，还具有较多的中药材、茶叶、畜禽品、水产品和粮油类，反映出全省在特色种植、特色养殖、特色工艺食品、茶叶、中药材等农产品及其加工产品方面具有的独特资源优势。

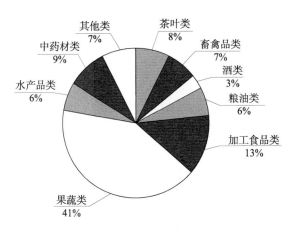

图 3-3-2　广东省地理标志产品类别统计

整体而言，广东省地理标志产品以果蔬等初级农产品为主，普遍存在产业链相对较短、流通半径较小等问题，尤其是热带水果和叶菜类，保鲜技术是制约相关产业发展的瓶颈之一。以岭南特色水果荔枝为例，其集中上市时正逢高温高湿气候。荔枝呼吸作用非常强，采收、预冷、清洗、杀菌、包装、运输、货架等任何一个链条处理不当均会严重影响荔枝的保鲜。习近平总书记 2023 年 4 月调研茂名荔枝产业时提出："要进一步提高种植、保鲜、加工等技术，把荔枝特色产业和特色文化旅游发展得更好。"因此，有必要加大保鲜、加工等科技攻关力度，延长产品产业链，以科技创新手段引领地理标志特色产业高质量发展。

四、广东省地理标志产品专用标志企业情况

截至 2023 年 8 月 20 日，广东省获准使用地理标志产品专用标志企业数（已完成换标）达到 1115 家。参见表 3-4-1，同期用标企业数量大于 10 家的地理标志产品有 13 个，包括新会陈皮、凤凰单丛（枞）茶、新会柑、英德红茶、白蕉海鲈、化橘红、愚公楼菠萝、东陂腊味、大埔青花瓷、黄圃腊味、吴川月饼、罗定稻米、神湾菠萝。

表 3 - 4 - 1 广东省获准使用专用标志企业（已完成换标）10 家以上的地理标志产品

地理标志	类别	企业数/家
新会陈皮	中药材类	295
凤凰单丛（枞）茶	茶叶类	145
新会柑	果蔬类	118
英德红茶	茶叶类	80
白蕉海鲈	水产品类	39
化橘红	中药材类	33
愚公楼菠萝	果蔬类	28
东陂腊味	食品类	25
大埔青花瓷	其他	22
黄圃腊味	食品类	19
吴川月饼	食品类	17
罗定稻米	粮油类	12
神湾菠萝	果蔬类	11
肇庆裹蒸	食品类	10

注：截至 2023 年 8 月 20 日，数据来源：国家知识产权局官网。

其中，新会陈皮、凤凰单丛（枞）茶、新会柑的获准使用专用标志企业数量均突破了 100 家，说明当地在地理标志的管理、推广、使用和保护上的工作较为积极有效，促进了相关产业的蓬勃发展，充分发挥了地理标志"保护一个产品、带动一批企业、做强一个产业、富裕一方百姓"的积极作用。以凤凰单丛（枞）茶为例，其作为首批入选中欧地理标志产品互认互保清单的产品，到 2023 年 8 月 20 日，其获准使用专用标志企业数达到了 145 家，在广东省排名第二，产销持续增长，获保护的产品年总产值达 30 亿元，较保护前增长了 445%，农民年平均收入达 2.86 万元，较保护前的 1.65 万元增长了 73.3%。地理标志在促进当地特色产业发展方面作出了突出的贡献。

虽然广东省地理标志产品专用标志企业数整体较高，但截至 2023 年 8 月 20 日，仍然存在 50 个地理标志产品用标企业数未实现零的突破，占产品总数的 31%，并有 38 个地理标志产品的获准使用专用标志企业数为 1，占产品总数的 24%，具体参见表 3 - 4 - 2。上述数据说明相当一部分地理标志产品未能形成规模经济效应，实现产业链的延伸，品牌影响力低，市场竞争力弱，对农民增收、当地经济拉动作用有限，地理标志农产品品牌建设效果欠佳。通常，地理标志农产品打响品牌之后，申报使用专用标志的企业数量会迅速增加，但部分地理标志农产品无人问津，这既是市场选择的结果，也是部分地理标志农产品活力不足的表现，其质量和品牌优势没有被充分挖掘出来，地理标志资源未能得到充分的发展和运用。

表 3 - 4 - 2   不同专用标志用标企业数量区间内对应地理标志产品数量

用标企业数	地标产品数	占比（%）
≥10 家	14 个	9
2~9 家	60 个	37
1 家	38 个	24
0 家	50 个	31

参见图 3 - 4 - 1，从广东省各地市专用标志企业数量来看，还存在各地市发展不平衡的问题。个别地市地理标志产品多，而获准使用专用标志企业数量少，一部分地理标志品牌资源闲置，没有得到运营和推广应用。例如，汕头市拥有地理标志产品 8 个，但其用标企业数仅为 3 家，用标企业数与地理标志产品数量存在倒挂，其中 6 个地理标志产品目前没有企业申请使用专用标志，包括潮汕橄榄菜、达濠鱼丸等消费者耳熟能详的产品；而江门市虽仅拥有 3 个地理标志产品，但其用标企业数量达到了 413 家，排名全省第一。上述现象说明部分地区需要大力加强对地理标志农产品的保护和发展，推动当地特色产业做大做强。

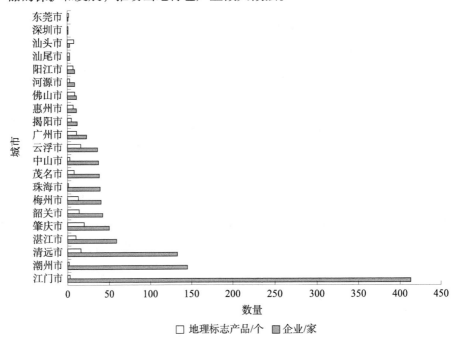

图 3 - 4 - 1   广东省各地市专用标志企业数量统计

整体而言，广东省地理标志产品保护水平持续提升，用标企业数量不断增长，涌现出了一批国内外知名的地理标志品牌，但部分地理标志产品仍然存在批而不用、重申请而轻保护的问题，地理标志资源未能得到充分的开发和利用。

五、广东省典型地理标志产品保护情况

新会陈皮作为广东省最具影响力的地理标志产品之一，位居 2022 年"中国区域农业产业品牌影响力指数"首位，在地理标志的创造、运用、保护、管理和服务等方面作出了较为突出的成绩，具有典型代表意义和参考价值，对广东省做好地理标志工作，发挥地理标志推动乡村振兴目标的实现，解决好"三农"问题具有重要的借鉴作用。下文将以江门市新会陈皮和新会柑作为典型案例进行介绍，以资借鉴。

（一）新会陈皮、新会柑地理标志产品基本情况

新会陈皮是广东省江门市新会区特产。新会柑是制备新会陈皮的唯一原料。新会陈皮具有很高的药用价值，又是传统的香料和调味佳品，早在宋代就已成为南北贸易的"广货"之一，行销全国和南洋、美洲等地区。2006 年原国家质检总局批准对"新会陈皮""新会柑"实施地理标志产品保护。

根据江门市人民政府的公开信息，江门市立足新会陈皮药食同源特性，积极开发多元价值，大力发展绿色种植、精深加工、文化旅游等多种经营，延伸产业链、提升附加值，不断创新地理标志保护体制机制，将其打造为富民增收的大产业。2022 年，新会柑种植面积达约 13.9 万亩，鲜果产量达 14.75 万吨，转换新会陈皮 7350 吨，新会柑种植户 9377 户，新会陈皮产业商事主体 2092 家，已形成药、食、茶、健和文旅、金融等六大类 35 细类 100 余品种的系列产品规模，带动就业超 7 万人，实现了人均增收约 2.2 万元，全产业链总产值达 190 亿元，实现了陈皮产业的高质量发展。❶

（二）新会柑、新会陈皮地理标志主要做法和经验

1. 延长产业链，推动农工文旅融合发展

搭建第一、二、三产业融合发展新平台，采取市场主导、政府支持、合作社带

---

❶ 新会区人民政府. 新会陈皮产业发展历程上的又一创新举措！《新会陈皮产业高质量发展》白皮书正式发布［EB/OL］.（2023 - 03 - 15）［2023 - 08 - 20］. http：//www.xinhui.gov.cn/zmhd/dhzf/xwfbh/content/post_2833467.html.

动等模式，形成以"一轴、两带、三基地、四中心、五园区"为架构的产业布局，打造出集柑橘种植、生产加工、金融投资、仓储物流、电子商务、文化旅游于一体的产业集群。

2. 完善地理标志保护政策、标准和制度

2020 年，江门市颁布实施《江门市新会陈皮保护条例》，以从法律层面解决好新会陈皮在地道性保护、品牌保护、传承与发展、监管与管理、法律责任等方面存在的具体问题。2023 年底，江门市印发《新会柑、新会陈皮地理标志专用标志使用管理保护办法》，从地理标志专用标志的使用、管理和保护等方面强化监管和保护，提升专用标志使用效能。此外，江门市是全省第一批开展地理标志保护产品专用标志使用核准改革试点的城市之一，先后创新研发上线全省首个地理标志产品专用标志核准使用电子受理平台，建立地理标志保护产品专用标志使用信息库，通过"PC 端 + 移动端"两端发力，实现地理标志专用标志业务各环节线上办、指尖办、无纸化、零跑动，大幅缩短初审和形式审查时限，极大提高企业使用地理标志专用标志积极性。

3. 加强科研合作，促进科研成果有效转化

加强激励扶持，江门市举办两届江门市高价值专利培育布局大赛，激发知识产权创造。江门市还依托大湾区首个国家现代农业产业园——新会陈皮国家现代农业产业园，与国内多家科研教育单位设立合作平台，共同开展新会陈皮、新会柑规范化标准研究，相关科研项目累计获 30 多项发明和实用新型专利，自主研发生产设备近 100 套，实现了科技成果的有效转化。

4. 培育龙头企业，强化品牌集聚效应

培育柑之林等 306 家新会柑专业合作社、新宝堂等 4 家省级农业龙头企业、陈皮人家等 4 家市级农业龙头企业，建立了"证明商标 + 自有商标"或"地理标志保护产品专用标志 + 自有商标"的模式，产业商标品牌有效注册量超 2000 件。

5. 完善地理标志产品标准体系

除了制定了新会陈皮、新会柑地理标志产品广东省地方标准（DB44/T 604—2009、DB44/ 601—2009），同时还制定了新会柑皮含茶制品食品标准（DBS 44/ 010—2018）和 8 项联盟加工标准，规范了新会柑茶生产企业的生产；加强地理标志产品质量控制，指导市场主体严格按照标准开展生产经营活动，进一步加强内部管理和质量控制，完善食品安全管理制度；健全新会陈皮抽检机制，提高监督抽检的

靶向性和针对性，全面保障地理标志产品的质量。

六、广东省地理标志产品发展中存在的问题

1. 品牌竞争力有待提升

地理标志农产品大部分是初级产品，容易腐烂、变质。在冷链物流缺乏的情况下，地理标志农产品储藏难，容易影响品牌竞争力。那些不耐储藏、易变质的农产品难以承受长途搬运，流通半径小，销售周期短，损耗大，其品牌影响力严重受限。可以通过加大对保鲜技术、加工技术等的研发和创新，促进科技成果在产业中的有效转化来提高蔬菜瓜果类地理标志产品品牌的影响力。

2. 防伪溯源难题未能有效破解

随着部分地理标志品牌知名度的日益提高，越来越多涉嫌仿冒行为出现，不仅严重损害了地理标志产品的市场形象，同时也损害了所有从业者的利益，使农户辛苦种出来的产品卖不上好价格，而消费者亦选购难、体验差。目前绝大多数地理标志产品缺乏科学有效的技术手段进行防伪辨真，也未完全实现全产业链的数字化和溯源管理，相关部门难以对农产品的仿冒行为进行有效监管，严重影响产品的品牌价值。

3. 产品质量参差不齐

地理标志农产品属于公共产品范畴，具有"公地"特征，容易被过度开发而使其价值受到贬损，带来"公地悲剧"。部分地理标志产品经营者盲目扩大种植地理范围、引进高产品种，甚至出现以次充好、以假充真的现象，导致消费者认知混乱。迫切需要以标准内联生产者、外联市场，通过产业化和标准化手段统一生产管理，实现地理标志产品现代化生产，维护地理标志的质量和信誉。

4. 知识产权复合型人才缺乏

地理标志产品的相关从业者虽然人数众多，但受农业生产特点及广大农业生产者素质等多方面的影响，普遍存在知识产权保护意识淡薄等问题，缺乏既懂技术又懂得知识产权相关知识的复合型人才。一方面，地理标志保护意识不足，地理标志注册申请和用标积极性低；另一方面，对专利申请、知识产权保护和运营方面的认识程度不同，导致专利申请质量不高、对地理标志之外其他类型知识产权运营的重视程度不够。

七、小　结

综上所述，广东省地理标志资源丰富，地理标志产品数量在全国排名前列，获准使用专用标志企业数量较多，各级政府不断完善地理标志保护政策、标准和制度，加强地理标志的执法保护，培育了一大批国内外知名的地理标志品牌，在地理标志保护和发展方面取得了较大的成绩。但仍然存在地理标志农产品以初加工产品为主、产业链短，相关产业科技创新和转化运用不足，部分地理标志产品重申请而轻使用保护，各地市地理标志保护运用水平不一、发展不平衡，知名地理标志产品防伪溯源难，知识产权复合型人才缺乏等问题。

第四章 广东省特色农产品地理标志商标保护分析

地理标志的注册商标保护是通过将地理标志注册为集体商标或证明商标对地理标志进行的商标法上的保护，在农产品品牌发展和建设中扮演着重要的角色。

一、全国地理标志商标注册情况

从国家知识产权局的统计数据（除港澳台地区外）来看（参见图4-1-1），截至2022年底，我国的地理标志商标数量为7076件，除国外在华注册外，国内总计6849件。以地理标志注册的集体商标、证明商标数量居于前五位的省域为山东省（903件）、福建省（643件）、四川省（587件）、湖北省（517件）和江苏省（412件），而广东省（121件）位列第18位。全国省（自治区、直辖市）的地理标志商标平均数量为221件，在平均数以上的有10个省（自治区、直辖市），广东省地理标志商标注册量并未达到平均值，主要可能存在以下原因。一是政府前期对地理标志商标的宣传和引导不足，导致地理标志商标注册申请起步晚。广东省第一件地理标志商标（清远鸡）在2003年获得批准，而全国第一件地理标志商标（库尔勒香梨）在1996年获得批准，地理标志商标注册量全国第一的山东省第一件地理标志商标（章丘大葱）获批时间为1999年。二是政府对地理标志商标申报主体的扶持不足，政策和资金的支持有限，且部分涉农企业对商标的作用和价值认识不够，更看重眼前利益和有形资产，对地理标志商标等无形资产不够重视，导致对地理标志商标的申报积极性不高。三是各地对知识产权保护类型（专利、地理标志等）的侧重有所不同，例如山东省更重视地理标志商标的注册，截至2022年底，其地理标志商标注册量连续11年全国第一；而广东省更为重视对地理标志产品的申报，这也是造成广东省地理标志商标注册数量较少的原因之一。

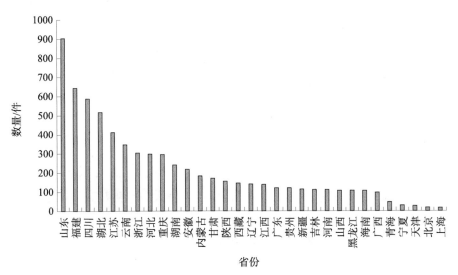

图 4 - 1 - 1　截至 2022 年底各省份（除港澳台地区外）地理标志商标注册情况❶

二、广东省地理标志商标注册情况

广东省地处亚热带，日照和雨水充足，优越的地理位置和自然环境造就了广东省丰富的农产品资源。据国家知识产权局的统计数据，截至 2022 年底，广东省有效地理标志注册商标量为 121 件（参见表 4 - 2 - 1），其中农产品 115 件，占比 95%。

表 4 - 2 - 1　截至 2022 年底广东省地理标志商标注册情况❷

所属地市	件数	地理标志商标名称（国际分类）
广州市	13	从化流溪娟鱼（31）、从化荔枝蜜（30）、从化荔枝（31）、增城乌榄（31）、增城桂味荔枝（31）、增城糯米糍荔枝（31）、增城荔枝（31）、增城挂绿荔枝（31）、增城丝苗米（30）、增城菜心（31）、派潭凉粉草（31）、南沙青蟹（31）、新垦莲藕（31）
深圳市	1	南山荔枝（31）

❶ 国家知识产权局. 国家知识产权局 2022 年度报告［EB/OL］.（2023 - 06 - 05）［2023 - 08 - 20］. https：//www. cnipa. gov. cn/art/2023/6/5/art_3249_185538. html.

❷ 广东省市场监督管理局（知识产权局）. 2022 广东省知识产权统计数据［EB/OL］.（2023 - 08 - 05）［2023 - 08 - 20］. http：//amr. gd. gov. cn/attachment/0/528/528173/4231643. pdf；粤港澳知识产权大数据综合服务平台. 地理标志［EB/OL］.［2023 - 08 - 20］. http：//www. gpic. gd. cn/gdhkm/；国家知识产权局商标局，中国商标网. 商标查询［EB/OL］.［2023 - 08 - 20］. https：//sbj. cnipa. gov. cn/sbj/sbcx/.

续表

所属地市	件数	地理标志商标名称（国际分类）
珠海市	1	斗门荔枝（31）
汕头市	1	南澳紫菜（29）
佛山市	9	西樵大饼（30）、合水粉葛（31）、合水粉葛（31）、高明三洲黑鹅（29）、三水黑皮冬瓜（31）、三水芦苞鱼干（29）、乐平雪梨瓜（31）、石湾公仔（21）、伦教香云纱（24）
韶关市	4	马坝油粘（30）、翁源三华李（31）、扶溪大米（30）、乐昌黄金奈李（31）
河源市	1	东源仙湖茶（30）
梅州市	9	梅县金柚（31）、大埔蜜柚（31）、大埔青花瓷（21）、留隍橄榄（31）、平远慈橙（31）、大田柿花（29）、兴宁茶油（29）、兴宁单丛茶（30）、梅塘杨桃（31）
惠州市	3	惠州梅菜（29）、龙门大米（30）、惠东马铃薯（31）
中山市	3	中山脆肉鲩（31）、中山脆肉鲩（29）、中山五桂山沉香（5）
东莞市	1	谢岗荔枝（31）
江门市	6	新会陈皮（29）、台山大米（30）、大沙天露茶（30）、潭碧冬瓜（31）、恩平簕菜（31）、杜阮凉瓜（31）
阳江市	4	阳东牛大力（5）、阳东双肩玉荷包荔枝（31）、阳春马水桔（31）、阳春砂仁（5）
湛江市	18	湛江硇洲鲍鱼（31）、湛江硇洲鲍鱼（29）、湛江硇洲龙虾（31）、湛江沙虫（31）、湛江沙虫（29）、湛江蚝（29）、湛江蚝（31）、湛江鸡（29）、湛江鸡（31）、湛江对虾（31）、湛江对虾（29）、湛江对虾（29）、廉江番石榴（31）、徐闻南珠（14）、稳村番薯（31）、遂溪广藿香（31）、遂溪广藿香（5）、遂溪海红香米（30）
茂名市	11	茂名荔枝（31）、茂名荔枝（31）、茂名荔枝（29）、茂名荔枝（29）、水东芥菜（31） 高州香蕉（31）、高州荔枝（31）、高州龙眼（31）、信宜怀乡鸡（31）、化橘红（5）、化州橘红（5）
肇庆市	19	端砚（16）、肇实（31）、高要肉桂（5）、高要广藿香（5）、高要佛手（5）、高要巴戟天（5）、怀集茶秆竹（20）、封开油栗（31）、封开杏花鸡（31）、德庆何首乌（5）、德庆贡柑（31）、德庆肉桂（5）、德庆紫淮山（31）、德庆沙糖桔（31）、德庆巴戟（5）、德庆高良富笋（31）、德庆鸳鸯桂味荔枝（31）、德庆广佛手（5）、四会砂糖桔（31）

续表

所属地市	件数	地理标志商标名称（国际分类）
清远市	4	清远鸡（31）、清远麻鸡（31）、英德红茶（30）、阳山淮山（31）
潮州市	3	凤凰单丛（30）、潮州单丛茶（30）、潮州柑（31）
揭阳市	4	普宁蕉柑（31）、普宁青梅（31）、揭西擂茶（30）、埔田竹笋（31）
云浮市	6	郁南无核黄皮（31）、新兴香荔（30）、新兴排米粉（30）、罗定肉桂（30）、罗定三黄鸡（31）、罗定豆豉（30）

注：表中地理标志商标名称（国际分类）相同表示同一产品申请了相同类型的地理标志商标。

参见图4-2-1，从年注册量来看，2018～2022年，广东省地理标志商标注册量逐步上升，2020年地理标志商标注册量同比增长9%，而2021年地理标志商标注册量同比增长20%，2022年地理标志商标注册量同比增长19%，注册量2021年、2022年增长较快，这与广东省近年来对地理标志助力区域特色经济推动作用的重视密不可分。2022年，广东省成立了地理标志保护协会，构建了政府与企业之间的桥梁。同时，为了加强地理标志运用、保护、管理和服务，保证地理标志产品质量和特色，促进地理标志产业发展，助力乡村振兴，广东省出台了全国首部地方性法规——《广东省地理标志条例》。可以预期的是，未来广东省在地理标志的申报、运用和监管上都将更加规范科学。

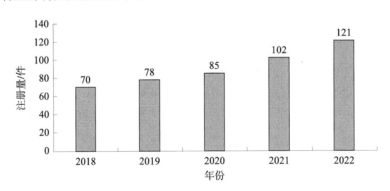

图4-2-1 2018～2022年广东省有效地理标志商标注册量

三、广东省地理标志商标注册区域分布

从区域分布来看，广东省各市地理标志商标地区发展不均衡，各市的商标总量

差异较大。截至 2022 年底，有效地理标志商标注册量排名前三的为肇庆市（19 件）、湛江市（18 件）、广州市（13 件）；数量较少的还有深圳市、汕头市、珠海市、河源市、东莞市，均为 1 件；具体参见图 4 - 3 - 1。可见，珠三角地区的地理标志商标总数最多，占到了全省总量的 56%；其次是粤西地区，占到了全省总量的 27%；最后分别是粤北地区（占全省总量的 20%）和粤东地区（占全省总量的 7%）。就各地区所拥有的城市地理标志商标平均数而言，排名第一的是粤西地区，各城市所拥有地理标志商标平均件数为 11 件；第二和第三分别是珠三角地区（6.2 件）和粤北地区（4.8 件），最少的是粤东地区（2 件）。总的来说，粤东地区和粤北地区还有较大上升空间，这可能与各地自然环境优劣、物产丰富程度、对知识产权的重视程度等有关。

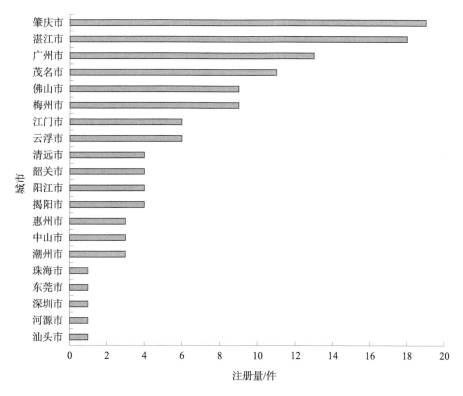

图 4 - 3 - 1 截至 2022 年底广东省各市地理标志商标注册量

从具体的地理标志商标来看，一些地区尽管地理标志商标数量较多，但存在同一产品申请相同类型的地理标志商标的情况。例如湛江市农林牧渔地标产品协会申请了两个国际分类为 29 的湛江对虾的地理标志商标，这在管理和使用上存在不便之处，也会导致消费者对地理标志商标产生混淆，起不到地理标志商标的品质保证作用，也反映出部分地理标志商标更重申请而轻使用，导致地理标志商标使用率不高，无法起到提升经济效益的效果。

值得一提的是，肇庆市拥有肇实、德庆贡柑、德庆何首乌等 19 件地理标志证明商标，数量居全省第一，有效地理标志证明商标中农产品类占比高达 94.7%，除此之外，还拥有端砚、肇庆裹蒸、文岕鲩等 20 个地理标志产品，全市地理标志总数达 40 个，数量居全省第一，而且实现了全市 9 个县（市、区）除高新区外地理标志全覆盖。2022 年底，肇庆地理标志商标入选国家知识产权局发布的 2022 年商标品牌建设优秀案例名单。地理标志已成为肇庆市最重要的区域品牌，在实施商标品牌战略工作中成为不可或缺的重要抓手。

四、广东省地理标志商标的类别分布情况

1. 集体商标和证明商标的分布

截至 2022 年底，广东省有效地理标志注册商标量为 121 件，其中农产品 115 件，占比 95%。涉及农产品的地理标志商标除 2 件为集体商标外，其余都为证明商标。证明商标在品质保证方面通常要求更为严格，它确保了商品或服务符合一定的标准，从而维护了消费者的利益。从行业发展的视角来看，证明商标有助于提升产品品质，促进产业的优化升级，增强整个行业的竞争力。对消费者来说，证明商标的存在简化了他们筛选和选择优质商品的过程。因此，在决定注册哪种类型的商标时，除了考虑市场主体的自主经营权，还应考虑到具有监督能力的组织的存在，这对于地理标志商标的保护和推广至关重要。

2. 地理标志商标的国际分类分布

截至 2022 年底，广东省涉及农产品的地理标志商标（115 件）中（参见表 4 - 2 - 1、图 4 - 4 - 1），用于第 31 类农产品、新鲜水果蔬菜等产品的数量最多，共 66 件，占比 57%；其次分别是用于第 30 类咖啡、茶、米、蜂蜜等产品和用于第 29 类肉、鱼、蛋、奶等产品，数量分别为 19 件和 16 件，占比分别为 17% 和 14%；最后是用于第 5 类中药药材等产品，数量为 14 件，占比为 12%。从表 4 - 2 - 1 中可以发现，同一产品往往同时申请了第 29 类（非活）和第 31 类（活的、新鲜的），例如茂名荔枝，这也有利于对于农产品的不同销售形式进行全面的保护。

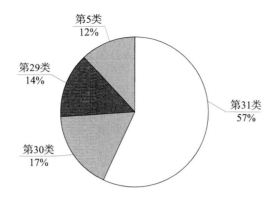

图 4 - 4 - 1　广东省农产品地理标志商标国际分类情况

3. 地理标志商标的产品类别分布

广东省属于亚热带季风气候区，是中国光、热和水资源最丰富的地区之一，农作物发展条件非常优越。在涉及农产品的地理标志商标中，各类别均有所涉及，果蔬类、中药类、水产类等占比较大（参见图 4 - 4 - 2），不乏名气产品如增城荔枝、新会陈皮、英德红茶等。

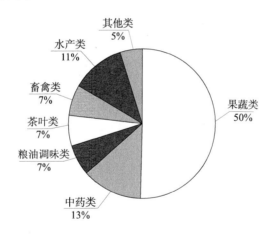

图 4 - 4 - 2　广东省地理标志商标产品类别分布

此外，值得一提的是，尽管茶叶类地理标志商标只占到 7%，但其中的英德红茶、潮州单丛茶、凤凰单丛等在国内外都享有盛名。如英德红茶，与云南滇红、安徽祁红并称为中国三大红茶，其成品茶外形秀丽，色泽金黄，汤色红艳，香气持久，滋味鲜爽。2019 年 10 月 22 日，在第十五届中国茶叶经济年会上，国际茶叶委员会授予英德红茶"世界高香红茶"牌匾。2021 年，"英德红茶"获得广东首批"粤地优品——广东高品质地理标志"称号。2022 年，英德红茶国家地理标志产品保护示范区成功入选 2022 年国家地理标志产品保护示范区筹建名单。2023 年，"英德红茶"荣获"2023 年度十大最具代表性中欧地理标志产品"称号。2023 年，"英德红茶"入选国家知识产权局发布的第二批地理标志助力乡村振兴典型案例名单。

五、广东省典型地理标志商标保护情况

做好农产品地理标志商标的注册、管理、运用及保护工作，对于提高农产品质量安全水平、提高农产品在市场中的竞争力、促进农村经济发展和农民增收具有重要的意义。2022 年底，肇庆地理标志商标入选国家知识产权局发布的 2022 年商标品牌建设优秀案例名单。因此，下文将以肇庆市地理标志商标作为广东特色农产品典型地理标志商标典型案例进行介绍，以资借鉴。

1. 肇庆地理标志商标的基本情况

截至 2022 年 12 月，肇庆市拥有 19 件有效地理标志证明商标，数量居全省第一，实现了全市 9 个县市、区除高新区外的地理标志商标覆盖。根据肇庆的相关报道，在地理标志商标区域品牌的带动下，肇庆市岭南中药材、水果等均形成了一定规模的产业，且发展势头较好，地理标志作为区域商标品牌的带动作用凸显。

2. 肇庆地理标志商标保护的主要做法和经验❶

（1）开展地理标志优势产业培育，促进重点行业发展

以岭南中药材、怀集农副产品等区域品牌促进运用为重点开展地理标志优势产业培育，科学规划并积极推进国家地理标志产品申报和地理标志商标申请注册工作。以岭南中药材为例，肇庆市积极指导高要、德庆两地开展对南药保护品种地理标志商标的相关工作，陆续成功注册了"德庆何首乌""德庆肉桂""德庆巴戟"等 8 件岭南中药材地理标志商标。

（2）创新地理标志金融服务，推广宣传地理标志保险

肇庆市充分发挥地理标志数量较多的优势，联合地理标志服务机构和融资、保险等金融机构，组织开展地理标志质押、保险等运用促进宣传推广活动，进一步发

---

❶ 肇庆市市场监督管理局. 肇庆市地理标志助力乡村振兴典型案例之高要区岭南中药材［EB/OL］.（2023 – 09 – 25）［2023 – 09 – 30］. https://www.zhaoqing.gov.cn/zqscjgj/gkmlpt/content/2/2893/mpost_2893941.html#20947；卢逸轩. 肇庆创新建设地理标志驿站，助力地标品牌走向全国［EB/OL］.（2023 – 11 – 24）［2023 – 11 – 30］. https://baijiahao.baidu.com/s? id = 1783454242886372445&wfr = spider&for = pc.

挥地理标志商标的经济价值。2021年中国人民财产保险股份有限公司肇庆市分公司（以下简称"人保财险肇庆市分公司"）正式推出了"地理标志被侵权损失保险"险种，保险对象为"肇实""德庆贡柑""德庆何首乌"等地理标志产品生产企业，由人保财险肇庆市分公司为这些企业提供高达400万元的风险保障。通过引入保险机制可以有效防范地理标志企业运营风险，提升地理标志使用效益。

（3）加强标准制定和修订，建立地理标志产品技术标准体系

自2019年以来，肇庆市积极鼓励肇庆市社会团体制定涉及肇庆市地理标志产品的团体标准，其中包括怀集油粘米、大岗大蜜李、德庆巴戟、德庆何首乌等20个地理标志产品的种植技术标准和加工标准。此外，肇庆市推出《质量与标准助力乡村振兴——广东省地方特色产品品牌建设计划》，在全市范围内承接和开展地方特色产品品牌计划项目，挖掘培育肇庆市地方特色农产品，推动特色产业向标准化、品牌化和市场化方向发展。

（4）建设地理标志驿站，助力品牌走向全国

2023年以来，肇庆市着力谋划推动"地理标志驿站"建设工作。通过在地标驿站设立地理标志产品专柜、邀请顾客品鉴、线上直播介绍带货、线下组织旅游等多种途径，逐渐形成地标产品的产、供、销、品等多条网络，让地标驿站成为全国消费者品鉴、购买肇庆地标产品的渠道，进而将驿站打造成全市促进地标产品运营的高效平台。

六、广东省地理标志商标保护现阶段存在的问题

1. 地理标志商标注册数量偏少

从国家知识产权局的统计数据来看，截至2022年，广东省地理标志商标证明商标注册数为121件，与前三名的山东省、福建省、四川省相比差距较大。一方面，广东省农产品地理标志工作主要集中在政府层面，多数涉农企业对商标的作用和价值认识不够，农民积极性不高，在粤东和粤北地区尤为明显。另一方面，部分地区的一些政府基层单位缺乏地理标志商标发展规划及强有力的组织引导，同时政策和资金支持力度不够也是导致地理标志商标注册数量不高的原因。虽然近年来广东省在宣传地理标志等知识产权方面作了较多努力，但要取得地理标志商标注册量的快速增长还需要时间。

2. 已注册地理标志商标使用率不高

从数据统计结果来看，广东省的地理标志商标使用率不高。地理标志商标获批

注册后主要有以下几种使用方式：仅用母品牌（地理标志商标），无子品牌（自有商标）；子品牌强，不用母品牌；子品牌弱，突出母品牌；子品牌强，弱化母品牌。部分地理标志商标在注册后，注册组织和相关企业没有建立配套的商标使用管理制度，缺乏商标运作战略规划，对商标宣传、产品品质把控、市场开发等投入不足，仅关注短期效益，缺乏长期的品牌培育意识，影响了地理标志商标的使用水平和品牌信誉的建立，从而导致地理标志商标的效益不突出，进而降低了地理标志商标的使用率。

3. 产品质量保障体系有待健全

广东省地理标志农产品的产业化、标准化程度有待提高。许多农产品的种植主体仍旧是规模较小的农户，他们分散经营，容易受到市场供需波动的影响，且抵御市场风险的能力较弱。虽然有少数地区采取了"合作社 + 农户"的模式，但拥有强大带动作用的龙头企业和合作组织数量有限，整体产业化、标准化水平不高。一方面，在上游种植环节等，一些农产品尚未建立统一的技术规范，导致最终产品在大小、重量、外观、口感和品质等方面存在差异，标准化建设有待加强。另一方面，一些协会或企业追求短期利益，与其他单位合作时未签订商标许可合同，也缺乏对产品质量的监督，损害了地理标志商标的信誉。

七、小　结

综上所述，广东省地理标志商标数量在全国处于中游水平，近年来注册量增长较快，地理标志商标主要集中在农产品地理标志证明商标，涉及的农产品种类涵盖果蔬、茶叶、畜禽、水产等，充分体现了广东地区的特色农产品资源优势，并拥有新会陈皮、英德红茶等著名地理标志商标。总体而言，广东省的地理标志商标数量与山东、四川等农业大省相比有差距。广东省内各地区地理标志商标分布不均衡，特别是粤北和粤东地区的数量较少，地理标志商标的品牌效应也不够显著，无论是地理标志商标的注册还是地理标志商标的运用，都有较大的提升空间。

第五章　广东省地理标志农产品专利保护分析

一、广东省地理标志农产品整体专利保护情况分析

（一）申请量和授权量

广东省地理标志产品（截至 2022 年 3 月 31 日）中包含农产品共 153 种。对广东省内申请人涉及这 153 种农产品的专利进行检索和分析发现（参见图 5－1－1），广东省内申请人对地理标志农产品的研究以发明专利为主，研究较为深入，但发明专利授权量较低；其次是外观设计专利，多涉及农产品的外包装。可见，广东省内不仅注重对地理标志农产品的进一步创新研发，也非常重视对这些产品的推广销售。

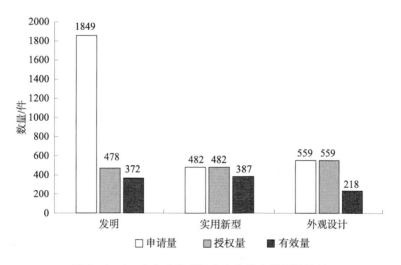

图 5－1－1　广东省地理标志农产品专利保护情况

对这些专利的申请量趋势进一步进行分析，如图 5－1－2 所示。总体上，广东省内关于地理标志农产品的发明专利、实用新型专利以及外观设计专利均呈现增长的趋势，其中发明专利增长幅度尤其明显，2018 年申请量达到历年来的峰值。

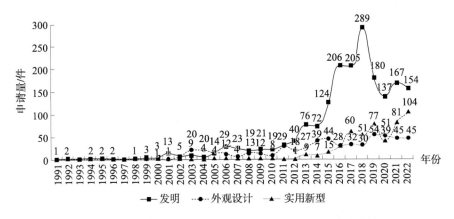

图 5 - 1 - 2　广东省地理标志农产品各类型专利申请量趋势

图 5 - 1 - 3 为广东省地理标志农产品各类型专利的授权量趋势。可以看到，随着科研实力和创新能力的增强，各类型专利的授权量也呈现出增长的态势。

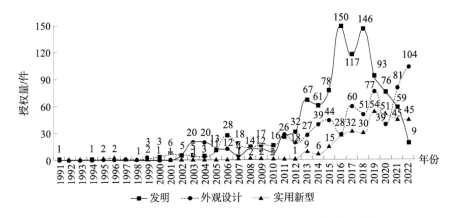

图 5 - 1 - 3　广东省地理标志农产品各类型专利授权量趋势

（二）申请人分布

对广东省内涉及地理标志农产品的专利进行申请人分析，如图 5 - 1 - 4 所示，不同类型的申请人对地理标志农产品的研究创新均具有较高的热情。从图 5 - 1 - 5 可看出，申请量位于前十的高校申请人华南农业大学、华南理工大学以及中山大学，其授权量仍然位于前十；而同样地，科研院所中，广东省农业科学院果树研究所和广东省农业科学院蚕业与农产品加工研究所的授权量也仍位居前十；而企业申请人中，广东化州中药厂制药有限公司，其申请量和授权量均位于前十。此外，虽然广州王老吉药业股份有限公司和广州市香雪制药股份有限公司的申请量没有进入前十的行列，但是其授权专利较多，专利质量较好。

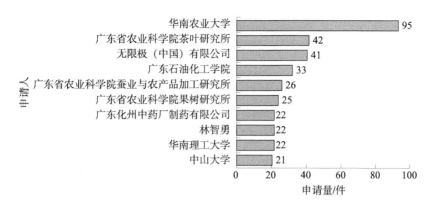

图 5 - 1 - 4　广东省地理标志农产品发明专利前十申请人

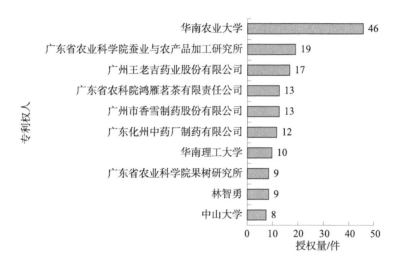

图 5 - 1 - 5　广东省地理标志农产品授权发明专利前十申请人

对广东省地理标志农产品实用新型专利前十申请人进行分析，如图 5 - 1 - 6 所示。申请人中以茶业企业和茶叶研究所居多，其专利多为制茶装置。

图 5 - 1 - 7 为外观设计专利排名前十的申请人，其中包括 1 家茶业企业——英德积庆里茶业有限公司、2 家陈皮生产销售的企业——江门市新会区新宝堂陈皮有限公司以及江门市新会陈皮村市场股份有限公司、1 家制药企业——广东化州中药厂制药有限公司（广州市香雪制药股份有限公司的全资子公司）和 1 家食品生产销售企业——广东天农食品有限公司，其外观设计专利均为茶叶、陈皮、化橘红药品以及清远鸡或鸡蛋的外包装。

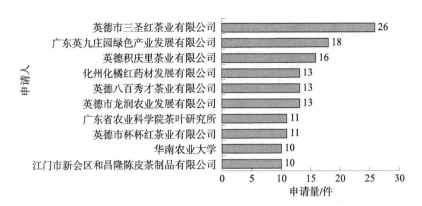

图 5 - 1 - 6　广东省地理标志农产品实用新型专利前十申请人

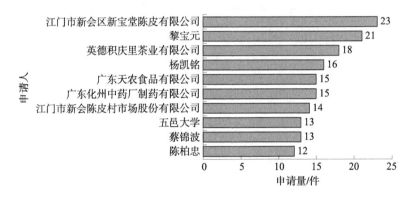

图 5 - 1 - 7　广东省地理标志农产品外观设计专利前十申请人

　　对广东省地理标志农产品专利第一申请人类型分布进行分析，如图 5 - 1 - 8 所示，可见企业占据创新的优势地位，有部分的申请为个人申请，高校和科研院所也具有较多的申请量。

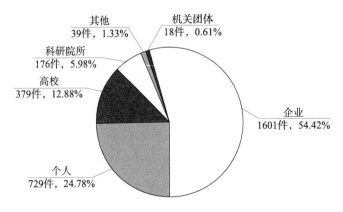

图 5 - 1 - 8　广东省地理标志农产品专利第一申请人类型分布

图 5－1－9 为广东省地理标志农产品专利申请量前十的城市。从图中可以看出，江门市、广州市和清远市的申请量排名前三。专利的申请量与地区地理标志产品数量（清远市、广州市）、地理标志农产品发展程度（江门市）、科技创新活力（广州市）有关。但是，地理标志产品数量排名靠前的肇庆市、云浮市等，其申请量并未进入前十。可通过推动相关宣传与培训，增强这些地区对知识产权的重视和保护，提高企业和个人在创新方面的能力。

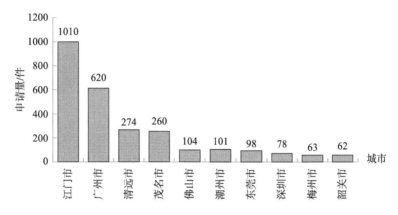

图 5－1－9　广东省地理标志农产品专利申请量前十城市分布

（三）专利运营情况

专利运营分析数据主要涉及专利转让（以授权专利在专利局进行了专利转让登记为统计基准）、专利许可与专利质押三大块。广东省地理标志农产品专利共 2890 件，授权专利共 1518 件，发生运营事件的专利共计 130 件，包括转让 99 件，许可 11 件，质押 25 件。

1. 专利转让

如表 5－1－1 所示，发生转让事件的专利中，大部分为发明专利。如表 5－1－2 所示，其中发明专利中，有 52 件专利发生了一次转让事件，占比 71.2%。

表 5－1－1　广东省地理标志农产品专利转让数据

专利类型	转让量/件
发明	73
实用新型	12
外观设计	14

表5-1-2　广东省地理标志农产品发明专利转让次数

转让次数	1	2	3	4	5
转让量/件	52	12	6	2	1

　　进一步地，对广东省地理标志农产品专利中发生了专利转让行为的专利申请人类型进行分析，可见申请人以个人为主，占比近一半；其次是企业；参见图5-1-10。而根据前述申请人分析，可知高校和科研院所为广东省地理标志农产品专利的主要创新力量，但是其专利转让数量较少，可见高校与科研院所在申请专利时对市场的考虑较少，缺乏与企业进行合作将专利转化为生产力的能力。高校与科研院所具有优良的研发平台与实力，专利质量较高，需注重提高其专利运营能力，以及产学研相结合的能力。

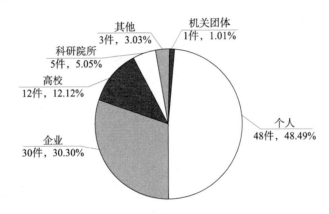

图5-1-10　广东省地理标志农产品专利发生专利转让行为的专利申请人类型

2. 专利许可

　　表5-1-3显示发生许可事件的专利均为发明专利。广东省地理标志农产品专利中实用新型专利和外观设计专利并没有发生许可行为。

表5-1-3　广东省地理标志农产品专利许可数据

专利类型	许可量/件
发明	11
实用新型	0
外观设计	0

　　如图5-1-11所示，进一步对发生许可行为的11件发明专利的许可类型进行

分析，其中发生普通许可行为的专利数量为 4 件，发生独占许可行为的专利数量为 7 件，独占许可数量大于普通许可数量。同时可发现科研院所和工矿企业为主要创新主体。

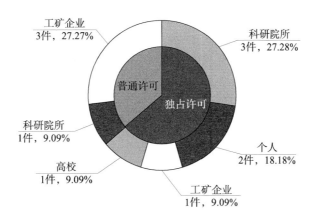

图 5 - 1 - 11 广东省地理标志农产品专利许可情况

3. 专利质押

表 5 - 1 - 4 显示了广东省地理标志农产品专利质押数据，该数据是以质押时出质人为广东省内申请人为基准进行计算的。

表 5 - 1 - 4 广东省地理标志农产品专利质押数据

专利类型	质押量/件
发明	6
实用新型	17
外观设计	2

对广东省地理标志农产品专利质押人—质权人关系进行分析。专利质押作为新时期推动企业创新发展、扩展企业融资渠道的重要新模式、新方法，主要受益群体是企业。从分析结果看，广东省地理标志农产品质押专利的申请人均为企业，而质权人中仅有一家企业中企联合融资担保有限公司，其余全部为银行。

（四）技术分布

1. 技术主题分布

对广东省地理标志农产品发明专利申请和实用新型专利申请的技术内容进行进

一步分析，如图 5 - 1 - 12 和图 5 - 1 - 13 所示，发明专利申请中，技术内容主要涉及使用地理标志农产品中的中药成分配制的中药组合物或中药制剂；采用地理标志农产品进行提取后获得的有效成分配制的化妆品；茶及其工艺；以及采用地理标志农产品制作的食品及其制作方法等。而实用新型专利申请中，则有 26.8% 的申请集中在制茶装置方面。

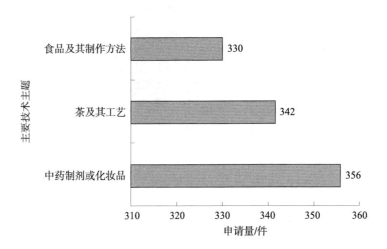

图 5 - 1 - 12　广东省地理标志农产品发明专利申请主要技术主题分布

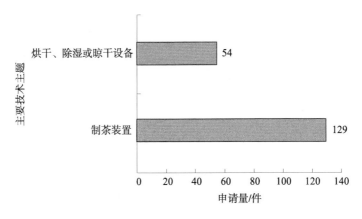

图 5 - 1 - 13　广东省地理标志农产品实用新型专利申请主要技术主题分布

2. 重点专利分析

为分析广东省地理标志农产品专利中面对的主要技术问题、采取何种技术手段、属于产业链何种阶段、如何发展等，下文将在检索结果中按照下列指标筛选数百件高价值重要发明及实用新型专利，获得相应专利技术信息。筛选指标包括：属于战略性新兴产业的专利、在海外拥有同族的专利、维持年限超过十年的专利、具有较大商业价值的专利、获得国家科学技术奖或中国专利奖的专利。

表5-1-5为广东省地理标志农产品重点专利涉及产业链分析。这些重点专利分布于上游、中游和下游多个产业链具体分支中，其中上游产业链涉及化肥、农药和种苗等领域，中游产业链涉及种植、养殖、管护、疾病诊断等领域，下游产业链涉及药品、食品、日用品、提取、运输、贮藏、检测鉴定分析、初加工等多个领域，技术研发的热情相对较高，专利数量也较多。此外上游、中游、下游，均涉及设备装置，可见广东省内申请人对农业全产业链发展、拓展产业增值增效空间所付出的努力。具体地，上游主要分布在农药和种苗领域；中游则侧重于设备装置和种植（设备装置如茶叶采收装置等的制造，以提高产业效能；种植领域也是中游产业链中申请人较为重视的部分）；在下游，申请人较为关注的是将农产品进一步深加工制成药品或食品、对农产品的品质或年份的检测鉴定技术，以及对农产品进行加工的设备装置如茶的发酵装置。

表5-1-5 广东省地理标志农产品重点专利涉及产业链分析

农产品产业链	具体产业链分支	专利数量/件	出现频次最多的主分类号（IPC）及其出现频次（括号中数字）
上游	化肥（对地理标志农产品施用化肥）	3	C05F 17/00（2）：以堆制肥料步骤为特征的肥料的制备
	农药	13	C12N 1/20（7）：细菌；其培养基
	种苗（地理标志农产品新品种）	11	A01G 1/06（2）：接枝-蜡
	设备装置	2	A01C 15/16（1）：带推出肥料的装置，如采用排肥轮的； B01J 2/20（1）：将原料挤压，例如，通过网眼并切断挤出的长条
中游	种植	7	A01G 1/00（3）：园艺学；蔬菜的栽培
	养殖	4	A01K 67/02（3）：养殖脊椎动物
	管护	1	G06F 19/00（1）：特别适用于特定应用的数字计算或数据处理设备或方法（特别适用于特定功能；特别适用于行政、商业、金融、管理、监督或预测目的的数据处理系统或方法，医疗保健信息学）

续表

农产品产业链	具体产业链分支	专利数量/件	出现频次最多的主分类号（IPC）及其出现频次（括号中数字）
中游	设备装置	28	A01D 46/04（4）：茶叶的（A01D 46/00：水果、蔬菜、啤酒花或类似作物的采摘；振摇树木或灌木的装置）
	疾病诊断	1	G01N 1/28（1）：测试用样品的制备（将样品安装在显微镜载片上入 G02B 21/34；电子显微镜中支承被分析的物品或材料的装置入 H01J 37/20）
下游	药品	38	A61K 36/752（7）：柑橘属，例如橘络、柑或柠檬（A61K 36/00：含有来自藻类、苔藓、真菌或植物或其派生物，例如传统草药的未确定结构的药剂制剂）
	食品	37	A23F 3/34（7）：茶代用品，例如巴拉圭茶；其提出物或泡剂
	日用品	8	A61K 8/97（1）：源于藻类、真菌类、地衣类或植物；源于其衍生物；A61K 8/98（1）：源自动物的；A61K 8/9789（1）：双子叶植物纲（A61K 8/00：化妆品或类似的梳妆用配制品）
	提取	8	C11B 1/10（1）：萃取法
	运输	1	B65G 13/00（1）：辊道（带辊道的贮存装置入 B65G 1/02；带载荷支承辊的环形链式输送机入 B65G 17/00；辊柱，或其配置入 B65G 39/00）
	贮藏	1	A23B 7/00（1）：水果或蔬菜的保存或化学催熟
	检测鉴定分析	20	G01N 30/02（9）：柱色谱法

农产品产业链	具体产业链分支	专利数量/件	出现频次最多的主分类号（IPC）及其出现频次（括号中数字）
下游	初加工	10	A23L 19/00（3）：水果或蔬菜制备；它们的制备或处理（属豆类的入 A23L 11/00；马莱兰、果酱、果子冻或类似物入 A23L 21/10；处理大量收获的水果或蔬菜入 A23N）
	杂交育种（以地理标志农产品作为父本或母本培育新品种）	1	A01K 67/027（1）：脊椎动物的新品种
	肥料原料	3	C05F 15/00（1）：包含在 C05F 1/00 至 C05F 11/00 一个以上的大组中的混合肥料；由包含在本小类中但不包含在同一大组的原料混合物制造的肥料
	设备装置	95	A23F 3/08（12）：氧化；发酵

对上游、中游、下游产业链专利中涉及的农产品与其产业分支的对应关系进行具体分析，如图 5 - 1 - 14 ~ 图 5 - 1 - 16 所示。农产品中，茶、荔枝、化橘红、新会柑、三华李在上游、中游和下游产业链专利中均有涉及，可见申请人对这几种农产品在产业链各环节相关技术研发和保护的重视程度。对下游产业链的重点专利进行具体分析，其中对陈皮、茶和化橘红的研究较为广泛，涉及初加工以及深加工的多个技术领域（包括食品、药品、日用品、提取），此外还涉及对农产品品质的检测鉴定技术，可见对于这几种农产品，申请人非常注重其转化增值、创新发展的能力。

（五）小　结

广东省地理标志农产品专利申请以发明专利为主，但发明授权量较低，发明专利申请整体质量仍须提升。江门市为广东省内专利申请量最多的城市，其中江门市的新会区为省内专利申请量最多的区县。而从专利的申请量趋势来看，省内地理标志农产品的申请均呈现增长态势，创新活力不断增强。

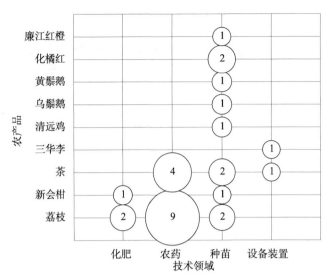

图 5 - 1 - 14　上游产业链重点专利涉及农产品与具体产业分支

注：图中数字表示申请量，单位为件。

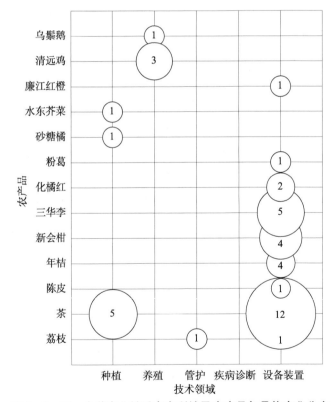

图 5 - 1 - 15　中游产业链重点专利涉及农产品与具体产业分支

注：图中数字表示申请量，单位为件。

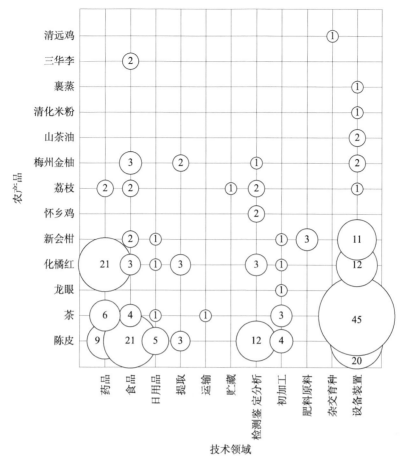

图 5－1－16　下游产业链重点专利涉及农产品与具体产业分支

注：图中数字表示申请量，单位为件。

企业是主要的创新主体，而专利是市场竞争和技术保护的重要武器，所以业内企业更加注重专利申请，其申请量占比 54.42%。高校和科研院所也占据较高的创新优势地位，其申请量占比 18.86%。此外，在广东省地理标志农产品专利中，有 24.78% 的申请为个人申请。个人申请较多，可以看出农产品领域的技术准入门槛较低。应注重提高企业自身技术创新能力，促进创新主体技术合作，实现协同创新、高效率发展。

广东省地理标志农产品专利共 2890 件，授权专利共 1518 件，发生运营事件的专利共计 130 件。专利运营以转让（99 件）为主，其次是质押（25 件）和许可（11 件），三项分别约占运营总量的 76.2%、19.2% 和 8.5%。可见大量的授权专利并没有获得良好运用，运营方式相对单一，整体运营能力亟待进一步加强。可建立有效的专利分级评估体系，采取差异化的管理措施进行分类处置，盘活专利资产，真正做到知产变资产，专利变红利。

对重点专利进行具体技术分析，可见专利技术分布于上游、中游和下游多个产业链分支，可见广东省内申请人对农业全产业链发展所付出的努力。可提高知识产权保护意识，加强知识产权培训，关注产业链上游和中游高价值专利培育，继续推进下游高价值专利培育进程，拓展相关产业增值增效空间。

二、典型地理标志农产品相关专利保护情况分析

（一）新会柑、新会陈皮岭南中药材类

1. 新会柑、新会陈皮地理标志产品介绍

陈皮，源于芸香科植物橘及其栽培变种的干燥成熟果皮，其中以新会柑果皮为原料制成的新会陈皮最为道地。新会陈皮被奉为广东十大道地中药材之一，同时也作为香料和调味佳品日常食用，是为数不多的药食同源产品。新会柑作为新会陈皮的唯一原料，是全国罕见的"一果双地标"的柑橘品种。新会陈皮及其原料新会柑于 2006 年分别成为"中国国家地理标志保护产品"和"中国国家地理标志产品"。2008 年，《国家地理标志产品新会柑》和《国家地理标志产品新会陈皮》两个地方标准出台实施，进一步规范了行业发展。2009 年，新会陈皮被列入广东省非物质文化遗产。

2. 新会柑、新会陈皮的专利保护情况分析

（1）新会柑、新会陈皮专利申请量变化趋势

图 5 - 2 - 1 显示了广东省新会柑、新会陈皮相关专利申请量变化的趋势。可以看出，2003～2018 年，申请量总体呈上升趋势。在 2014 年之前专利申请数量较少，增长速度也较缓慢，与当时的经济发展、科研实力、知识产权保护意识等因素有关。2014～2018 年，其申请量呈现快速增长，主要受到政策鼓励、专利保护意识提高等影响。其中 2018 年申请量达到高峰，而在 2019 年之后趋于平稳发展期，每年的申请量约为 140 件。此发展阶段的特征与科研实力的不断提高、创新发展需要、保护意识提高等多方面作用有关。由图 5 - 2 - 1 可见，发明专利的申请量占比最多，超过实用新型、外观设计专利。发明专利的平稳发展也能显示出持续的创新发展态势和创新能力。

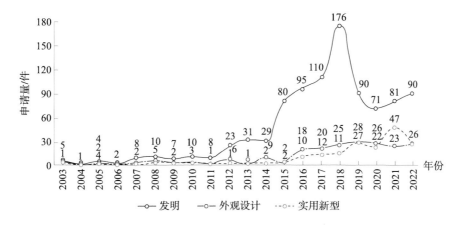

图 5-2-1 广东省新会柑、新会陈皮领域各类型专利申请量变化趋势

（2）主要申请人排名、地区分布以及授权专利申请人排名

从图 5-2-2 和图 5-2-3 可看出，无限极（中国）有限公司的专利申请量最大，其次为华南农业大学、五邑大学。同时可看到，专利申请主要来源于道地产区江门市。企业与高校是专利申请主体的重要来源，反映出企业创新主体对于自身产品的知识产权保护有着较强的需求，而科研院所为相关产业的创新发展提供助力。

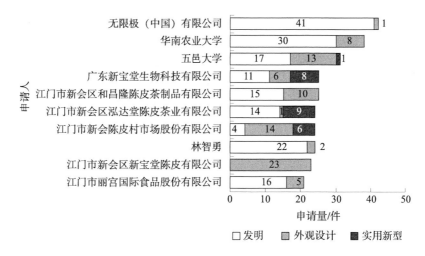

图 5-2-2 广东省陈皮领域主要申请人分布

由图 5-2-4 可以看出，江门市新会区新宝堂陈皮有限公司的授权量最大，授权类型主要是外观设计；而华南农业大学和五邑大学这两所高校的授权类型包括发明、实用新型，其中华南农业大学是发明专利授权量最大的申请人；作为企业的发明专利授权最多的是江门丽宫国际食品股份有限公司。

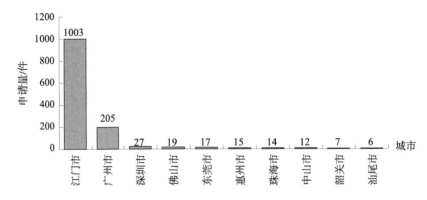

图5-2-3　广东省陈皮领域申请人的地域分布

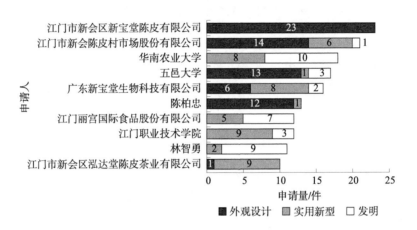

图5-2-4　广东省陈皮领域授权专利申请人排名

（3）陈皮领域主要科研团队创新分析

如表5-2-1所示，在高校和科研院所的研发团队中，华南农业大学的闫国琦团队在陈皮加工的设备装置领域具有较强的研发实力，如涉及茶枝柑剥皮去肉装置、橘络收集装置、陈皮生晒存储一体化设备等。广东省农业科学院的吴继军、傅曼琴团队率先实现了陈皮自动化、标准化和规模化生产，研发了陈皮精油微胶囊技术、陈皮风味物质控制、功能产品等精深加工技术。在企业的研发团队中，江门丽宫国际食品有限公司、广东新宝堂生物科技有限公司等均为以新会陈皮产品为主营业务的重点企业，主要研发方向包括陈皮精深加工，如制备研发相关食品、保健品及其相关加工方法。同时也可见，企业与高校、科研院所保持科研合作，有效解决了地方农业农村发展的技术难题，用科学技术促进了现代农业发展。

表 5 - 2 - 1　全国陈皮领域重点科研团队

高校/科研院所/企业	团队	授权专利量/件	技术方向
华南农业大学	闫国琦团队	16	设备装置
广东省农业科学院	吴继军、傅曼琴团队	8	陈皮鉴定及产品加工
江门职业技术学院	谭伟超	9	设备装置
无限极（中国）有限公司	马忠华团队	6	精深加工产品及加工工艺
江门丽宫国际食品有限公司	区柏余、欧国良团队	14	精深加工产品及加工工艺
广东新宝堂生物科技有限公司	陈柏忠团队	23	精深加工产品及加工工艺

（二）化橘红岭南中药材

1. 化橘红地理标志产品介绍

化橘红，为芸香科植物化州柚或柚的未成熟或近成熟的干燥外层果皮，具有散寒燥湿、利气消痰的功效。化橘红作为驰名中外治疗咳嗽的中药材，是"中国四大南药"和"十大广药"之一。早在 2006 年，原国家质量监督检验检疫总局即已批准对化橘红实施地理标志产品保护。

2. 化橘红的专利保护情况分析

（1）化橘红专利申请量变化趋势

从图 5 - 2 - 5 可以看出，2003 ~ 2019 年申请量总体呈不规则上升趋势：在 2013 年之前专利申请数量较少、增长速度也比较缓慢；2013 ~ 2016 年，其申请量呈现快速增长；而在 2016 年之后趋于平稳发展期，其中 2019 年申请量达到高峰。

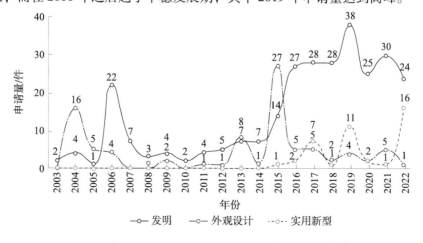

图 5 - 2 - 5　广东省化橘红领域各类型专利申请量变化趋势

（2）主要申请人排名、地域分布以及授权专利申请人排名

从图5-2-6可以看出，广东化州中药厂制药有限公司的专利申请量最大，其次为广东石油化工学院、化州化橘红药材发展有限公司。可见，制药企业和高校是专利申请的主体。同时可从图5-2-7看到，专利申请人的地域主要为道地产区茂名市和省会城市广州市，其中茂名市在广东化橘红专利的申请量中占比超过一半，而广州市的中山大学、广州市香雪制药股份有限公司等高校、制药企业也积极参与对化橘红的研究和产品开发。

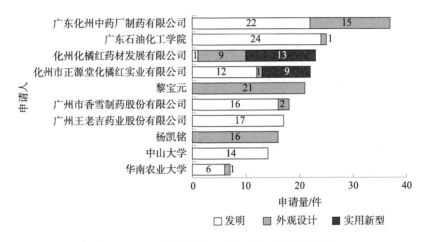

图5-2-6 广东省化橘红领域主要申请人分布

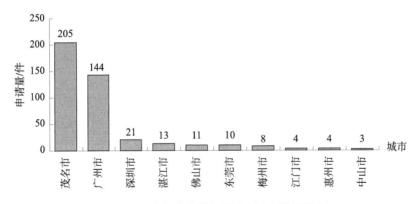

图5-2-7 广东省化橘红领域申请人的地域分布

从图5-2-8可以看出，广东化州中药厂制药有限公司的专利授权量最大，授权类型涉及外观设计和发明专利，而广州王老吉药业股份有限公司的发明专利授权量最大，其主要涉及化橘红在中药制剂领域的应用。企业的专利申请均主要围绕着公司的重点产品进行相关专利布局。

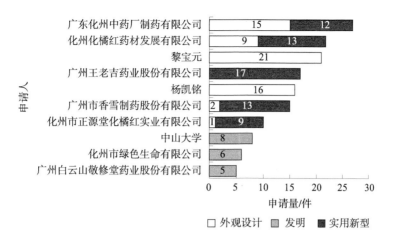

图5-2-8 广东省化橘红领域授权专利申请人排名

（3）化橘红领域主要科研团队创新分析

如表5-2-2所示，在高校的科研团队中，中山大学的苏薇薇团队从20世纪90年代末起就开展对化橘红的研究，在近20年来用科学方法验证了化橘红的科学功效。该团队针对化橘红研发的系列研究成果，带动了化州市中药材种植以及中成药生产等相关产业链的发展。在企业的科研团队中，广州市香雪制药股份有限公司的橘红痰咳液重用岭南道地名贵中药材化橘红，作为公司的重点产品，在化橘红的原料提取、制备加工、制剂研发等方面保持着较强的研发热度。

表5-2-2 全国化橘红领域重点科研团队

高校/科研院所/企业	团队	授权专利量/件	技术方向
中山大学	苏薇薇团队	6	成分提取和药物研发
华南农业大学	闫国琦团队	4	设备装置
广东石油化工学院	韩寒冰团队	3	精深加工产品及加工工艺
广州市香雪制药股份有限公司（广东化州中药厂制药有限公司）	王艳慧团队	15	药物研发与制备
广州王老吉药业股份有限公司	黄晓丹团队	17	药物研发与制备
化州化橘红药材发展有限公司	李锋团队	13	设备装置

3. 小结

通过对新会柑、新会陈皮、化橘红等柑橘类相关专利申请量的分析，可见在

2018 年之前申请量呈逐年上升趋势，在其后的每年申请量趋于平稳发展期。而发明专利在申请量的占比最多，超过其他两种专利。但从专利有效性看出发明专利的有效性占比较低，在发明专利这方面的转化运用方面存在不足。建议可加强专利布局和保护意识，制定符合自身发展情况的专利战略，加快专利转化运用，以知识产权赋能产业高质量发展。

柑橘类相关专利申请的主要来源为道地产区、省会广州市，企业与高校是专利申请主体的重要来源，同时通过进一步分析可见当地企业与高校有相关科研合作关系。从授权专利来看，其发明专利授权的主体主要为高校、当地少数的龙头企业。当地企业在科研研发能力方面仍需要不断提高，同时也建议企业与科研团队开展更深层次的合作，加快行业转型升级，为产业供给侧改革起到促进作用。

对相关重点专利申请进行分析，可见其研发重点和方向主要在于对农产品的加工及贮运流通，其中加工包括粗加工和深加工等。建议可进一步推动产业链不断延伸，加快第一、第二、第三产业深度融合发展，形成生态、绿色、健康、富民的大产业新格局，成为产业的标杆。

（三）增城荔枝等荔枝类

1. 荔枝类地理标志保护产品介绍

荔枝，是我国岭南的佳果，因风味绝佳而深受人们的喜爱。中国是荔枝原产国，有两千多年的发展历史，是全球最主要的荔枝生产国。我国荔枝主要分布在南部、西南和东南地区。广东为中国荔枝第一大主产区，荔枝种植历史悠久，种植面积、产量均居全国第一。广东荔枝品种繁多，省内获评地理标志保护产品的包括钱岗糯米糍、增城挂绿、增城荔枝、萝岗糯米糍、南山荔枝、罗浮山荔枝、茂名白糖罂荔枝、新兴香荔等。

2. 荔枝类地理标志产品专利保护情况分析

（1）荔枝专利申请量变化趋势

图 5 - 2 - 9 显示出在 2003 ~ 2007 年广东省荔枝专利申请量处于一个平稳的状态，每年的申请数量较少，从 2008 年开始申请量逐年攀升，2018 年达到高峰，其中发明专利申请量在三种类型的专利中占比最多。这反映出随着对创新和新技术的需求增加，申请人逐渐投入研发力量并申请发明专利。

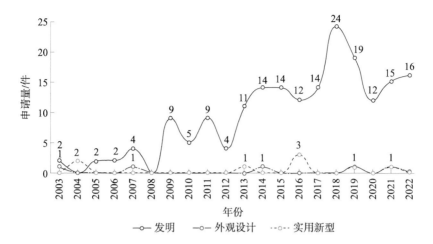

图 5 - 2 - 9　广东省荔枝领域各类型专利申请量变化趋势

（2）主要申请人排名、地区分布以及授权专利申请人排名

从图 5 - 2 - 10、图 5 - 2 - 11 可看出，专利申请量和授权量第一的均为华南农业大学，远高于其他申请人，处于领先地位。申请量排名第二的为广东省农业科学院果树研究所，其申请量达到 17 件。广东省农业科学院蚕业与农产品加工研究所专利申请 7 件，全部获得授权，授权量位列第二。与此同时，排名前十位的企业较少，这反映出企业在该领域的研发投入和创新能力较为不足。

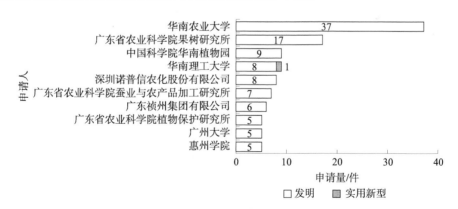

图 5 - 2 - 10　广东省荔枝领域主要申请人分布

从图 5 - 2 - 12 可看出，广州市的专利申请量（133 件）为最多，远超过其他城市；惠州市的专利申请量为 20 件，排名第二。广州市作为广东省荔枝的主要产地之一以及省内主要的经济科技中心，其对于荔枝的研发技术水平和创新能力在广东省内处于领先地位。

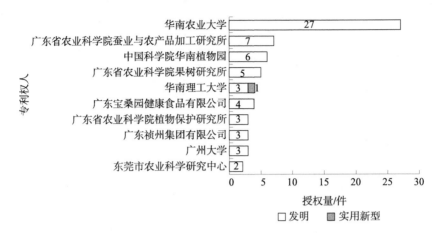

图 5 - 2 - 11　广东省荔枝领域授权专利申请人排名

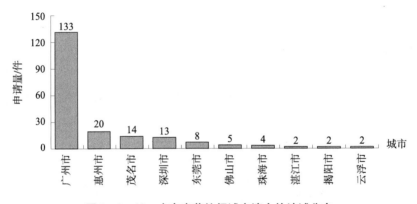

图 5 - 2 - 12　广东省荔枝领域申请人的地域分布

（3）荔枝领域主要科研团队创新分析

现代产业的发展离不开强有力的科技支撑。高校、科研院所的科研团队在开展基础与应用基础研究、应用开发研究、解决产业关键核心问题方面具有优势。由表 5 - 2 - 3 可以看出，荔枝领域科研团队的研究工作覆盖多个方面，服务荔枝全产业链发展。

高校、科研院所可与企业开展深度合作，对接研发需求，既可大大缩短研发周期，也能够减少企业前期投入的风险成本，在加速科技成果产出和转化转移的同时，也进一步提高创新技术的成熟度与产业化水平，逐步形成协同创新体系。

表 5-2-3 全国荔枝领域重点科研团队

高校/科研院所	团队	授权专利量/件	技术方向
华南农业大学	姜子德团队	19	荔枝病虫害防控
	吕恩利团队	15	冷链物流技术与装备、荔枝龙眼果园设施和机具
	陈厚彬团队	8	荔枝种质资源、荔枝产业链关键技术
中国科学院华南植物园	蒋跃明团队	19	荔枝保鲜
广东省农业科学院蚕业与农产品加工研究所	徐玉娟团队	13	荔枝精深加工产品及加工工艺
中国热带农业科学院环境与植物保护研究所	王家保团队	10	荔枝生物育种、荔枝品质调控
广东省农业科学院果树研究所	欧良喜团队	7	荔枝种质资源、遗传改良与分子辅助育种、高产优质栽培技术及采后加工技术
	向旭团队	4	荔枝分子育种技术与育种应用研究、荔枝节本高效控梢促花保果技术研究、荔枝营养功能成分鉴定评价研究、荔枝采后生理与贮运保鲜技术研究
广东省农业科学院植物保护研究所	陈炳旭团队	10	荔枝病虫害防治
华南理工大学	曾新安团队	8	荔枝保鲜、荔枝精深加工
东莞市农业科学研究中心	马粿团队	11	荔枝新品种选育、荔枝栽培技术
广西大学	徐炯志团队	3	荔枝栽培育种

3. 小结

通过对广东省荔枝类排名前十的申请人（专利权人）的分析，排名前列的均为高校和科研院所，企业比较少，从侧面说明真正掌握荔枝核心技术的企业较少。建议可借助于构建专利成果转化公共服务平台，以让高校和科研院所的专利实现产业化，同时也有助于解决企业的研发难题。另外，鼓励企业发挥创新主体作用，引导具有影响力的创新主体更加注重研发投入，增强企业核心竞争力。

通过分析广东省荔枝类专利申请量随时间变化的情况，可见其在近20多年间整体呈逐渐上升的趋势，其中2009~2018年呈现快速增长的态势，2019~2021年则处于较为稳定的阶段。建议重点加大对荔枝产业的繁育基地、栽培基地、生产加工基地等支撑荔枝共性技术研发的基础设施的建设，以提高荔枝产业的标准化促进专利技术发展。另外，要加大对创新成果的保护力度，对新品种与技术创新、研发和应用过程中的自主科技成果进行严格的知识产权保护。

对广东省荔枝类专利权人的分析结果显示，权利人比较分散，且在同一技术领域并没有进行持续性研发，缺乏对技术发展布局的规划。专利申请地区分布显示广州市的申请量最多，惠州市和茂名市则分列第二、第三，与其属于荔枝主产区及加工企业主要集中地密切相关。建议通过科学规划专利布局，找到技术的空白点和发展趋势，建立企业的专利战略，从而以最小的投入获得最大的收益，并进一步拓展海外专利申请布局，达到保护海外市场的目的。

（四）英德红茶茶类

1. 英德红茶地理标志产品介绍

英德红茶——广东省英德市特产，是中国国家地理标志产品。英德红茶以其外形匀称优美、色泽乌黑红润、汤色红艳明亮、香气浓郁纯正等特点，与云南滇红、安徽祁红并称中国三大红茶。英红九号是英德红茶中的极品，为广东省农业科学院茶叶研究所在引进的多个高香型茶树品种中筛选培育出的高香型红茶品种，用其鲜叶加工的红茶品质上乘，滋味醇滑甜爽，鲜香持久，被茶界认为是中国乃至世界最好的红茶品种。

2. 英德红茶地理标志专利保护情况分析

（1）英德红茶专利申请量变化趋势

由图5-2-13可见，2005~2022年专利申请量整体呈现不规则增长的趋势，且专利申请类型主要是实用新型，发明专利较少。其中，2005~2013年属于缓慢发展期，2014~2022年为蓬勃发展期，专利申请数量呈快速增长趋势，尤其是2016年之后，专利申请量得到大幅度提高，说明英德红茶已初步形成了良好的技术创新局面，相关企事业单位越来越重视技术革新。

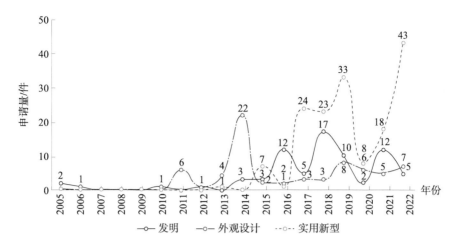

图5-2-13 广东省英德红茶领域各类型专利申请量变化趋势

（2）主要申请人排名、地区分布以及授权专利申请人排名

从图5-2-14可以看出，英德红茶产业排名前十位的专利申请人中，企业为8家，科研院所1家。广东省农业科学院茶叶研究所的专利申请数量最多，具有较强的研发实力。在茶叶加工方面，多家茶企积极探索英德红茶"联名款"产品，拓展英德红茶产品谱系。同时，从图5-2-15可看到专利申请人的地域主要为英德红茶的道地产区清远市。

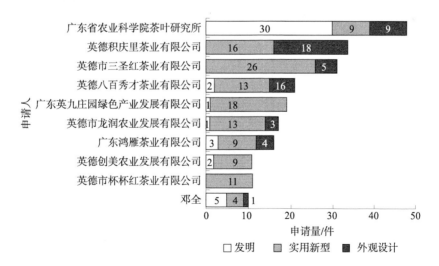

图5-2-14 广东省英德红茶领域主要申请人分布

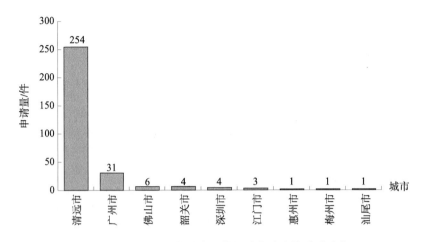

图 5 - 2 - 15　广东省英德红茶领域申请人的地域分布

从图 5 - 2 - 16 可以看出，英德积庆里茶业有限公司授权量最大；第二名是英德市三圣红茶业有限公司，授权类型是外观设计和实用新型；第三名是广东省农业科学院茶叶研究所，其同时为发明专利授权量最大的申请人。总体来说，上述申请人的授权类型主要是外观设计和实用新型。

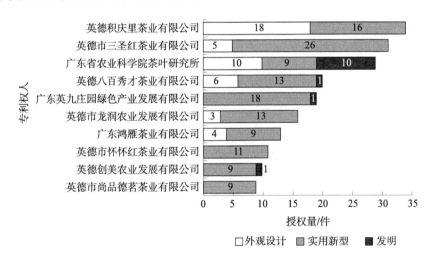

图 5 - 2 - 16　广东省英德红茶领域授权专利申请人排名

（3）茶领域主要科研团队创新分析

如表 5 - 2 - 4 所示，在高校和科研院所中，专利授权量最多的是中国农业科学院茶叶研究所，主要研究方向为茶产品风味化学与茶产品加工利用技术、茶叶质量安全等，为我国茶叶技术领域关键技术突破与产业化发展提供了重要基础支撑。安徽农业大学、湖南农业大学和浙江大学等农林类和综合类大学在茶产业领域有较多技术创新，不同团队研发领域侧重点不同。

表 5 - 2 - 4　全国茶领域重点科研团队

高校/科研院所	团队	授权专利量/件	技术方向
中国农业科学院茶叶研究所	尹军峰团队	59	茶产品风味化学与茶产品加工利用技术
	陈宗懋团队	32	茶叶质量安全
	陈亮团队	8	茶树资源育种与分子生物学
	韩文炎团队	7	茶树栽培
安徽农业大学	宛晓春团队	72	茶叶生物化学/食品化学
湖南农业大学	刘仲华团队	47	茶叶深加工与功能成分利用、茶叶加工理论与技术、饮茶健康
浙江大学	陆建良团队	25	茶树生物技术与资源利用
广东省农科院茶叶研究所	吴华玲团队	20	茶树新品种选育
	唐劲驰团队	11	茶树栽培以及营养生理研究
广西南亚热带农业科学研究所	陈海生团队	22	茶树栽培管理、茶叶加工
华中农业大学	倪德江团队	20	茶叶加工与功能化学
华南农业大学	李斌团队	18	茶叶产品的深加工
福建农林大学	孙威江团队	14	茶叶食品安全、茶叶品质调控、茶类植物研究
华南理工大学	吴伟斌团队	6	茶叶采摘、加工机械

3. 小结

英德红茶茶类专利整体发明专利申请量、授权量和有效量较少，专利申请以实用新型专利为主，且实用新型涉及主题主要是制茶装置的改进。建议相关企业重视专利布局和保护，制定符合自身发展情况的专利战略。政府可以通过加大专利保护宣传力度等措施，激励专利申请，推动科研成果转化。

地理标志产品茶类申请主体以企业为主，其中，茶叶生产类以申请发明专利为主，茶叶机械类以申请实用新型专利为主，包装类以申请外观设计专利为主，高价值的深加工较少，基本还是局限在装置和制茶方法的改进，其发明创造性高度比较低，导致专利授权率也比较低。建议茶企可以与高校、科研院所在技术研发、应用及保护等方面展开实质性合作，发挥高校及科研院所的科研优势，形成产学研合作体制机制。

英德红茶有竞争力的茶企较少，建议相关茶企要密切关注国内和国际龙头茶企的研发重点和动向，寻找自身薄弱技术和技术空白点，为企业制定研发战略和专利布局提供参考。企业更应注重自身技术创新能力的培养，加大科研投入力度，并根据市场需求及时调整产品生产方向，加强对茶叶生产加工机械和茶叶深加工产品的专利技术布局。

第六章 广东省特色农产品相关知识产权保护策略建议

本章将研究和探讨如何扎根广东特色农产品产业，构建全产业链知识产权保护体系，打造广东特色农产品品牌，为广东省特色农产品产业高质量发展知识产权保护提供对策建议。

一、构建全产业链知识产权保护体系

知识产权在农产品的发展中起着重要的作用，如新产品开发、品牌打造、区域经济发展等，都离不开知识产权的保驾护航。有必要构建全产业链知识产权保护体系，充分利用知识产权制度来促进特色农产品产业发展，提高产品价值。以下将对农产品上中下游可构建的主要知识产权以及保护策略进行分析。

（一）全产业链知识产权保护构建要素

农产品在产业链各环节中，由于涉及的产品特点、加工特色不同，各知识产权的应用比重存在差异，因此在知识产权保护的构建方面也需要考虑这种差异。结合农产品上中下游的特色，全产业链知识产权构建所涉及的主要知识产权要素如图6-1-1所示，对于上中下游各部分具体类型的知识产权保护如表6-1-1所示。

我国农产品主要涉及的知识产权是植物新品种、专利和地理标志。非物质文化遗产也是特色农产品的重要知识产权保护，且对农产品的品牌打造具有积极的促进作用。商业秘密、著作权等主要涉及下游的销售推广与上游的育种中间材料保护等，其与专利保护可形成一个互补的关系。专利在公开前是商业秘密的，可通过商业秘密来保护。

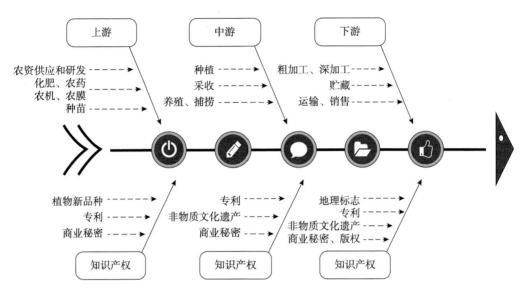

图 6-1-1　全产业链知识产权保护体系构建

表 6-1-1　农产品上中下游中具体产品、方法等所涉及的知识产权构建

产业链	具体类型	知识产权构建
上游	种苗	植物新品种、专利（育种方法、育种设备等）、商业秘密（育种方法）
	化肥、农药 农机、农膜	专利（发明、实用新型）、商业秘密
	农资供应和研发	专利、商业秘密
中游	种植、养殖	专利（种植和养殖方法、种植和养殖设备等）、商业秘密（种植、养殖方法）
	采收	专利（采收方法、采收设备等）、商业秘密（采收方法）
下游	粗加工	地理标志、专利（产品、加工方法、设备等）、非物质文化遗产、商业秘密
	深加工	专利（产品、加工方法、设备等）、非物质文化遗产、商业秘密
	贮藏、运输	专利（方法、设备等）
	销售	专利、商业秘密、版权

　　植物新品种可通过申请植物新品种权来保护，植物新品种的育种方法等可通过专利来保护。保护植物新品种有助于植物新品种的开发和培育，对促进农产品的发

展具有重要作用。高产优质的植物新品种，既可提高农业、园艺和林业的质量和生产能力，创造出更高的经济价值，也能有效防止种质资源继续向国外流失。截至2023年8月29日，我国特色农产品荔枝属、柑橘属、茶属的植物新品种申请授权207件，如植物新品种贵妃红，目前在多省荔枝产区推广种植，其效益好，受到当地果农的青睐，形成独具特色的地方产业。❶

地理标志是指标示某商品来源于某地区，该商品的特定质量、信誉或其他特征，主要由该地区的自然因素或人文因素所决定的标志。其是特色农产品中重要的知识产权。地理标志主要是对农产品和粗加工产品进行保护，一般不适用于深加工产品。地理标志产品的申请近年来涨幅趋于平稳。而对于已经申请地理标志产品、商标或农产品地理标志的农产品，应加强其品牌建设。农产品地理标志品牌的竞争力依赖于当地的历史文化底蕴、基础设施状况和政府扶持力度。农产品质量也是影响农业地理标志品牌竞争力的重要因素。因此，挖掘特色农产品、申请地理标志产品或地理标志商标、政府加强扶持是特色农产品品牌建设、提高区域经济的重要途径。

专利保护主要优势在于激励创新、促进技术发展、增强竞争力。专利保护在农产品整个产业链中都举足轻重。如地理标志主要涉及农产品本身和粗加工产品，以地理标志保护农产品涉的产业链短，而延长产业链是挖掘农产品增收潜力、扩大其品牌建设的关键手段。产业链的延长则离不开专利的保驾护航。对于深加工、贮藏、运输等，涉及的知识产权保护主要就是专利。如靖远文冠果属于地理标志产品，靖远县研发出以文冠果保健茶为代表，涉及食品、药品、化妆品三个系列的多款产品，并且形成自主知识产权，特别是文冠果保健茶、文冠果食用油，因具有良好的保健功效，备受消费者青睐。❷

（二）全产业链知识产权保护构建建议

特色农产品种类繁多，根据其自身的生长、种植、营养、保藏等特点，产业链长短存在差异。从农产品上中下游主要可采用的知识产权可知，对于不同的农产品，上中游类别基本相同，而差异主要在于下游，且下游也是产业链技术研发热情相对较高、产品扩展更宽的阶段。上中游的知识产权构建对于大部分农产品可采用相似

---

❶ 李鸿莉，徐宁，秦献泉，等. 贵妃红荔枝种植现状及推广前景分析［J］. 南方园艺，2018，29（3）：14－17.

❷ 国家知识产权局知识产权运用促进司. 地理标志助力乡村振兴典型案例汇编［M］. 北京：中国质量标准出版传媒有限公司，2022：76.

的构建体系，如对优势品种的研发可采用植物新品种权对新品种进行保护，采用专利对育种方法进行保护。对中游阶段的种植、采收等的方法设备等主要采用专利进行保护。对具有传统文化传承的种植或采收方法可通过申请非物质文化遗产进行保护。

对于下游阶段涉及产业链短的农产品，如具有较强季节性、保鲜难度大的果蔬类，其主要以鲜产品或者粗产品进行销售，地理标志产品和地理标志商标可作为其主要的保护模式。地理标志不仅是产品品质的保证，同时也是消费者区分其他同类产品的重要途径。通过地理标志商标以及良好的品质保证不仅可构建自身保护屏障，同时对于产品知名度的提升亦具有很好的推动作用。而对于该类产业链短的果蔬类，贮藏保鲜也是重要的研发方向。对于研发的贮藏保鲜方法可采用专利进行保护。

对于下游加工产品可扩展范围窄的农产品，如茶、中药类，可主要采用地理标志和专利构建知识产权保护体系，如茶根据其加工工艺分为绿茶、红茶、黑茶等多种茶类，广东省茶类地理标志产品中比较知名的有英德红茶、潮州单丛茶、凤凰单丛，采用地理标志产品或者地理标志商标对产品本身进行保护，对于品质保证、品牌打造具有很好的推动作用。茶叶加工工艺是获得优质茶的基础，采用专利对茶叶加工工艺和设备进行保护，可与地理标志共同形成对产品本身和工艺的立体保护体系。中药材与茶有相似之处。对于中药材本身，通常以原药材或者炮制品销售，其中，对于原药材和炮制品可采用地理标志进行保护，对于炮制工艺、加工设备等可采用专利进行保护。而对于一些具有传统文化传承的茶或中药，可尝试申请非物质文化遗产，与地理标志协同保护产品本身，同时扩大其知名度。

对于下游产业链长、深加工产品类型广的农产品，如五谷杂粮、收获期长的果蔬等，专利则是最主要的知识产权保护类型，地理标志为辅。对该类型产品涉及的原产品或粗产品，如大米等，同样可采用地理标志进行保护。而对于深加工产品，涉及产品本身、加工工艺、加工设备、贮藏工艺等，主要可采用专利进行保护。

二、通过技术创新延长产业链，提高特色农产品附加值

特色农产品主要为初级农产品，通常以农产品本身或者粗产品销售，产业链普遍较短，生产效益不高，通常具有销售期短、保鲜难度大的缺点。因此，延长产业链、丰富农产品产品种类、发展农产品精深加工产品是提高农产品价值的重要举措。

（一）特色农产品全产业链发展方向

要提高农产品的价值，需要健全产业链，发展农产品精深加工，延长农产品产

业链。一是培育和扶持产区现有农产品周边产品加工企业，让深加工与初加工齐头并进，不断培育出加工龙头企业。二是延长加工产业链，充分利用农产品，对农产品进行分级，部分生鲜销售，部分可加工成饮料、保健品等，还可以对加工的副产物进行回收利用，提取生物活性物质如黄酮、多糖等。以荔枝为例，可以建立集荔枝鲜果保鲜、果汁果干等初加工，饮料果酒和休闲食品、功能性保健产品等于一体的完整产业链，具体参见图6-2-1。

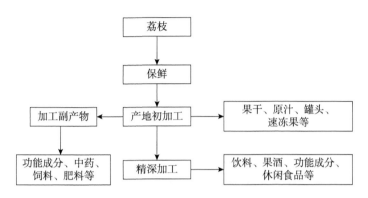

图6-2-1　荔枝加工产业链示例

对于具有科研能力的农产品加工企业，建议可通过市场调查，借助政府扶持，开发农产品精深加工产品，扩宽产品范围。如水果可加工成饮品、果蔬脆片、果脯、休闲食品等；蔬菜可向真空保鲜、泡制、酱制等多元化发展；中药材加工向标准化的中药饮片、冲剂、保健品、化妆品、提取物等方向发展；对于加工中产生的副产物，可加工饲料、肥料、能源材料等，将原料分层次应用，如柑橘皮渣可做饲料，也可用于提取果胶、膳食纤维、精油等；稻谷加工副产品可用于制备米糠油、膳食纤维等。通过新产品的开发、副产品的充分利用，将科技与企业相结合，延伸产业链，构建多元化产品和知识产权保护壁垒，提高农产品的价值和产值。

（二）加强产学研合作，促进科技成果转化

多数农产品生产和加工主要集中在农户、小型企业，创新能力不足。而高校、科研院所的科研团队在开展基础与应用开发研究、解决产业关键核心问题上具有优势。通过借助高校、科研院所的研发能力和创新能力，可以有效助力企业持续发展和转型升级。

如对于荔枝等热带水果类，华南农业大学科研团队主要研究方向为荔枝主要病虫害的发生与防控，中国科学院华南植物园科研团队主攻荔枝、香蕉、龙眼等南方水果

的保鲜和采后管理的研究，广东省农业科学院蚕业与农产品加工研究所科研团队则聚焦以荔枝、龙眼为代表的岭南特色水果的加工核心技术与装备的研创和应用等。

对于茶类，广东具有丰富的茶类地理标志产品，主要有凤凰单丛、英德红茶、仁化白毛茶、沿溪山白毛尖等。中国农业科学院茶叶研究所是中国唯一的国家级综合性茶叶科研机构，主要研究方向为茶树种质资源和育种、茶树栽培生理与生态、茶叶加工与质量控制、茶园有害生物综合治理等。安徽农业大学、湖南农业大学和浙江大学等高校科研团队在我国茶产业领域也有较多技术创新，研究偏重茶叶深加工与功能成分利用、茶叶加工、茶叶机械等。

建议企业可与相关高校、科研院所在相关产品研发、产品转化增值等方面开展深度合作，搭建科研合作平台，将研究团队的科研成果转化于产业中，既可大大缩短研发周期，也能够减少企业前期投入的风险成本，将现代化技术融入农产品全产业链的方方面面，以利于科研成果转化为实际生产力，助力农产品高质量发展。

三、推进和完善防伪溯源体系，保障质量安全

地理标志不仅是一种产地证明，更重要的是其所标志的特定产品的质量证明。保证产品质量是提升地理标志农产品品牌价值的主要途径。而如果没有防伪溯源，品牌将无法自立。为维护地理标志的美誉，各地纷纷探索防伪监管模式，打击制假售假等行为。

（一）提升产品防伪技术

防伪措施是针对那些未经授权、以欺诈为目的进行仿造或复制行为的一种预防手段。所谓的防伪技术，是指那些旨在防止伪造和复制，能够在一定范围内准确识别真伪，并且难以被仿制的技术。目前，地理标志产品广泛采用的防伪技术如下。

1. 二维码防伪技术

产品上的防伪标签是保护品牌的有利工具。二维码具备信息容积大、稳定性高、可信性大等特点，所以被普遍应用。二维码防伪技术可做到一物一码。此类防伪标识被视为产品的"身份证"，不能复制、容易鉴别真假。现有的相关专利技术包括专利 CN202584211U，发明名称为"一种手机二维码防伪的燕窝溯源系统"等。

2. 电码防伪技术

电码防伪技术，是通过在每一个产品上设置一个随机密码，将所有的入网产品

全部记录存档于防伪中心数据库，消费者可以利用电话、计算机及网络等工具核对密码的正确与否来识别产品真伪。西湖龙井茶地理标准保护产品是用 17 位电码防伪技术，每张标识只标注一个唯一的，且仅一次性通过电话或网络短信查询真伪有效，二次查询是无效编码，并有语音提示注意防伪。现有的相关专利技术包括专利 CN208521536U，发明名称为"一种可查询产品流向的电码防伪标签"等。

3. RFID 防伪

电子标签，又称智能标签（radio frequency identification，RFID），是一种利用射频方式进行非接触式的双向通信，以达到自动识别目标对象并获取相关数据的技术。它具有精度高、适应环境能力强、抗干扰能力强、操作快捷、保密性强等许多优点。中国科学院自动化研究所 RFID 研究中心研制出了针对酒类的 RFID 防伪系统。该系统由特殊设计的瓶盖和瓶体、RFID 读写器、通信网络和防伪数据库服务器组成。五粮液和茅台都采用这种防伪技术，每个近场通信（near field communication，NFC）芯片都有一个全球唯一的 ID，并且针对这个 ID 进行非对称的加密，造假者很难复制。现有的相关专利技术包括专利申请 CN113627958A，发明名称为"一种 NFC 防伪溯源方法及服务端"；专利申请 CN110188847A，发明名称为"一种基于 NFC 的阿胶溯源方法及系统"；专利申请 CN114757686A，发明名称为"一种基于 RFID 的商品防伪溯源方法及系统"等。

尽管众多生产地理标志产品的企业已经实施了防伪措施，但我国地理标志产品认证和管理机构众多，涉及行业广泛，导致企业所采取的防伪措施存在一些不足。目前，地理标志产品在防伪方面主要面临以下问题：其一，防伪技术较为单一，关键技术尚未取得突破，尤其是在生物识别技术方面；其二，防伪系统间的信息共享不足，地理标志产品的追溯体系多以各自独立的数据库和查询平台为主，难以实现完整的跟踪与追溯；其三，防伪体系的推广应用受到企业经营成本和消费者认知程度的限制。

为了改进和完善这些问题，可采取以下措施：其一，积极推进地理标志产品防伪追溯体系的关键技术研究，包括建立严格的标准、提高检验手段和能力；其二，做好企业的防伪体系宣传工作，推动企业建立防伪追溯体系，完善企业诚信管理体系，提高企业的积极性；其三，加强对消费者关于地理标志产品的宣传和引导，提高消费者对防伪追溯地理标志产品的认知程度和维权意识，以及对这类产品的需求强度和支付意愿。

综上所述，地理标志产品的防伪工作不仅需要提高防伪技术，更重要的是建立一个全面、客观、公开的地理标志信息管理和防伪监控信息管理系统。利用先进的信息技术手段提升地理标志产品的保护水平，形成针对地理标志产品防伪和追溯的应用体系。建立一个切合实际的地理标志产品防伪和质量安全源头监管信息服务体系，提高地理标志产品的防伪能力，保障消费者权益，实现产品的可追溯，优化运作体系，完善质量控制。

（二）完善农产品追溯体系

农产品追溯包括两层含义："追"是指农产品信息正向的追踪，记录从原料到种养殖再到加工包装和运输销售过程中的关键信息并存档；"溯"是指农产品信息逆向溯源，通过记录的相关信息回溯到源头。❶ 农产品追溯体系的建立，一方面可以解决消费者对农产品安全的顾虑，另一方面也可以防止假冒伪劣产品的出现。农产品追溯系统是利用先进信息管理技术保存相关的管理记录并编码，建立对农产品的生产、加工、流通和销售整个产业链相关过程信息进行追踪的系统，包括对数据的采集、存储、传递及查询等。

目前，在中国具有代表性的农产品质量安全追溯体系有国家食品（产品）安全追溯平台、追溯与召回公共服务平台、中国产品质量电子监管网、农垦农产品质量追溯网、水产品质量安全追溯网、广东省农产品质量安全智慧监管平台等。此外，我国也有多个地理标志产品追溯平台，如中国地理标志产品溯源信息系统（中宇恒泰地理标志综合服务平台）是以现代化二维码、云平台大数据管理、物联网、自动控制技术、自动识别技术和传递、PHP 等全球领先的移动互联网技术为依托开发出的一套生产可记录、信息可查询的全国唯一将可追溯与互联网 + 有机融合的地理标志保护产品国家级专业溯源系统。

但中国现阶段大部分农产品追溯信息平台是相对独立运行的，对产业链各个使用主体而言非常不便。因此，需要建立统一的追溯信息平台，建立统一的编码标准、统一的追溯操作规程和统一的标识制度。在此基础上，制定统一的信息交换规范，以实现农产品从生产到销售的全过程可追溯信息的互联通查，保障追溯制度运行的连贯性。

农产品追溯系统主要包含硬件（如测量设备、识别标签）技术和软件（信息系统）技术。关于农产品质量追溯技术，主要包括 RFID、物联网技术、云计算、区块链技术、DNA 分析、元素测定等。表 6 - 3 - 1 为前述所涉及技术的代表性专利申请。

---

❶ 程璐璐，施进，王晓渊. 建设农产品追溯体系［J］. 条码与信息系统，2019（6）：23 - 25.

表 6 – 3 – 1 农产品溯源技术重点专利申请节选

技术	公开号	标题	技术要点
RFID	CN106096985A	一种基于 RFID 电子标签的农产品追溯方法	通过为农产品及加工产品加贴 RFID 电子标签并设立管理中心，实现对农产品的生产、加工、物流、储存和销售各环节的全方位跟踪
物联网	CN107122986A	一种基于物联网控制的农产品追溯平台及系统	包括信息标签、信息采集模块、生产信息采集模块、农产品安全等级评估模块以及信息存储模块，能够追溯农产品从种植到销售每个流程的具体信息，建立一个闭合的农产品产业链
区块链	CN109493045A	一种基于区块链的农产品追溯信息存储方法	通过生成包含区块首部、区块本体等信息的区块数据，实现农产品追溯信息的条块化、规格化、持久化存储；通过在区块首部添加区块编号、前向哈希等信息，并在区块本体添加本体哈希值等信息，使各区块共同构成一条单向链表
云计算	CN103854140A	一种基于云计算的农产品流通追溯管理方法	信息管理，以信息化引导农产品管理过程规范合理；流通追溯，实现农产品的追踪溯源；数据同步，流通追溯信息平台与集配中心、销地企业有效对接，实现数据传输
DNA 分析	CN108133379A	利用基因标签对农产品全链条防伪追溯的方法	依次包括基因身份数据库建立、基因标签生成和基因标签检验的步骤。利用个体的基因遗传信息精准地鉴别确定个体及其品种，从而可以保证农牧产品生产和销售领域的溯源保真

技术	公开号	标题	技术要点
元素测定	CN110161197A	一种白酒香型溯源的方法	测定白酒样品的稀土元素含量，其中稀土元素包括多种轻稀土元素和多种重稀土元素

四、建立健全技术标准体系，提高检验检测水平

国家知识产权局《地理标志保护和运用"十四五"规划》指出：加强地理标志标准制定。依据产品的传统特色、知名度和出口量，分批次启动地理标志产品类国家标准制定工作。地理标志体现着产品特定的质量、信誉或其他特征，而检验检测体系是确保产品质量和安全的重要措施，因此建立健全检测体系则是保障地理标志产品质量的重要举措。

（一）建立健全技术标准体系

在国家标准方面，截至 2022 年底地理标志产品国家标准数量全国第一的浙江省，共有 19 个地理标志产品有国家标准，占全部地理标志产品的 21%。而广东省仅拥有地理标志产品——增城丝苗米的国家标准，具体参见表 6-4-1。在地方标准方面，广东省地理标志产品地方标准现有 148 个，相关具有地方标准的地理标志产品占全部地理标志产品的 91%。

表 6-4-1　广东省地理标志产品标准节选

国家标准	地方标准
GB/T 23402—2009 地理标志产品 增城丝苗米 ICS 67.060 X 22 **GB** 中华人民共和国国家标准 GB/T 23402—2009 地理标志产品　增城丝苗米 Product of geographical indication—Zengcheng simiao rice	DB4409/T 06—2019 地理标志产品　化橘红
	DB4453/T 11—2022 地理标志产品　罗定肉桂
	DB4418/T 016—2020 地理标志产品　清远鸡
	DB4418/T 0001—2018 地理标志产品　英德红茶
	DB4407/T 70—2021 地理标志产品　新会陈皮

广东省地理标志产品国家标准或地方标准涉及的多为产品本身，对于配套的生产技术标准涉及较少，并且，部分已经制定的标准存在标准过低、难以适应市场竞争等情况。总体而言，地理标志产品标准的缺乏和不足导致地理标志产品质量参差不齐，难以实现潜在的市场价值。

因此，为了保证广东特色农产品尤其是地理标志产品的质量，赋能特色农产品和地理标志品牌建设，对于广东特色农产品，要制定完善地理标志产品类国家标准、行业标准、地方标准或团体标准；要确保主要农产品产前、产中、产后全程有标准可依，从优良品种、种养殖技术，一直到农产品加工质量、安全卫生、检验检疫、包装贮运、生产资料的供应和技术服务的全部环节实现标准化管理，保障农产品品质和安全。

（二）提升检验检测水平

目前，广东省有多家的地理标志产品定点检测机构，如广东省农业科学院农产品公共监测中心、农业农村部渔业环境及水产品质量监督检验测试中心（广州）等。但对于地理标志产品的日常质量监测来说，第三方检测机构的检测往往不够及时和便利。有条件的地理标志产品产地可以建设专业化检验检测机构，如企业可以自建地理标志产品检测实验室。此外，还需要畅通政府部门、行业协会等采信检验检测结果的信息渠道，完善专业化地理标志检验检测服务网点建设，如可依托广东产品质量监督检验研究院和广东省农业科学院农产品公共监测中心等现有检测资源，布局建立地理标志检验检测服务网点，不断满足消费市场需求，为消费者提供权威、可靠的专业技术服务。加强检验检测机构人员培训力度，提高检验检测机构的检测能力，鼓励第三方检测机构为地理标志保护提供数据和技术支持，提高地理标志产品的检测覆盖率。从源头加强产品质量把控，形成可溯源的检测链条。

在建立健全检测体系的基础上，还需要根据农产品的性质、市场需要等确定适合的检测方法。例如，对于部分特色农产品应制定合理的品质分级标准和品质鉴定技术，在保证产品除具备该类一般品质外，还要便于消费者容易识别其等级、年份等。

对于具体的品质鉴定方法，农产品品质鉴定可采用感官实验、理化实验等进行。如以陈皮为例，既可通过陈皮的外观、气味等特征判断陈皮的年份；又可利用红外、高光谱技术和拉曼光谱等技术对待测陈皮样品进行光谱检测与分析，通过区别不同品种和贮存时间陈皮之间的光谱差异，对陈皮品种和贮存年限进行鉴定；也可利用超高效液相色谱－四极杆串联飞行时间质谱（UPLC－Q－TOFMS）对陈皮的主要化学成分进行鉴定；还可采用光栅型便携近红外光谱仪结合化学计量学方法等对不同年份的陈皮进行无损鉴别。表6-4-2为涉及陈皮鉴定的重点专利申请节选。

表6-4-2　陈皮鉴定重点专利申请节选

技术	公开号	公开日	申请人	标题	技术要点
太赫兹光谱	CN110108648A	2019-08-09	深圳市太赫兹科技创新研究院有限公司	一种陈皮的鉴别方法和鉴别系统	通过利用太赫兹光谱仪获取待鉴别陈皮样品的多维度太赫兹光谱信息；并根据所述待鉴别陈皮样品的多维度太赫兹光谱信息，利用预先获取的不同陈皮品种和不同贮存年限的陈皮的太赫兹光谱差异信息确定所述待鉴别陈皮样品的陈皮品种和贮存年限，实现陈皮品种和贮存年限的精确鉴别
原位电离质谱	CN114720551A	2022-07-08	佛山科学技术学院	一种融合多种进样方式的广陈皮陈化年份快速鉴别方法	根据综合特征向量对不同陈化年份的广陈皮样品的质谱数据进行模型构建，并根据模型对不同陈化年份的广陈皮样品进行鉴别分析；获取多个特征变量集作为识别广陈皮陈化年份的潜在生物标识和化学指纹特征图谱，可以提高广陈皮陈化年份检测的准确度及效率
气相色谱质谱联用	CN115186980A	2022-10-14	五邑大学	陈皮年份鉴定方法和系统	通过GC-MS获取不同年份的陈皮的化学成分数据作为样本数据集；使用极端梯度提升算法提取GC-MS数据集中的特征信息，根据特征信息建立分类鉴别模型；基于陈皮年份分类判别模型对陈皮进行年份鉴定；该专利文献宣称通过使用极端梯度提升算法应用在陈皮年份判别中使其预测精度达到100%

技术	公开号	公开日	申请人	标题	技术要点
多光谱成像	CN116465840A	2023－07－21	广州光信科技有限公司	一种陈皮年份快速鉴别的装置及方法	一种专用于陈皮年份快速鉴别的装置，其采用多光谱成像系统，可以实现快速、无损、非接触、低成本、低使用门槛的陈皮年份鉴别

　　传统的感官鉴定依赖于鉴定者的经验，具有较强的主观性、随机性，难以非常准确地鉴别陈皮的品种和贮存年限。理化分析鉴定采用物理和化学手段、采用特定的试剂和仪器对待测陈皮进行处理分析，能得到比较精确的分析结果，但往往需要专业的技术人员和实验设备，而且分析流程复杂、成本较高。因此，仍有必要开发高效快捷的产品品质鉴定方法。

　　为完善地理标志产品的检验检测鉴定体系，建议相关部门或企业充分利用专利技术中的各类鉴定方法，制定出科学有效、有较强针对性的地理标志产品检测鉴别方法，实现便携、低成本、快速、无损、准确的产品检测，促进地理标志产品的质量提升。

第三部分

现代农业智能设计
育种技术专利分析

第一章 现代农业智能设计育种总体态势分析

习近平总书记多次强调"中国人的饭碗任何时候都要牢牢端在自己的手上"。"民以食为天",粮食安全是国家安全的重要基石。党的二十大报告明确指出,要全方位夯实粮食安全根基。2023 年,中央"一号文件"提出,深入实施种业振兴行动,全面实施生物育种重大项目。❶ 党中央、国务院高度重视粮食安全和生物育种产业发展。❷ 世界主要国家纷纷出台政策将生物育种作为国家优先发展战略。智能设计育种技术是生物技术(BT) + 信息技术(IT) + 人工智能(AI)相融合的育种技术,❸具有高通量、高效率、高精度等特点,代表先进生物育种发展方向,能够极大提高育种效率,缩短育种周期,是解决粮食安全的重要支撑。❹ 为贯彻落实党中央、国务院对粮食安全和生物育种产业的系列重大决策部署,国家知识产权局组织对智能设计育种领域开展专利分析,明确我国在智能设计育种产业发展中面临的机遇和挑战,研究提出相应的发展策略,为国家政策制定和决策规划提供支撑。

一、申请概况

全球现代农业智能设计育种技术专利申请量 32 217 项,* 2004 ~ 2010 年,呈逐年缓慢增长趋势,全球专利申请量在 500 项以内;自 2011 年开始,在中国推进生物育种技术发展的政策背景下,中国专利申请量稳步上涨;2015 年后,伴随着人工智

---

❶ 新华社. 中共中央 国务院关于做好 2023 年全面推进乡村振兴重点工作的意见 [EB/OL]. (2023 – 02 – 13) [2024 – 10 – 14]. https://www.gov.cn/zhengce/2023 – 02/13/content_5741370.htm.

❷ 新华社. 中华人民共和国国民经济和社会发展第十四个五年规划和 2035 年远景目标纲要 [EB/OL]. (2021 – 03 – 13) [2024 – 10 – 14]. https://www.gov.cn/xinwen/2021 – 03/13/content_5592681.htm.

❸ 汪海,赖锦盛,王海洋,等. 作物智能设计育种:自然变异的智能组合和人工变异的智能创制 [J]. 中国农业科技导报,2022,24(6):1 – 8.

❹ 张颖,廖生进,王璟璐,等. 信息技术与智能装备助力智能设计育种 [J]. 吉林农业大学学报,2021,43(2):119 – 129.

* 本部分除特殊说明外,数据检索时间范围为 2004 年 1 月至 2023 年 10 月。单独的专利以件计数,一组全球专利数据,同族专利视为一项专利申请。

能技术的发展及其在农业领域的应用，智能设计育种领域全球和中国专利申请量均呈现出快速增长态势。如图1-1-1和图1-1-2所示，中国和美国是智能设计育种领域的主要技术来源国和目标市场国，其中72%的专利申请来源于中国（23 257项），13%来源于美国（4075项）。我国虽然起步晚，但伴随政策和市场的推动，专利布局迅猛，呈快速增长态势。

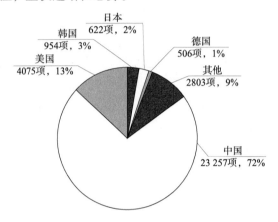

图1-1-1　全球专利申请技术来源国/地区

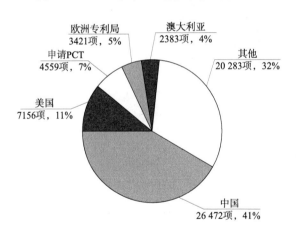

图1-1-2　全球专利申请目标市场国/地区

二、重要技术分支

全球智能设计育种领域专利申请集中在基因干预与设计、信息数据收集与处理技术分支，分别有14 487项和12 456项专利。其中，基因干预与设计技术分支包括基因编辑、转基因、基因干扰、合成生物学技术，信息数据收集与处理技术分支包括作物表型信息数字化、作物组学信息采集技术。分析国内外创新主体各技术分支的专利申请情况，发现我国 2016 年之前以基因干预与设计为主，随着人工智能技术的发展，2016 年之后信息数据收集与处理分支的申请量超越基因干预与设计；而基因干预与设计一直为国外重点布局领域，与国外转基因技术等的政策支持和商业化成熟密不可分。功能基因筛选与挖掘技术分支作为智能设计育种领域的核心技术，目前专利占比相对较低（6029 项），其中智能预测与筛选育种、全基因组选择育种技术属于该领域的关键技术，需加大研发投入。

三、创新主体情况

如图 1-3-1 所示，我国的智能设计育种专利技术主要来自重点高校和科研院所（75%），如中国农业科学院、中国科学院各研究所等，企业占比不高（22%）；而外国申请主要来自企业（65%），如美国科迪华、德国拜耳（孟山都）等跨国公司。全球申请量排名前十的企业申请人中，我国 6 家企业专利申请量总量不及美国科迪华 1 家的申请量。我国企业申请人数量高（5347 家），但平均每家企业申请人专利申请量仅 2.3 件和授权量仅 0.6 件，远低于美国企业申请人的专利申请量 6.0 件和授权量 3.2 件，相当于美国市场企业主体的 38% 和 19%。我国智能设计育种领域产业化程度低于美国等发达国家，专利产业化应用水平偏低，育种企业呈现"多而散"的态势，技术产出量和创新高度待加强。

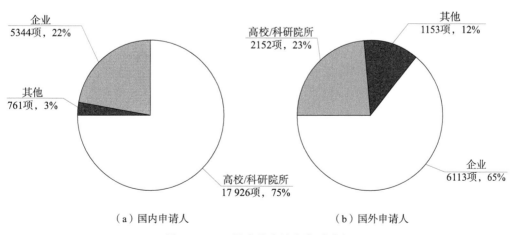

（a）国内申请人　　　　　　　（b）国外申请人

图 1-3-1　国内外申请人类型对比

四、协同创新情况

智能设计育种领域属于多学科交叉领域，不仅涉及生物技术，还涉及人工智能、生物信息、大数据等技术，技术交叉度高、研发难度大，从突破关键技术难点、降低研发风险及投入等方面考虑，适合并需要开展协同创新。

国外申请人专利中，有20%通过协同创新的方式合作研发，而中国申请人仅占9%，显示出我国协同创新数量基数高，但协同创新相对占比较低。此外，国外创新主体主要以企业为核心开展协同创新，比如美国科迪华与多家高校和研究院所开展合作（参见图1-4-1），包括桑格摩生物科学股份有限公司、弗朗霍夫应用研究促进学会等。国内协同创新以高校和科研院所为主体，如中国农业科学院是协同创新量最多的创新主体（参见图1-4-2），合作对象主要集中在中国农业科学院系统各研究所，也有部分与先正达生物科技（中国）有限公司、华南农业大学等的合作申请，但总体比例仍然偏低。建议国内企业加强与有研究基础的重点高校和科研院所，如中国农业科学院、中国科学院等的协同创新。

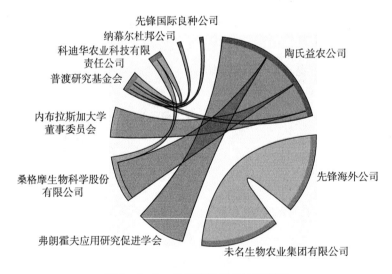

图1-4-1　美国科迪华的协同创新

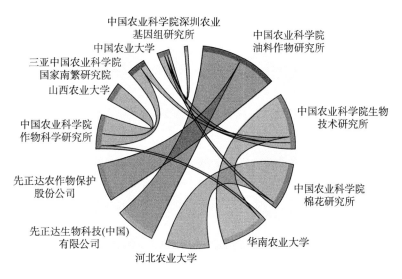

图 1 - 4 - 2　中国农业科学院的协同创新

五、中美专利对比

对中国和美国创新主体的专利申请量、授权率、海外布局情况、平均权利要求数量等指标进行比较，发现我国在智能设计育种领域的专利数量处于全球前列，但在专利申请量和质量方面，与美国等发达国家还存在一定差距（参见图 1 - 5 - 1）。国外申请人特别是企业巨头通过 PCT 申请在全球范围包括中国、美国、欧洲、日本、韩国等国家和地区广泛布局。我国 PCT 申请无论是绝对量还是相对量均低于美国（我国 789 项，美国 2847 项）。同时，中国企业创新主体的专利授权率仅 27%，远低于美国企业主体的专利授权率 54%，显示出企业创新主体专利质量亟须提高，以进而提升中国在智能设计育种产业的核心竞争力。

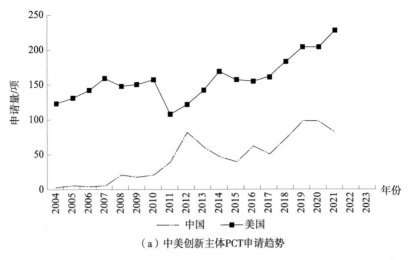

（a）中美创新主体PCT申请趋势

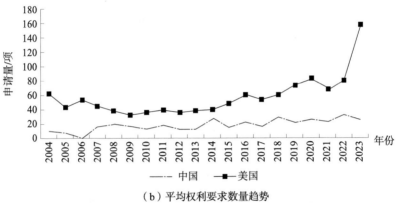

（b）平均权利要求数量趋势

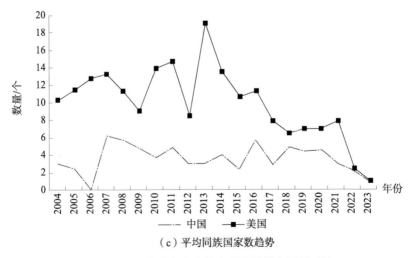

（c）平均同族国家数趋势

图1-5-1 中美创新主体专利申请量和质量对比

第二章 智能设计育种作物表型信息数字化关键技术分析

智能设计育种表型信息数字化，是一个复杂的涉及多学科的技术。现代农业和数字农业技术在我国"十二五"规划中被列为重大发展方向，现阶段已开展了大量先进技术研究，如基于机器视觉的植物三维形态提取技术、农业数字化管理和控制技术、果树自动采摘技术、基于光学成像和数学建模的作物产量预测技术、虚拟农业等农业工程技术。智能设计育种信息数据收集与处理是现代农业智能设计育种技术链条中的前端技术，包括表型识别、表型信息数字化、表型与基因功能预测、模型和算法、组学数据等。随着现代测序技术的快速发展，我们可以快速得到一个作物品种的遗传图谱，而如何将每个基因型与它的表现型进行量化对应，并获得作物的功能基因的定位和解析，最终通过数字化信息进行设计，实现智能育种，是现阶段农业研究者最为关心的问题。

一、作物表型数字图像处理和识别

在育种研究中，使用的作物样本量往往数以千计，由此带来的表型测量任务量巨大，测量过程中花费的人工数额之大、测量时间的周期之长，以及最后结果的准确程度让相关研究者非常苦恼。因此，随着智能设计育种技术的诞生，表型识别和信息数字化大规模批量处理成为研究植物基因型与表型关系及智能育种中需要解决的首要问题。本节将探讨农作物的智能设计育种表型信息数字化过程中的作物表型数字图像处理和识别相关专利技术情况。经检索，截至 2023 年 10 月 20 日（本章同），2004～2023 年，相关发明专利共 5210 项，专利技术发展情况如下。

（一）申请趋势

自 2004 年至今，专利申请趋势可分为两个阶段。第一阶段为 2004～2012 年，年均申请量不足 50 项，相关技术发展缓慢。第二阶段为自 2013 年至今（2023 年 10 月

20 日，本章同），专利持续增长，2018～2023 年专利申请量呈爆发式增长，2022 年专利申请量达到了历史最高水平，年申请量超过 1000 项。可以预测相关领域的专利申请量将持续增长，如图 2-1-1 所示（虚线为趋势线）。

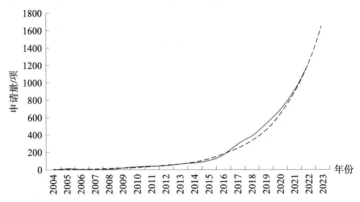

图 2-1-1　作物表型数字图像处理和识别领域全球专利申请量及趋势

（二）技术来源

分析该领域的技术来源国/地区，以及中国、美国、欧洲专利局、日本、韩国五大知识产权局（以下简称"五局"）的专利流向，展现该领域的专利技术在五局的技术来源情况和市场布局情况，如图 2-1-2 和图 2-1-3 所示。86.65% 的专利技术来自中国，共计 4790 项。其次是美国、印度、日本，分别占比 6.04%、2.04%、1.95%。通过欧洲专利局申请的专利占比约 1.12%，共 62 项。可见，中国是该领域的主要技术来源国，也是主要的目标市场。

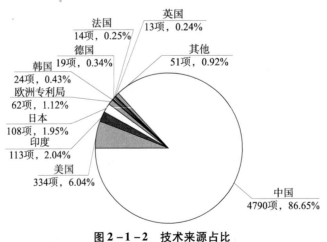

图 2-1-2　技术来源占比

注：因数据修约所致，加和不等于 100%，类似情况不再赘述。

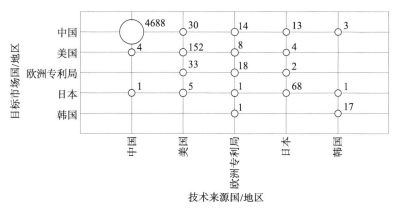

图 2 - 1 - 3　作物表型数字图像处理和识别领域技术来源五局分布

注：图中数字表示申请量，单位为项。

（三）技术构成和热门技术主题

农作物的表型信息数字化领域的技术构成以 G06K 9 分类号为主，其次为 G06T 7、G06V 10、G06N 3 等。G06K 9 主要涉及识别模式的方法或装置，G06T 7 和 G06V 10 主要涉及图像分析，G06N 3 主要涉及基于生物学模型的计算机系统。

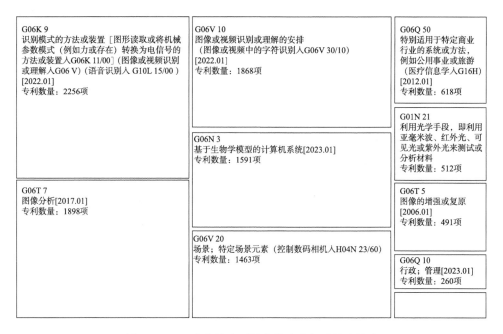

图 2 - 1 - 4　农作物表型信息数字化领域技术构成

在各技术分支在主要国家/地区的分布情况分析中发现，五局中，中国、美国和欧洲专利局的技术分布情况是相同的，均是以 G06K 9 为主，其次是 G06T 7、G06V 10、G06N 3，而日本和韩国是以 G06T 7 为主，主要涉及图像的分析，如图 2-1-5 所示。

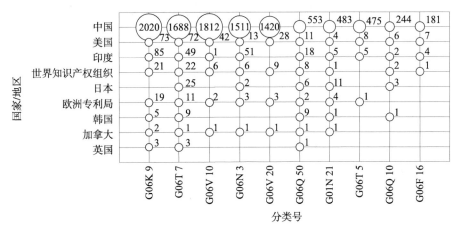

图 2-1-5　农作物表型信息数字化领域各技术分支在主要国家/地区的分布

注：图中数字表示申请量，单位为项。

在文本聚类分析中发现，出现频率最高的热门技术主题包括识别方法、检测方法、图像处理、图像识别、深度学习、无人机、图像数据、卷积神经网络、数据集等，如图 2-1-6 所示。这些技术主题代表了该领域的热门或重点研发方向。

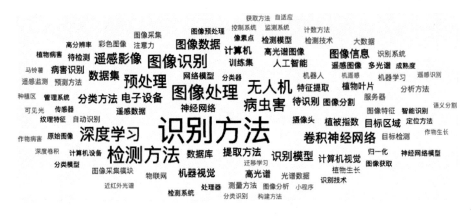

图 2-1-6　农作物表型信息数字化领域热门技术主题

在作物表型图像识别和处理技术领域各技术分支的发展趋势上，如图 2-1-7 所示，主要以三大部分主题为主。其一，对包括图像、图形、影像等在内的视觉信号的识别和数据采集，包括相关设备，涉及 G06K 9、G06T 7、G06V 10 和 G06V 20

等，该部分占主流。其二，数据处理手段，涉及 G06T 5、G06T 3、G06T 1 等。其三，深度学习生物学模型等，涉及 G06N 3、G06Q 50、G06N 20 等。可见，包括图像、图形、影像等在内的视觉信号的识别和数据采集，以及深度学习生物学模型等这些技术主题代表的专利技术领域相对较为集中，是该领域的热门技术主题和未来发展方向。

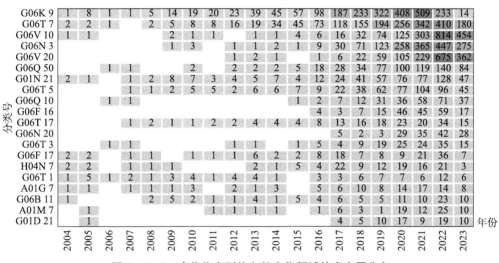

图 2 - 1 - 7　农作物表型信息数字化领域技术主题分布

注：图中数字表示申请量，单位为项。

（四）主要申请人

　　该技术领域专利申请量前二十名的申请人均是中国申请人，主要是高校和科研院所，如图 2 - 1 - 8 所示，包括排名前五的中国农业大学、华南农业大学、江苏大学、浙江大学、安徽大学。此外，广州极飞科技股份有限公司是排名前二十的申请人中唯一的非高校和科研院所单位。各申请人的多数专利申请处于在审状态。

　　申请量前二十名的非中国专利申请人如图 2 - 1 - 9 所示，包括美国蓝河科技（Blue River Technology）（7 项）、美国 iUNU 公司（6 项）、美国 Mineral - Earth Sciences 公司（6 项）、日本先锋公司（5 项）、美国伊利诺伊大学（5 项）、美国 Cohen Harris Lee（5 项）、日本索尼公司（5 项）、美国迪尔公司（5 项）、日本井关农机株式会社（4 项）、美国 Harvest Moon Automation 公司（4 项）。整体来看，非中国受理局的专利申请人的申请量不高，但均是领域头部高科技公司如美国蓝河科技、美国 iUNU 公司，以及农业巨头公司如日本先锋公司、美国迪尔公司。

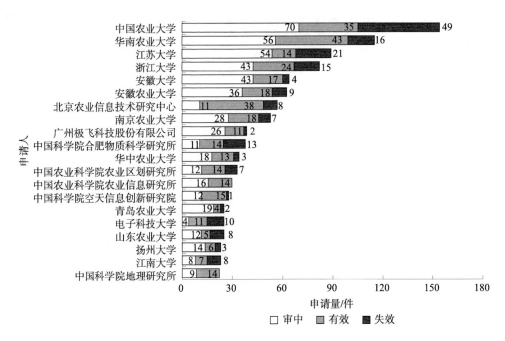

图2-1-8　农作物表型信息数字化领域专利申请量前二十名申请人排名

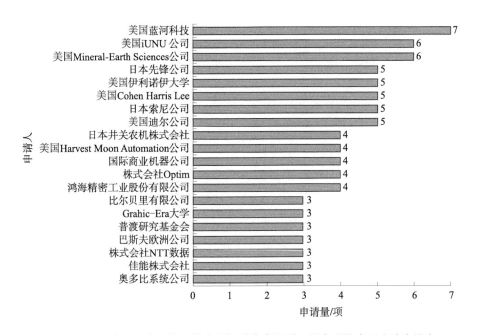

图2-1-9　农作物表型信息数字化领域非中国受理局专利的专利申请人排名

（五）重要专利申请/专利

1. 被引用最多的专利申请/专利

已广泛应用并且被广泛借鉴的专利技术通常意味着具有一定的影响力并代表着该技术领域较早的创新技术，其中被引用最多的往往预示着是该领域的基础专利，也是该领域最重要的专利技术之一。经统计，被引用次数排名前二十的专利申请/专利如图2-1-10所示，其中，来自美国的共9项，来自中国的共有8项，还有3项来自日本。被引用最多的是美国的US20010016053A1，其引用量达167次，然而该申请并未获权。中国的CN105787446A，其引用量为93次，该申请未获权。

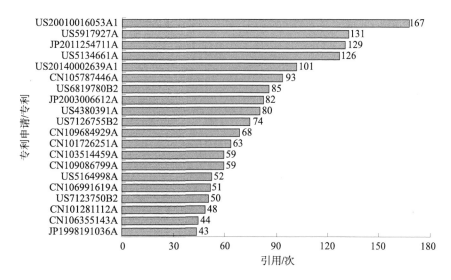

图2-1-10　农作物表型信息数字化领域被引用次数排名前二十的专利申请/专利

2. 规模最大的专利族

全球范围内的专利族数量往往体现的是一件发明的地域布局情况及申请人对该专利的重视，一定程度上也反映了该专利的重要性。经统计，规模排名前二十的专利族如图2-1-11所示。其中，来自中国受理局的有12件。专利族规模最大的是来自杜比国际公司的KR101982824B1，其专利族规模达145件专利。其次是中国农业科学院都市农业研究所的CN116123512A，专利族规模达30件。

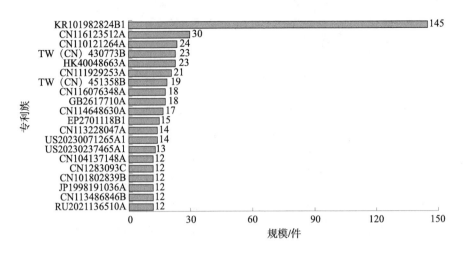

图 2 - 1 - 11　农作物表型信息数字化领域规模排名前二十的专利族

3. 权利要求数量最多的专利申请

权利要求数量越多，可能涉及的技术范围越广，技术创新程度和延展性越好，也是衡量重点专利的指标之一。经统计，权利要求数量排名前二十的专利申请/专利如图 2 - 1 - 12 所示。这些专利申请/专利中仅有 1 件来自中国，多数来自世界知识产权组织、美国、欧洲专利局等。可见，国内专利申请的撰写水平仍需提升。

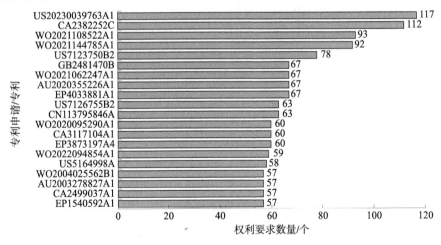

图 2 - 1 - 12　农作物表型信息数字化领域权利要求数量排名前二十的专利申请/专利

二、深度学习模型及算法

过去 30 年被称为"育种 3.0 时代"。人们见证了标记辅助选择、关联分析和基因组预测的巨大胜利。作物育种正在从传统的经验育种转向 BT + IT 驱动的智能设计育种。未来作物智能设计育种将具有"双轮驱动"特征：智能化的杂交育种以育种大数据和育种模型为基础，精准设计自然变异的最优组合，并以最快捷的杂交组配方式实现自然变异的最优组合。"育种 3.0"时代标记辅助育种中使用的遗传变异不一定是农艺性状的因果变异。随着深度学习与大数据技术的快速发展，分子表型和植物表型研究的智能化研究时代开启。当育种者有能力大规模预测因果有益和有害变异时，可以通过编辑将有益等位基因直接引入优良种质，也可以通过编辑有效地从基因组中清除有害等位基因。因此，可以合理地将深度学习模型预测的功能变异概念化为下一个育种时代的关键，即"育种 4.0"，其中作物物种的遗传改良在很大程度上取决于基因组编辑。

本节将探讨农作物的智能设计育种表型信息数字化过程中深度学习模型及算法相关专利技术的发展情况。经检索，截至 2023 年 10 月 20 日，近 20 年相关发明专利或专利申请共 5951 项，专利技术发展情况如下。

（一）申请趋势

自 2005 年至今，专利申请趋势可分为两个阶段。第一阶段为 2005～2015 年，年均申请量不足 100 项，相关技术发展缓慢。第二阶段为 2016～2023 年（2023 年 10 月 20 日，后同），专利持续增长，2022 年专利申请量达到了最高水平，年申请量达 1473 项。可以预测相关领域的专利申请量将持续增长，如图 2-2-1 所示（虚线为趋势线）。

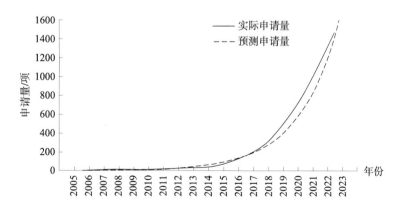

图 2-2-1　深度学习模型及算法领域全球专利申请量及趋势

（二）技术来源

分析该领域的技术来源国/地区，以及五局的专利流向，展现该领域的专利技术在五局的技术发源情况和市场布局情况，如图2-2-2至图2-2-3所示，80.43%的专利技术来自中国，共计5090项；其次是美国、印度、韩国、日本，分别占比6.70%、5.69%、2.40%、1.66%，通过欧洲专利局申请的专利占比约1.34%，共85项。可见，中国是该领域的主要技术来源国，也是主要的目标市场。

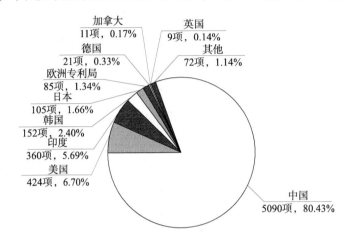

图2-2-2 深度学习模型及算法领域专利技术来源国/地区

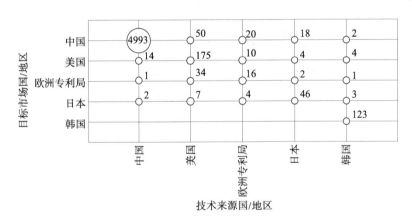

图2-2-3 深度学习模型及算法领域专利技术的目标市场

注：图中数字表示申请量，单位为项。

（三）技术构成和热门技术主题

该领域的技术构成以G06N 3为主，其次为G06Q 50、G06V 10、G06K 9等。G06N 3涉及基于生物学模型的计算机系统，G06Q 50特别适用于特定商业行业的系统或方法，G06V 10主要涉及图像分析，G06K 9主要涉及图像识别的方法或装置。

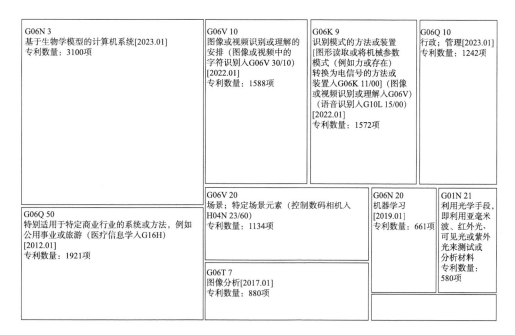

图 2-2-4　深度学习模型及算法领域技术构成

在各技术分支在主要国家/地区的分布情况的分析中发现，中国、印度、美国、韩国、世界知识产权组织和日本的技术分布情况是相同的，均是以 G06N 3 为主，如图 2-2-5 所示。

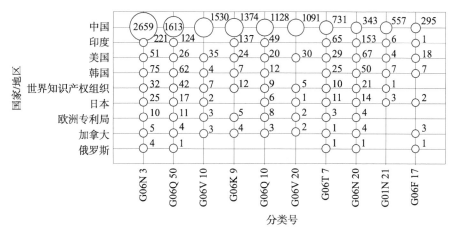

图 2-2-5　深度学习模型及算法领域各技术分支在主要国家/地区的分布情况

注：图中数字表示申请量，单位为项。

使用文本聚类分析发现，出现频率最高的热门技术主题包括深度学习、识别方法、机器学习、人工智能、神经网络、检测方法、数据集、无人机等，如图 2-2-6

所示。这些技术主题代表了该领域的热门或重点研发方向。

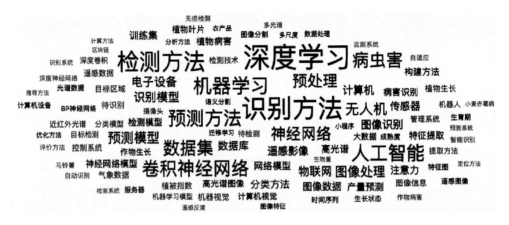

图 2 - 2 - 6 深度学习模型及算法领域热门技术主题

在个技术分支的发展趋势上，2018～2023 年，以 G06N 3、G06Q 50、G06V 10、G06V 20 为主，G06V 10、G06V 20 是近年来新发展的技术分支，其余技术分支相比之下增速减缓。此情况表明在智能设计育种领域中，深度学习模型和算法是该领域发展的重点。

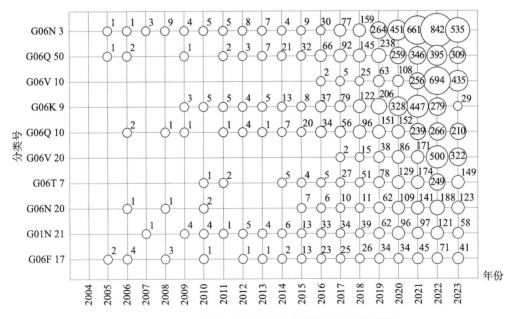

图 2 - 2 - 7 深度学习模型及算法领域技术分支申请量

注：图中数字表示申请量，单位为项。

三、国内外重点申请人

经前文分析，在智能设计育种作物表型信息数字化领域中我们关注到了唯一的公司单位——广州极飞科技股份有限公司（以下简称"广州极飞"），其在作物表型数字图像处理和识别技术领域与深度学习的模型算法技术领域中具有大量的专利布局。尽管该技术领域的国外专利拥有量并不占主流，但我们也发现以美国蓝河科技为代表的高科技农业公司同样致力于智能化农业技术领域。

（一）广州极飞

1. 简介

成立于 2007 年，广州极飞将无人机、机器人、自动驾驶、人工智能、物联网等技术带进农业生产，通过构建无人化智慧农业生态，让农业进入自动化、精准高效的"4.0 时代"。广州极飞是国家乡村振兴战略重点高新企业，是全球最大的农业无人机企业。其产品线包括农业无人机、农业无人车、农机自驾仪、遥感无人机、农业物联网、智慧农业系统等。

2. 专利概况

广州极飞旗下包括 11 家子公司，于 2014 年申请第一件专利至 2023 年共申请 1451 项专利，近年来年均申请量持续增长（参见图 2 - 3 - 1）。

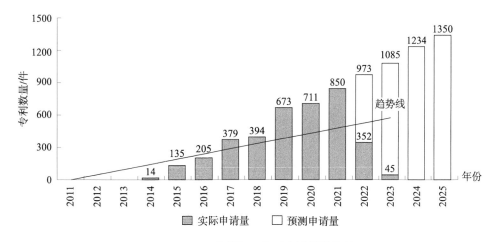

图 2 - 3 - 1　广州极飞专利申请量及趋势

广州极飞在该技术领域构成上主要以分类号 G05D 1、B64D 1 为主，其代表农用无人机技术；其次是 G06T 7、G06K 9，即图像识别、分析技术；G06Q 50 等代表的是农业物联网和智慧农业系统（参见图 2-3-2）。

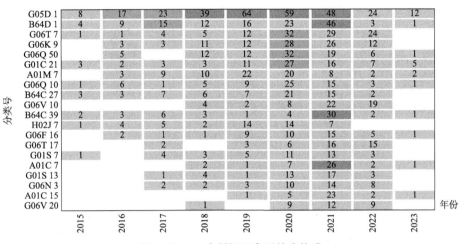

图 2-3-2　广州极飞专利技术构成

注：图中数字表示申请量，单位为件。

广州极飞专利的应用领域几乎覆盖农业无人机涉及的软硬件的全部领域，以无人机、飞行器为主；其次是相关设备的零部件，如机身、电机、雷达、电池、螺旋桨、动力装置、遥控装置等，还有数据处理的软件部分（参见图 2-3-3）。

技术主题分类	2014	2015	2016	2017	2018	2019	2020	2021	2022	2023
无人机		24	43	114	85	116	143	179	56	4
飞行器	4	10	17	56	34	61	44	55	26	2
电子设备			1	4	2	30	54	80	37	2
机身	6	21	14	33	26	22	38	26	13	1
电机		4	6	6	5	18	50	39	11	5
农业			3	7	18	28	40	30	12	1
雷达					4	15	25	30	11	
农药		1		5	22	23	12	12	3	
电池	1	1	12	9	8	11	13	13	2	1
点云				1	5	9	15	23	16	
电连接			1		1	11	22	22	11	1
螺旋桨	2	12	2	7	4	4	13	14	9	
电池单元			2	5	7	10	17	19	6	1
动力装置				1		2	34	29		
移动设备			4	8	12	20	8		8	3
数据处理			2	5	9	5	9	23	9	
遥控装置		2	2	14	12	8	5	6	4	1

图 2-3-3　广州极飞专利应用领域

注：图中数字表示申请量，单位为件。

（二）美国蓝河科技

1. 简介

美国蓝河科技是美国一家计算机视觉与机器人公司，成立于 2011 年，是较早将人工智能与农业结合起来的公司。其研发的第一款产品是生菜机器人——Lettuce Bot，其 1 分钟可以拍摄 5000 张植物的照片，利用算法和机器视觉去识别每株植物是蔬菜还是杂草，利用机器学习加强识别的精确度，有选择性地杀死有害植物，从而减少化学农药的使用。该公司在 2012 年获得 A 轮融资 310 万美元，2014 年完成 A－1 轮融资，募集资金 1000 万美元，其后完成第三轮融资 3100 万美元。2017 年，美国迪尔公司斥资 3.05 亿美元收购美国蓝河科技。之后，其延续升级第一代智能机器的技术推出了其核心产品 See & Spray，该机器主要是引入智能除草技术以解决农作物间杂草的问题。

2. 专利概况

美国蓝河科技自 2013 年第一项专利申请开始至 2023 年，共有 275 项专利申请，年均申请量 25 项左右，整体申请量呈上升趋势（参见图 2 - 3 - 4）。

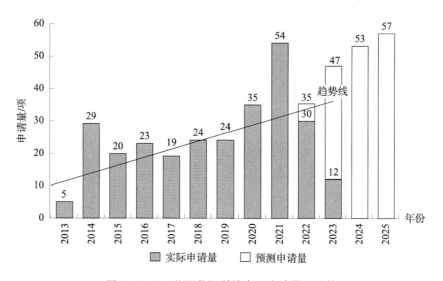

图 2 - 3 - 4　美国蓝河科技专利申请量及趋势

美国蓝河科技在技术领域构成上主要以 G06T 7、H04N 5、G06K 9、G06V 10 为主，即图像分析和识别及其相关零件的专利技术；其次是 A01M 21、A01M 7、A01B 79、A01C 21，即农业作业技术领域；最后是相关设备的零部件（参见图 2 - 3 - 5）。

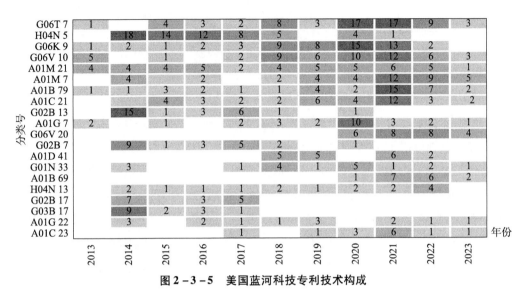

图2-3-5 美国蓝河科技专利技术构成

注：图中数字表示申请量，单位为项。

美国蓝河科技的应用领域主要集中于智能农机设备及其控制系统；其次是相关软件、零件设备等，如图像传感器、相机、计算机、数据处理等（参见图2-3-6）。

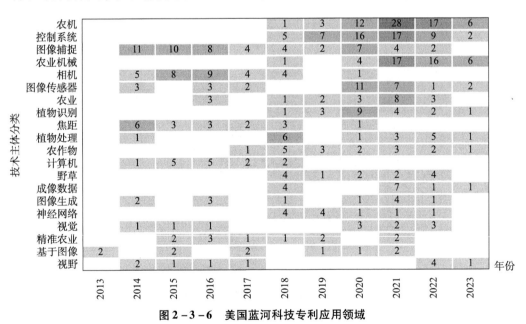

图2-3-6 美国蓝河科技专利应用领域

注：图中数字表示申请量，单位为项。

（三）广州极飞与美国蓝河科技的对比

1. 专利申请量

在专利申请量方面，美国蓝河科技略早于广州极飞。申请量上两者差异悬殊，广州极飞远高于美国蓝河科技（参见图 2 - 3 - 7）。

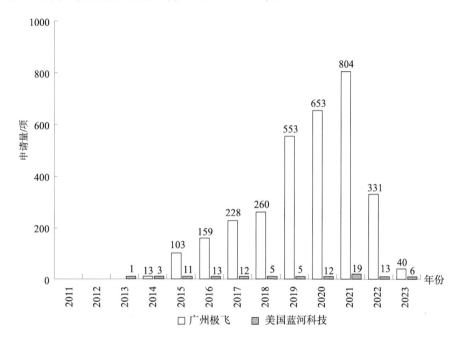

图 2 - 3 - 7 广州极飞与美国蓝河科技的专利申请量对比

2. 技术分支发展趋势

在技术分支发展趋势方面，2013 年美国蓝河科技的第一项专利涉及图像识别领域 G06V 10，广州极飞 2014 年开始在无人机方面进行专利布局，如导航、机身、电池等。广州极飞的布局重点在于农业无人机的大田作业，如 B64D 1、A01C 7、A01C 15，以及飞行器，如 B64C 39、B64D 27。美国蓝河科技的布局重点在于图像采集和显示设备（如 H04N 5）、图像分析（如 G06T 7）、农业作业（如 A01C 7）。广州极飞在图像采集和显示设备 H04N 5 上逊于美国蓝河科技。在整体技术分支发展方面，广州极飞的技术分支覆盖更全面（参见图 2 - 3 - 8）。

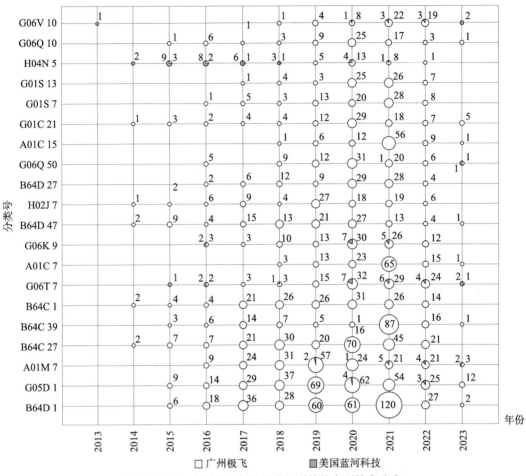

图 2 - 3 - 8　广州极飞与美国蓝河科技的专利技术分支

注：图中数字表示申请量，单位为项。

3. 专利布局

在技术领域的专利布局方面，广州极飞重点在于农业无人机，而美国蓝河科技重点在于大型农机设备。两者在图像采集方面的专利布局数量接近，但是广州极飞更全面，几乎覆盖了农业无人机的全部领域，且专利数量远高于美国蓝河科技。尤其在农业无人机方面，美国蓝河科技鲜有专利布局（参见图 2 - 3 - 9）。

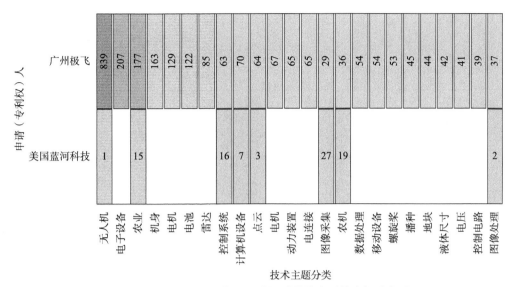

图2-3-9 广州极飞与美国蓝河科技的专利技术领域布局

注：图中数字表示申请量，单位为项。

在地域的专利布局方面，广州极飞主要布局在中国，少量布局在美国、印度、澳大利亚等；美国蓝河科技主要布局在美国，少量布局在印度、澳大利亚、巴西等（参见图2-3-10）。

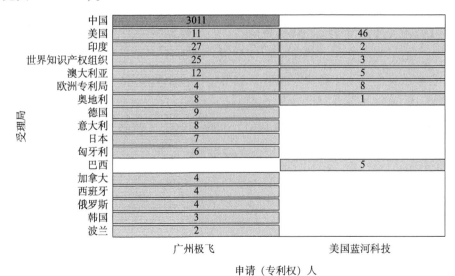

图2-3-10 广州极飞与美国蓝河科技的专利地域布局

在AI算法深度学习方面，广州极飞相比美国蓝河科技更早地开展专利布局，且拥有的专利数量更多（参见图2-3-11）。

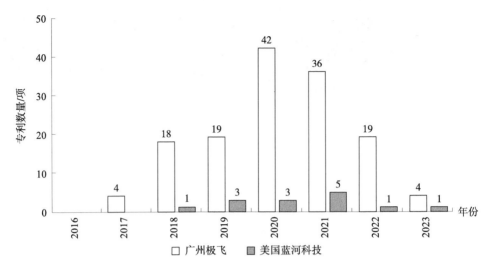

图 2 – 3 – 11　广州极飞与美国蓝河科技的 AI 深度学习专利技术申请量

四、小　结

种业作为"国之命脉",已步入"4.0 时代"。智能设计育种技术为传统农业育种带来了革命性突破,是生物技术、信息技术、育种技术的深度融合。作物表型信息数字化技术是智能设计育种的前端技术,属于数据科学技术,其对于育种产业链条的加持可概括为采集田间数据—数据处理—模型预测—生物技术验证—大田确认筛选—良种改良。可见,作物表型信息数字化技术是智能设计育种技术的核心。利用以深度学习模型为代表的人工智能信息技术预测作物表型与基因型之间的关联,在海量数据中寻找良种改良的关键基因,为利用基因工程技术手段改良作物基因、繁育新种带来了新的灵感,提升了传统育种和分子育种的育种效率。

本章重点讨论了作物表型信息数字化技术中的两大技术分支,即作物表型数字图像处理和识别技术,以及深度学习模型和算法技术。通过分析其专利技术、产业结构和重点申请人,得出如下结论和建议。

1. 大而不强

大而不强主要体现在两个方面。其一,在专利数量和质量方面,我国作物表型信息数字化技术的专利申请量和授权量均是世界上最多的,但在海量专利中却难以寻找到重磅专利或已产生重大经济价值的专利。其二,在申请人方面,我国专利申请人较为分散,排名靠前的企业类型的申请人较少,在国际竞争舞台中缺乏具有竞争力的申请人。

提供的建议如下。第一，探索高价值专利培育的新途径。结合产业痛点，从技术立项前期开始到项目立项、项目研发、实施，市场化全链条引入知识产权分析评议和专利导航、预警。在立项初期，充分调研、掌握相关专利技术现状和竞争对手的专利技术动态，挖掘技术空白点，做好专利技术布局的顶层设计。在立项后，定时监控相关专利技术和竞争对手的专利动态，做好专利导航、预警。在项目实施阶段，适时调整专利布局策略，查缺补漏，构建专利护城河。在项目市场化阶段，以市场为导向，基于已构建的专利护城河，积极探索专利价值提升的新途径，最大化专利价值。第二，整合资源，集中优势资源突破重点技术。该领域研究热点较多，需整合具有优势的相关专利申请人联合重点突破产业链的上下游技术，不应"广撒网多捕鱼"，而需定点、重点"捕鱼"。在产业链条的上中下游重点技术节点，整合相关资源，重组重点申请人，联合进行定点技术突破。

2. 转化率低，价值实现难

在该领域，尽管我国掌握着海量主流专利技术，其中不乏核心专利技术，但是我国专利的申请人结构主要以高校、科研院所为主，缺乏产学研结合，或者产学研的结合深度不足，将专利价值转换为市场经济价值的专利技术极少。大量有价值的专利处于深睡状态，专利价值并未得到充分实现。

提供的建议如下。第一，2023 年，我国《专利转化运用专项行动方案（2023—2025 年)》的实施在一定程度上将缓解专利转化率低、价值实现难的问题。结合该方案，各地方政府和有条件的高校、科研院所可适时建立专利技术转化平台、专利转化运用交流会等，促进专利技术的推广和运用。第二，加强产学研深度融合，以国家重大利益为核心，以市场为导向，政府引导高校、科研院所与企业一对一定向结合。第三，完善专利价值评估体系，以及建立高价值专利认证体系，推进高价值专利产生的主动动能。

3. 亟须培养具有国际竞争力的大型种业公司

经本章分析，我国在该领域严重缺乏具有国际竞争力的种业公司。尽管我们已有隆平高科、大北农等一批上市种业公司，但是在即将步入"育种4.0时代"和无人农业的数字时代，我们将面临更为严酷的全球竞争。国际局势动荡引发的全球粮食短缺和价格暴涨，对我国粮食安全问题再一次地敲响了警钟，再次印证了习近平总书记提出的"中国人的饭碗任何时候都要牢牢端在自己手中"的高瞻远瞩。面对国际种业巨头的虎视眈眈，我国的种业公司相对弱小，原始积累贫瘠，后发资源不足，难以深度参与国际竞争和国际种业相关标准、规则的制定。

提供的建议如下。如何提高公司的国际竞争力，在国内外均有一些案例可考。如在国外，本书分析了美国无人农业高科技公司美国蓝河科技，其于 2017 年被美国巨头农业公司美国迪尔公司收购，完成了美国迪尔公司在无人农业上的重大布局，实现了优势资源的深度整合，有效避免了同质化竞争现象。因此，一方面，我国需政府引导和支持重点培养、打造具有国际竞争力的优势企业；另一方面，我们更需要整合相关公司，避免国内同质化竞争和行业内卷，集中优势资源参与国际竞争，避免盲目投资，在中低端行业为稀薄利润恶性竞争，而关键技术却受制于人的情况出现。

4. 中国智造引领全球技术发展

近 20 年的努力和发展使我国在多个新兴技术分支上已然形成了具有一定规模的优势企业或原始技术积累。中国制造向中国智造发展，涌现出一批优秀的企业，开创了新的技术领域，如广州极飞，作为全球无人农业领域的引领者、智造者，已然成为"独角兽"企业。该类型企业是最好的中国国际名片，是中国智造发展历程中的一个中国故事缩影。重点培养、挖掘该类型企业，为其"走出去"，参与国际竞争，踏上更广阔的国际平台提供政府政策支撑和服务支撑，是中国智造引领全球技术发展进程中的重中之重。无人农业技术在智能设计育种技术领域中，是讲好中国故事、重塑中国智造的前所未有之机遇，也是我国引领全球传统农业技术革新的独特新赛道。

第三章 全基因组选择育种关键技术分析

全基因组选择育种是通过整个基因组的单核苷酸多态性（SNP）连锁分析找到与表型性状有关的标记或数量性状基因座，并估计个体全基因组估计育种值，成倍提高遗传进展的育种技术。全基因组选择育种是分子标记育种技术与人工智能技术相结合的智能育种技术，其育种过程体现了现代农业智能设计育种的理念，是现代农业智能设计育种的关键技术之一。

一、申请趋势分析

图3-1-1展示了全基因组选择育种技术全球专利申请趋势，申请总量为228项。2001年，Meuwissen等才首次提出全基因组选择育种的概念。然而，直至2007年，全基因组选择育种才开始被应用于植物。2014年以前，相关专利数量较少，随后专利申请量开始增长。全基因组选择育种技术专利申请量较小，尚处于早期发展阶段。

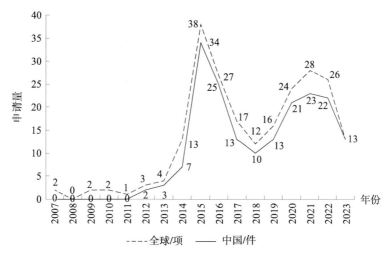

图3-1-1 全基因组选择育种技术全球专利申请趋势

二、全球布局区域分析

图 3 – 2 – 1 展示了全基因组选择育种技术全球专利申请来源国/地区。中国、美国是全基因组选择育种专利技术的主要技术来源国。中国是全基因组选择育种技术领域专利申请量最大的技术输出主体。

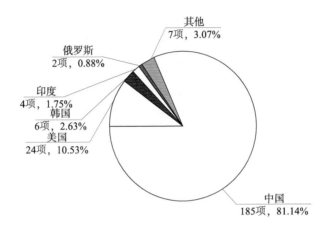

图 3 – 2 – 1　全基因组选择育种技术全球专利申请来源国/地区

三、专利法律状态分析

图 3 – 3 – 1 展示了全基因组选择育种技术专利申请法律状态的情况，其中有效专利占比最高，达 62.28%，表明授权率比较高。

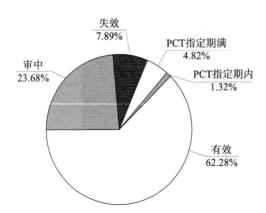

图 3 – 3 – 1　全基因组选择育种技术专利申请法律状态

四、主要申请人

图 3-4-1 展示了全基因组选择育种技术全球主要申请人的申请情况。从专利申请总量来看，排名前十的申请人除先锋国际良种公司之外，其他 9 位均为中国申请人，主要是高校和科研院所。国内申请人是全基因组选择育种技术领域的主要申请人。

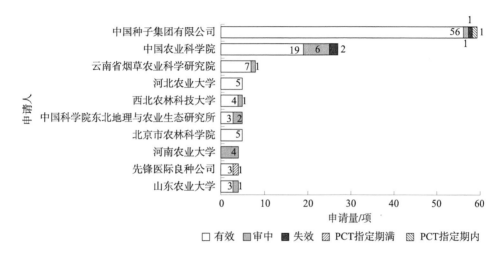

图 3-4-1 全基因组选择育种技术全球主要申请人申请情况

五、主要技术分支

（一）技术分支介绍

早期育种利用分子标记辅助选择技术仅能通过少量的标记估计出少量的 QTL 效应。近年来，随着植物全基因组测序的完成，植物基因组学研究已经呈现出向复杂数量性状转移的趋势，应用全基因组选择方法同时选择多个植物数量性状基因已成为国际植物数量遗传学研究的热点之一。

相对于传统的分子标记辅助选择育种技术，全基因组选择育种能加快作物育种进程，有效地降低育种成本，准确性更高。然而，全基因组选择育种还存在一些挑战，例如基因型与环境互相作用问题、群体结构问题、长期进行基因组选择的准确性问题、表型鉴定的准确性和成本问题、基因组选择可能导致稀有等位基因的丧失等问题。其中，限制全基因组选择育种应用的关键问题是技术成本问题，育种标记检测的成本是全基因组选择大规模应用的重要限制条件。育种标记检测的方法主要涉及三种技术，即固相芯片、基因测序、液相芯片。

1. 固相芯片

固相芯片是基于碱基互补杂交特性，设计并固定与待测位点互补的寡核苷酸探针于固体芯片上，在通过杂交反应捕获待测位点后，对探针进行单碱基延伸及荧光染色，最后利用高分辨率芯片扫描仪和数据处理软件对检测结果进行分析处理，直接获取待测位点的基因型。固相芯片在交付时即具备稳定的捕获率与准确性，检出区域没有随机性，实验标准化、可重复性强。

2. 基因测序

基因测序技术是指测定基因核酸序列的技术。液相芯片技术即为靶向捕获测序，其属于特殊的基因测序技术，但此次分析将液相芯片单独列出。该部分基因测序技术是指排除了液相芯片技术的其他基因测序技术。基因测序技术经过了多代发展。第一代测序通量低，第二代测序法相比第一代测序通量大、测序成本低。用于作物全基因组选择育种最广泛的技术是第二代测序技术。

3. 液相芯片

液相芯片技术实质上也是一种基因测序技术，也被称为靶向捕获测序，其是根据碱基互补配对原则，在液相反应条件下，针对目标区域序列设计与之互补配对的寡核苷酸探针，通过目标捕获结合高通量二代测序，实现检测感兴趣的基因组区域或位点鉴定（1K～100M）遗传变异的有效方法。该方法具有较高的灵活性和可拓展性，能够经济高效地捕获高覆盖深度下的变异信息。

上述三种技术分别具有各自的优点、缺点，下面将其特点总结如下（参见表3-5-1）。

表3-5-1 全基因组选择育种主要技术分支比较

标记检测技术	固相芯片	基因测序	液相芯片
技术核心	固相杂交	基因测序技术	基因测序技术
成本	成本高	成本较低	成本低
灵活性	较差，芯片定制后检测对象固定	调整方便，灵活性好	灵活性较好，定制可根据情况增删SNP位点

续表

标记检测技术	固相芯片	基因测序	液相芯片
通量	通量相对较低	高通量	高通量
重复性	良好	稍差，具有一定的随机性	稍差，具有一定的随机性
适用范围	需要制备标准化芯片，标准化芯片针对特定品种设计，适用范围窄	技术通用，适用范围广	需针对性设计探针，适用范围较广

（二）技术构成分析

图 3 - 5 - 1 对固相芯片、基因测序、液相芯片三个技术分支的技术构成进行分析。第一为固相芯片，占比为 75%；第二为基因测序，占比为 17%；第三为液相芯片，占比为 8%。固相芯片为全基因组选择育种中应用最广泛的技术，其次为基因测序。而液相芯片相对起步较晚，专利数量较少。

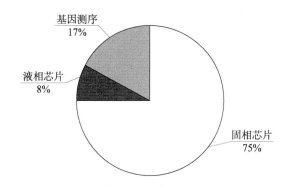

图 3 - 5 - 1　全基因组选择育种主要技术分支技术构成占比

图 3 - 5 - 2 分析了各技术分支随时间变化的申请趋势，能够帮助了解各技术分支随时间变化的发展情况。早期固相芯片技术专利申请量最大，但随着近些年基因测序技术、液相芯片技术的逐渐发展，其申请量与固相芯片技术的差距有缩小的趋势，尤其是液相芯片技术在近些年增长速度较快。

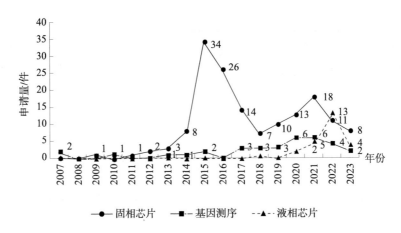

图 3 – 5 – 2　全基因组选择育种主要技术分支专利申请趋势

六、重要创新主体分析

固相芯片技术市场主要被国外公司掌控，其中 Illumina（因美纳）公司和 Affymetrix 公司是供应商业芯片的两大主要公司。深圳华大智造科技股份有限公司（以下简称"华大智造"）是国产测序仪龙头企业。下面分别对 Illumina 公司、Affymetrix 公司、华大智造三大创新主体进行分析。

（一）全球基因测序和固相芯片技术领先者——Illumina 公司

1. Illumina 公司简介

Illumina 公司是全球基因测序和芯片技术的领先者，其在固相芯片以及测序领域均处于行业垄断地位。Illumina 公司的主要产品包括高通量生物芯片检测仪、高通量测序仪及定量 PCR 仪。Illumina 公司提供基于微阵列技术（即芯片）的产品和服务。2006 年 11 月 1 日，Illumina 公司收购 Solexa，开始进入基因测序市场。2012 年 9 月，Illumina 公司收购英国的遗传变异测序服务公司 Blue Gnome。2018 年，Illumina 公司收购拥有长读长测序技术的 PacBio 公司，进一步巩固了其在基因测序领域的优势地位。

2. Illumina 公司为固相芯片第一垄断技术输出创新主体

Illumina 公司关于固相芯片技术申请的核心专利 US6429027B1（申请日为 1999 年 2 月 24 日）申请较早，现期限已届满失效。由于固相芯片技术发展时间已超过 20

年，核心基础专利基本已失效，专利技术上并不存在太大壁垒。

现有技术基于 Illumina 公司制芯技术针对水稻、玉米、大豆、棉花等开发了较多的育种芯片。表 3 - 6 - 1 列举了一些基于 Illumina 公司技术平台开发的固相育种芯片代表专利/专利申请。

表 3 - 6 - 1　基于 Illumina 公司技术平台固相育种芯片代表专利/专利申请

公开/公告号	申请人	涉及物种及通量
CN102747138B	中国种子集团有限公司	水稻，RICE6K
CN104024438B	未名兴旺系统作物设计前沿实验室（北京）有限公司等	水稻，RICE9K
CN105008599B	中国种子集团有限公司	水稻，RICE60K
CN110050092B	中国种子集团有限公司	水稻，RICE90K
CN116694806A	沈阳农业大学	粳稻，69 554 个 SNP 位点

固相芯片已在多个物种中得到了应用，并且现在的通量最高已可达 90K（CN110050092B）。固相芯片技术门槛较高，技术主要由国外公司掌握，现暂无国内固相芯片应用于作物全基因组选择育种的相关专利。2020 年 10 月，基因宝主体公司拉索生物科技有限公司（以下简称"拉索生物"）宣布高密度基因芯片研发成功。这是中国首次在这一领域实现国产替代，但还没有该公司应用于全基因组选择育种的芯片产品出现。我国固相芯片行业尚处于产业化探索阶段，与技术领先的 Illumina 公司还存在一定的差距。

3. Illumina 公司为基因测序技术第一垄断技术输出创新主体

Illumina 公司的测序技术现居于领先地位。该公司基础代表专利有 EP1591541B1（申请日为 1998 年 4 月 1 日，期限届满）、EP1634963B1（申请日为 1999 年 9 月 30 日，期限届满）、EP1530578B1（申请日为 2003 年 8 月 22 日，期限届满）等。其多项核心专利已过期或临近过期。基于 Illumina 公司测序平台使用最广泛，已有一些基于 Illumina 公司测序平台的全基因组选择育种液相芯片相关代表专利/专利申请（参见表 3 - 6 - 2）。

表 3 - 6 - 2　基于 Illumina 公司技术平台液相育种芯片代表专利/专利申请

公开/公告号	申请人	涉及物种及通量
CN115216557A	河南农业大学	小麦，超高密度，800K
CN114480701B	河南省农业科学院粮食作物研究所	玉米，283 条探针

公开/公告号	申请人	涉及物种及通量
CN114807410A	西北农林科技大学	大麦，40K
CN114736985A	河南七度农业科技有限公司、 北京博纳东方农业科技发展有限公司、 北京中研益农种苗科技有限公司、 河南农业大学	番茄，1377 个 SNP 位点和 80 个 InDel 位点
CN115679011A	中国农业科学院作物科学研究所	玉米，1050 个 SNP 分子标记

从上面列举的专利可以看出，液相芯片相对于固相芯片，通量更大。例如专利申请 CN115216557A，通量可达超高密度 800K。液相芯片的通量远高于固相芯片。

（二）全球固相芯片技术领先者——Affymetrix 公司

Affymetrix 公司是供应商业芯片的主要公司之一，其成立于 1992 年，现已被 Thermo Fisher（赛默飞）收购。该公司为固相芯片第二大垄断技术输出创新主体。其育种芯片代表专利/专利申请如表 3 - 6 - 3 所示。

表 3 - 6 - 3 基于 Affymetrix 公司技术平台的固相育种芯片的代表专利/专利申请

公开/公告号	申请人	涉及物种及通量
IN339438B	印度农业研究委员会	水稻，50K 芯片（OsSNPnks）
CN106544425B	武汉双绿源创芯科技研究院有限公司	玉米，55K 芯片
CN110846429B	北京市农林科学院	玉米，1536 个 InDel 分子标记
CN111088382B	北京市农林科学院	玉米，1536 个 SNP 分子标记
CN116622881A	贵州省烟草科学研究院	烟草，18 981 个 SNP 位点

（三）国内基因测序领先者——华大智造

华大智造是国产测序仪龙头企业。该公司成立于 2016 年，已形成基因测序仪业务和实验室自动化业务两大板块。其中，公司基因测序仪业务板块继承了全资子公司 CG US 的技术，具备独立自主研发的能力并实现了临床级测序仪的量产。华大智造测序仪 DNBSEQ - T7 系列已经可实现测序成本降至约 500 美元。相比竞争对手，华大智造的价格优势明显。

华大智造已在全基因组选择育种中布局了少量的应用,例如专利申请CN114395642A (申请日为2022年1月30日)涉及一种小麦-黑麦全基因组液相芯片及应用,其利用华大智造MGISEQ2000测序平台。华大智造的基因测序技术在全基因组选择育种领域应用不如行业巨头Illumina公司广泛,但其具有价格优势。其育种芯片代表专利申请如表3-6-4所示。

表3-6-4 基于华大智造技术平台的液相育种芯片的代表专利申请

公开号	申请人	涉及物种及通量
CN114395642A	西北农林科技大学	小麦-黑麦,90K
CN116751886A	浙江大学	陆地棉,894个SNP位点
CN114807410A	西北农林科技大学	大麦,40K

综上所述,固相芯片技术市场仍主要由美国占据。国内仅有个别企业研制成功高通量芯片的报道,但还未有成功应用于作物育种的报道。固相芯片技术还属于作物全基因组选择育种的"卡脖子"技术。

基因测序技术、液相芯片发展时间相对固相芯片技术靠后。两者均是基于第二代测序技术。虽然国内测序技术发展滞后,但国内测序技术研发能力不断提升,基因测序行业处于蓬勃发展的状态,已有企业例如华大智造突破国外垄断技术。

七、中美对比分析

在全基因组选择育种技术领域,中国、美国的专利申请量排在前列,并且美国是该技术的领跑者。下面对中国、美国的专利布局情况进行对比分析,以期为我国全基因组选择育种产业的未来布局提供参考。

(一)专利申请趋势分析

图3-7-1展示了中国、美国全基因组选择育种技术专利申请趋势。其中,中国专利简单同族合并后,申请总量为185项,美国为24项。中国最早的专利出现于2012年,起步时间晚于美国,但专利数量增长迅速。从数量上来看,中国申请量高于美国。

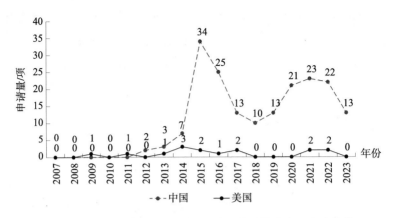

图 3 – 7 – 1　中国、美国全基因组选择育种技术专利申请趋势

（二）法律状态分析

图 3 – 7 – 2 展示了中国、美国全基因组选择育种技术专利申请法律状态。其中，中国有效专利占比 68%，美国有效专利占比 35%。中国全基因组选择育种技术领域有效专利数量较大，授权率高于美国。

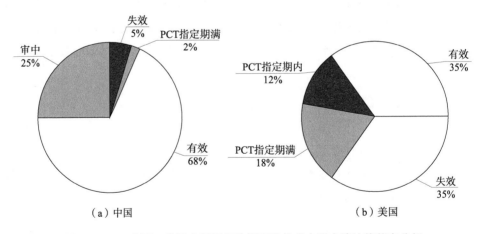

图 3 – 7 – 2　中国、美国全基因组选择育种技术专利申请法律状态分析

（三）PCT 申请分析

图 3 – 7 – 3 展示了中国、美国全基因组选择育种技术 PCT 申请占比。中国 PCT 申请占比为 8.11%，美国 PCT 申请占比为 83.33%。美国更注重海外专利布局。中国在该方面与美国还存在较大差距。

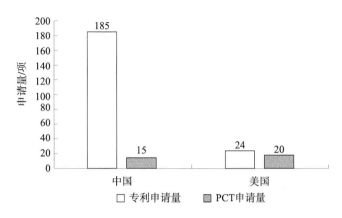

图 3 – 7 – 3 中国、美国全基因组选择育种技术 PCT 申请占比

（四） 中美专利技术对比分析

图 3 – 7 – 4 展示了中国、美国全基因组选择育种专利技术对比。对全基因组选择育种专利的技术方案进行分析可以发现，全基因组选择育种专利主要分为技术改进、育种芯片、作物育种三大类。通过分析发现，中国专利技术中，作物育种专利占比最高，为 54%；而美国则是技术改进专利占比最高，为 88%。美国专利布局的重点在于技术改进类专利。而中国则在育种芯片、作物育种领域专利布局较多。

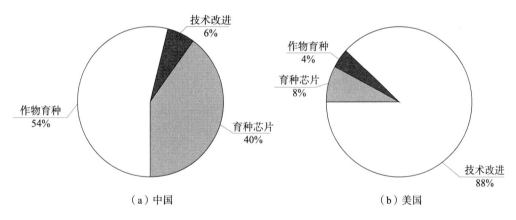

图 3 – 7 – 4 中国、美国全基因组选择育种专利技术对比

八、技术路线分析

为了便于技术人员对全基因组选择育种技术能够有全面的把握，下面对全基因组选择育种技术进行演进路线分析，如图 3 – 8 – 1 所示。

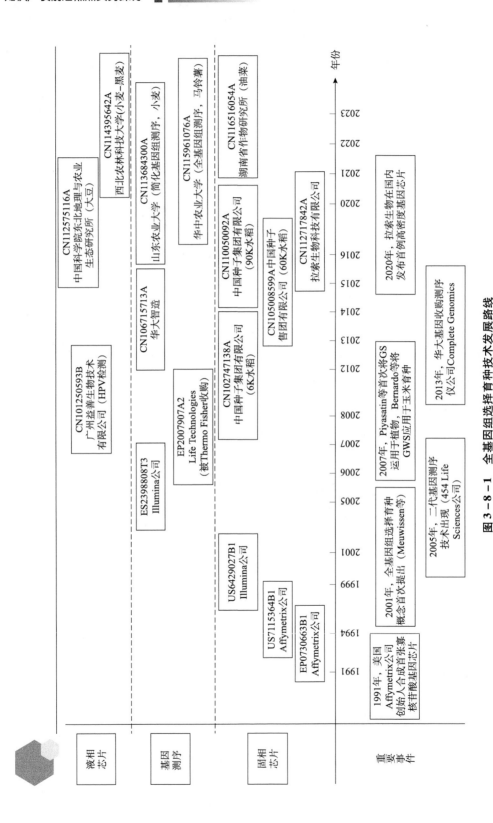

图 3 - 8 - 1 全基因组选择育种技术发展路线

1991～2000 年为固相芯片技术发展期。1991 年，美国 Affymetrix 公司创始人合成首张寡核苷酸基因芯片。1992 年，Stephen P. A. Fodor 博士在硅谷成立 Affymetrix 公司。自 1994 年开始，Affymetrix 公司申请了固相芯片相关专利，例如 EP0730663B1（申请日为 1994 年 10 月 26 日）、US7115364B1（申请日为 1995 年 8 月 2 日）。1998 年 4 月，Illumina公司成立。1999 年，Illumina 公司申请了固相芯片核心专利 US6429027B1（申请日为 1999 年 2 月 24 日）。固相芯片技术的出现为全基因组选择打下了技术基础。

2001～2011 年为技术萌芽期。2001 年，Meuwissen 等首次提出全基因组选择的概念。2005 年，454 Life Sciences 公司（现已被 Roche 公司收购）首先推出了基于焦磷酸测序法的超高通量基因组测序系统——Genome Sequencer 20 System，开创了第二代测序技术的先河。第二代测序技术的出现为全基因组选择的发展打下了技术基础。2006 年底，荷兰 Euribrid 公司用 20 000 个 SNP 标记对鸡进行育种值估计——这是全基因组选择运用的最早实例。2007 年，Piyasatin 等首次将 GS 运用于植物，用自交系杂交模拟了 GS 选择的效率。然而，在该申请中，没有特定的植物物种被认为是目标物种。该技术首次应用的特定物种是玉米（Bernardo 等，2007 年）。2006 年，Solexa（被 Illumina 公司收购）推出 Genome Analyer（GA）测序平台。2007 年，ABI 公司推出 SOLID 测序平台。2008 年，逐渐开始有液相芯片（靶向捕获测序）的专利申请，例如 CN101250593B（申请日为 2008 年 2 月 3 日），其将液相芯片应用于乳头瘤病毒检测与分型。2010 年，Life Technologies 推出 Ion PGM 系统。

2012 年至今为技术发展初期。自 2012 年开始，逐渐出现了一些全基因组选择育种的相关专利，早期均是基于固相芯片技术。例如，申请人中国种子集团有限公司针对水稻申请了一系列专利，其专利申请 CN102747138A 提供了一种水稻全基因组 SNP 芯片，命名为 RICE6K 水稻 SNP 芯片；专利申请 CN105008599A（2015 年）涉及水稻全基因组育种芯片为 RICE60K；专利申请 CN110050092A（2016 年）在 RICE60K 育种芯片基础上，增加新的 SNP 标记获得 90K 全基因组育种芯片，命名为 RICE90KAddon1，然后在 RICE90K 芯片基础上，新增 27781 个 SNP 标记构建 Os90Kv1 芯片。其还利用自主开发的育种芯片，基于全基因组选择育种技术，选育了一系列含有抗稻瘟/抗褐飞虱病基因组重组核酸片段的水稻植株并申请相关专利，例如专利申请 CN105567790A、CN106480047A 等。全基因组选择育种还在玉米、大豆、小麦、棉花、油菜、马铃薯、大麦、番茄、西瓜等物种中得到了运用。

基因测序专利方面，例如专利申请 CN115961076A（2022 年），其通过全基因组测序进行全基因组选择性扫描获得马铃薯抗寒附加系材料；专利申请 CN113684300A

（2021 年），通过简化基因组测序（GBS）并比对参考基因组序列发掘 SNP 位点，进行全基因组选择育种，选育穗粒数增加的小麦新种质和新品种，提高了小麦产量。液相芯片相关专利方面。例如专利申请 CN115109863A（2021 年），涉及一种多个水稻矮秆基因的高效应变异检测液相芯片及其应用；专利申请 CN114395642A（2022 年），涉及小麦－黑麦全基因组液相芯片及应用等。

九、小 结

全基因组选择育种技术在育种领域尚处于发展初期，属于一种最新的、准确的高精尖育种技术，涉及育种芯片、大数据、高性能计算等，充分体现了智能设计育种的理念。

（一）全基因组选择育种技术分支的专利申请较少，尚处于早期布局阶段

从申请趋势分析来看，植物全基因组选择育种专利总量较少，简单同族合并后专利申请总量为 228 项，尚处于早期发展阶段。虽然申请数量少，但植物全基因组选择育种专利中有效专利占比最高，达 62.28%，授权率比较高。中国专利申请量在全球居首位，占比为 81.14%。排名前列的申请人多为中国申请人。

（二）尚无基于国内芯片技术开发的作物育种固相芯片，固相芯片技术存在"卡脖子"风险

标记检测的方法主要涉及三种技术，即固相芯片、基因测序、液相芯片。固相芯片为全基因组选择育种中用得较多的技术；其次为基因测序；而液相芯片相对起步较晚，专利数量较少。

固相芯片育种芯片的提供者多为 Illumina 公司或 Affymetrix 公司。现还未有基于国内芯片技术开发的植物育种芯片。固相芯片核心基础专利现基本已失效，但由于固相芯片技术门槛较高，国内发展滞后。2020 年国内才首次出现研发成功的高密度基因芯片，且还未有国内芯片成功应用于植物育种的报道。国内与国外技术还存在一定的差距。固相芯片技术还属于全基因组选择育种"卡脖子"技术。

（三）基因测序、液相芯片技术是打破美国对我国固相芯片技术"卡脖子"的潜在突破口

随着第二代测序价格的降低，基因芯片技术在一些领域逐步被第二代测序取代。

基因测序技术的核心是仪器，进入壁垒非常高，主要提供公司有 Illumina 公司、Thermo Fisher 及华大智造。华大智造是国产测序仪龙头企业，但整体水平与国外还有一定的差距。液相芯片具有性价比高、定制灵活的优势，是未来植物全基因组选择育种的主要发展方向之一。液相芯片主要涉及探针设计、二代基因测序技术。探针的设计方法已经十分成熟，因此液相芯片技术中关键技术同样是基因测序技术。

固相芯片技术属于全基因组选择育种"卡脖子"技术。除了可以通过加强国内固相芯片技术开发来破解国外垄断固相芯片这一重要的种业"卡脖子"问题，通过发展基因测序技术、液相芯片技术，扩大两者相对固相芯片的优势，也是打破国外垄断的固相芯片这一重要种业"卡脖子"技术的一个突破口。

（四）我国创新主体在海外专利布局方面与美国跨国公司还存在一定的差距

我国的全基因组选择育种技术专利申请量远大于美国，但美国 PCT 申请量远高于中国。美国更注重海外专利布局，而我国专利主要布局在育种芯片、作物育种领域，该类专利通常保护范围较小，且仅适用于特定物种和/或性状，适用范围也远小于技术改进类专利。我国基础技术专利布局与美国还存在一定的差距。

从整体来看，我国在全基因组选择育种关键技术中存在重点突破的可能性。建议持续加大投入前沿技术研发的技术力量和平台条件，提升基因测序、液相芯片等基础技术水平，以期在作物全基因选择育种领域占据先机。

第四章 作物智能预测与筛选育种专利技术分析

智能设计育种，是指在分子育种技术的基础上融合大数据、人工智能等技术的精准、高效改良目标性状和培育新品种的生物育种技术。其涉及在物种的遗传和分子基础上，以大数据为基础，利用人工智能技术预测和设计优势育种方案，再通过生物技术手段进行精准基因筛选或改造验证，进而实现智能、定向、高效改良和培育集合多种优势性状的新品种的新兴交叉领域。❶ 智能设计育种在表型信息数字化后接下来关键的一步就是将表型与基因型关联起来。基因组学和表型学的研究正在深入了解作物响应环境扰动的复杂生物机制。将基因与表型联系起来仍然是一个巨大的挑战。智能预测与筛选育种技术在智能设计育种过程中，发挥着将基因型与表型关联的重要作用。近年来，智能预测与筛选育种通过将表型学、基因组学和人工智能技术联合使用，提供了前所未有的新数据，这使得育种在性状改良方面取得重大突破。❷ 智能预测与筛选育种加快发展了具有特定性状或组合的作物品种，提高了产量潜力和稳定性，增强了对预期的和同时存在的非生物和生物环境胁迫的耐受性、抗性、恢复力，从而显著缩短育种时间、提升育种效率、节省育种成本。智能预测与筛选育种，是智能设计育种的关键环节之一，也是目前育种研究的热点之一。

一、专利技术概述

智能预测与筛选育种作为现代农业智能设计育种中关键的前端技术，通过构建预测和筛选模型，根据模型值进行早期育种个体的预测和选择，从而缩短育种世代间隔，加快育种进程，节约成本，推动现代育种向精准化和高效化方向发展。统计模型作为

---

❶ 张颖，廖生进，王璟璐，等. 信息技术与智能装备助力智能设计育种 [J]. 吉林农业大学学报，2021，43（2）：119-129；侯祥英，崔运鹏，刘娟. 深度学习在植物基因组学与作物育种中的应用现状与展望 [J]. 农业图书情报学报，2022，34（8）：4-18；王向峰，才卓. 中国种业科技创新的智能时代："玉米育种4.0"[J]. 玉米科学，2019，27（1）：1-9.

❷ XU YUNBI, ZHANG XIANGPING, LI HUIHUI, et al. Smart Breeding Driven by Big Data, Artificial Intelligence and Integrated Genomic - Enviromic Prediction [J]. Molecular Plant, 2022, 15 (11): 1664-1695.

智能预测与筛选育种的核心，极大地影响着智能预测与筛选育种的准确度和效率。

最常用的线性回归模型方法是基于全基因组亲缘关系矩阵（G 矩阵）的最佳线性无偏预测（GBLUP）和基于等位基因效应的岭回归最佳线性无偏预测（rrBLUP）的基于混合线性模型的 BLUP（best linear unbiased prediction）方法。相较于线性回归模型，非线性模型具备分析复杂非加性效应的能力，其中最具代表性的非线性回归模型为深度神经网络。神经网络在系统辨识、模式识别、智能控制等领域有着广泛而吸引人的前景。神经网络模型历经三个代次的更迭，现在已有数十种之多。应用较多的典型神经网络模型包括 BP 神经网络、Hopfield 网络、深度神经网络（DNN）、卷积神经网络（CNN）等。

机器学习（machine learning，ML）模型是人工智能的核心。机器学习的模型包括神经网络、随机森林、支持向量机、贝叶斯模型等。智能预测与筛选是在深度学习的基础上，更加科学地对生物性状进行预测和筛选。将基因与表型联系起来仍然是一个巨大的挑战。机器学习模型为解决大数据分析和高性能并行运算等难题提供了新的契机。基于机器学习算法的智能预测与筛选育种将会进一步提高选择的预测能力。

二、专利申请现状

本书的专利数据来源于商业专利数据系统和智能化检索系统。采用专利分类号和关键词相结合的检索方式，截至 2023 年 10 月，共检索到作物智能预测与筛选育种领域全球相关专利申请 252 项。下面从作物智能预测与筛选育种领域的专利申请态势、技术来源国与五局流向、申请人等方面对专利申请现状进行分析。

（一）专利申请趋势

图 4-2-1 展示了作物智能预测与筛选育种领域的专利申请趋势。自 2004～2023 年（2023 年 10 月，后同），专利申请趋势可分为两个阶段。第一阶段为 2004～2018 年，年均申请量不足 10 项，相关技术发展缓慢。这一阶段申请量不高，但是说明智能预测与筛选育种相关专利技术起步较早。第二阶段为 2019～2023 年，专利持续增长，并且 2020～2023 年专利增长加快，2021 年专利申请量达到历史最高水平，年申请量是 43 项。2020 年，我国的水稻遗传育种学家、中国科学院院士张启发教授也提出作物育种已进入"5G 育种时代"。"5G 育种时代"概念被提出之后，智能预测与筛选育种相关专利申请量快速增长。可以预测相关领域的专利申请量将持续增

长（虚线为趋势线）。

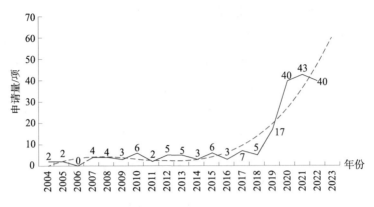

图 4 - 2 - 1　作物智能预测与筛选育种技术专利申请趋势

（二）技术来源国与五局流向

图 4 - 2 - 2 展示了作物智能预测与筛选育种专利技术来源国/地区分布。图 4 - 2 - 3 展示了作物智能预测与筛选育种专利技术五局流向。从图 4 - 2 - 2 可知，智能预测与筛选育种技术领域，46%的专利申请来自中国，31%的专利技术来自美国，8%的专利技术来自印度，通过欧洲专利局申请的占比约6%。以上说明中国和美国是该领域技术主要来源国。

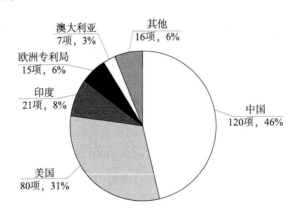

图 4 - 2 - 2　作物智能预测与筛选育种专利技术来源国/地区分布

从五局技术流向图 4 - 2 - 3 可知，中国和美国是作物智能预测与筛选育种技术领域的主要技术来源国，也是主要的目标市场，是该技术领域的主要竞争者。

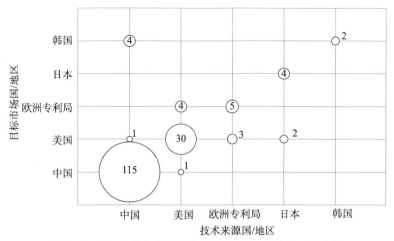

图4-2-3　作物智能预测与筛选育种专利技术五局流向

注：图中数字表示申请量，单位为项。

（三）主要申请人

图4-2-4展示了作物智能预测与筛选育种专利技术全球主要申请人的申请情况。从图4-2-4可以看出，该技术领域发明专利申请量前十名的申请人既包括先锋公司、陶氏益农公司、孟山都科技公司等国外申请人，也包括中国农业大学、湖北工业大学、扬州大学、南京农业大学、华中农业大学等国内申请人。其中，国外申请人主要为农业巨头公司，说明其产业应用较强；而国内申请人主要是高校和科研院所，偏重技术研究。

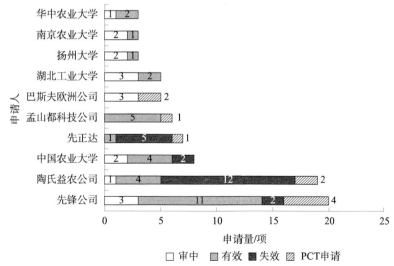

图4-2-4　作物智能预测与筛选育种专利技术全球主要申请人申请情况

（四）国内申请人分析

图4-2-5展示了作物智能预测与筛选育种专利技术国内申请人的申请情况。可以看出，排名靠前的国内申请人除中国化工收购的瑞士的先正达是企业外，其他均是高校和科研院所，与国外存在明显差异。

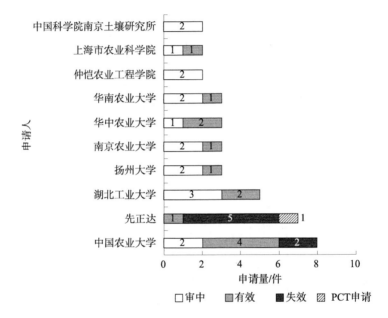

图4-2-5 作物智能预测与筛选育种专利技术国内申请人申请情况

2023年10月10日，国务院审议通过《专利转化运用专项行动方案（2023—2025年）》，对我国大力推动专利产业化，加快创新成果向现实生产力转化作出了专项部署。

可以想见，该领域虽然大部分申请人为高校和科研院所，但在国家政策支持下，强化高校和科研院所的专利转化应用，促进育种技术和产业的高质量发展未来可期。

（五）合作申请分析

从图4-2-6可知，该领域先锋国际良种公司与纳幕尔杜邦公司、植物研究国际公司和瓦赫宁恩大学均有合作；国内合作申请有华南农业大学与广州瑞科基因科技有限公司、湖北工业大学和中国农业科学院油料作物研究所、爱讯达科技（深圳）有限公司与中国农业科学院农产品加工研究所等。

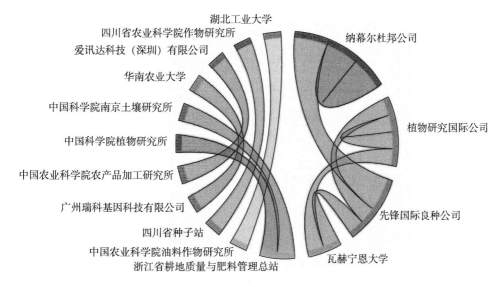

图4-2-6　作物智能预测与筛选育种领域合作申请分析情况

三、主要技术构成以及重要申请人布局分析

（一）作物智能预测与筛选育种模型分析

统计模型是作物智能预测与筛选育种的核心，极大地影响着智能预测与筛选育种的准确度和效率。鉴于机器学习模型是当前的热点，图4-3-1给出了作物智能预测与筛选育种技术领域使用模型的技术构成。由图4-3-1可知，作物智能预测与筛选育种技术领域使用最广泛的机器学习模型主要包括神经网络类（占比18%），其他模型包括隐马尔可夫模型、随机效应模型、非线性回归模型等。

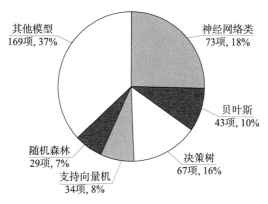

图4-3-1　作物智能预测与筛选育种技术领域使用模型技术构成

（二）涉及作物种类分析

图 4 - 3 - 2 为作物智能预测与筛选育种技术领域涉及的作物种类分析，结果如下：专利申请使用的预测与筛选模型大部分涉及通用作物，说明大部分使用的预测与筛选模型具有通用性，在不同的作物之间进行预测与筛选的模型可以相互借鉴。

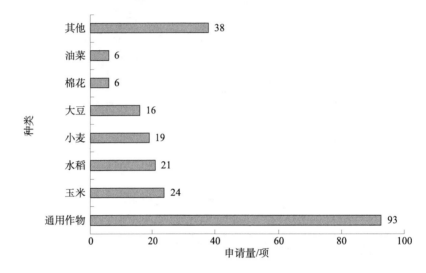

图 4 - 3 - 2　作物智能预测与筛选育种技术领域涉及的作物种类

（三）模型与表型关联分析

图 4 - 3 - 3 为作物智能预测与筛选育种技术领域模型与表型关联气泡图。由图 4 - 3 - 3 可知，神经网络类模型使用较为广泛；贝叶斯模型和决策树模型在各种性状筛选中也基本有使用，并且在各种性状使用的频率接近，但是比神经网络类模型少；随机森林和支持向量机模型整体使用偏少。总体而言，不同性状的预测和筛选偏好模型有所不同，创新主体需要根据具体的性状来选择适合的筛选模型，并且随着人工智能的广泛应用，智能预测与筛选模型都将会更加智能化，可根据历史的预测与筛选数据集进行不断学习和完善。

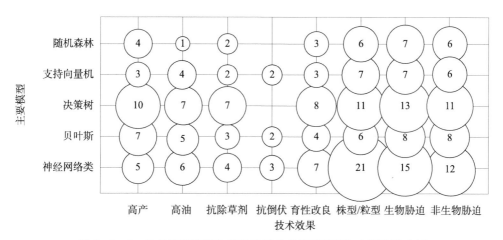

图 4 - 3 - 3　作物智能预测与筛选育种技术领域模型与表型关联分析

注：图中数字表示申请量，单位为项。

（四）重要专利申请人布局分析

作物智能预测与筛选育种技术领域申请人排名靠前的主要包括先锋公司（科迪华子公司）、孟山都科技公司（被拜耳收购）、中国农业大学、先正达（被中国化工收购）。分析上述重要申请人的专利布局情况可以为国内其他创新主体以及专利工作者提供参考。

1. 先锋公司（美国）

先锋公司在作物智能预测与筛选育种技术领域专利申请量最多。分析先锋公司的专利布局既可以帮助专利工作者以及国内创新主体了解其相关专利技术，防止侵权的发生，又可以为创新主体的专利布局提供参考，具有十分重要的意义。

图 4 - 3 - 4 为先锋公司专利布局。由图 4 - 3 - 4 可知，先锋公司为该领域较早布局的公司，在 2004 年就进行了相关的专利布局。

2004 年，先锋公司为了提升育种程序的效率，以开发相对于现有原种品系而言产量增加的大豆的新亚系，提供了包含与导致优越农业性能的遗传元件相关的标志物基因座的有利等位基因的组合物，筛选标志物使用的模型为常规计算机统计模型（专利 CN101437958B）。同年，先锋公司提供了监测植物群体中的 QTL 效应并在植物育种计划的背景下进行标记辅助选择的新方法，这些方法使得育种效率显著提高，筛选涉及的模型有 HAPLO - IM 模型、HAPLO - MQM 模型和 HAPLO - MQM 等贝叶斯模型，涉及的作物种类为通用作物，性质包括含油量等（专利申请 WO2005014858A2）。

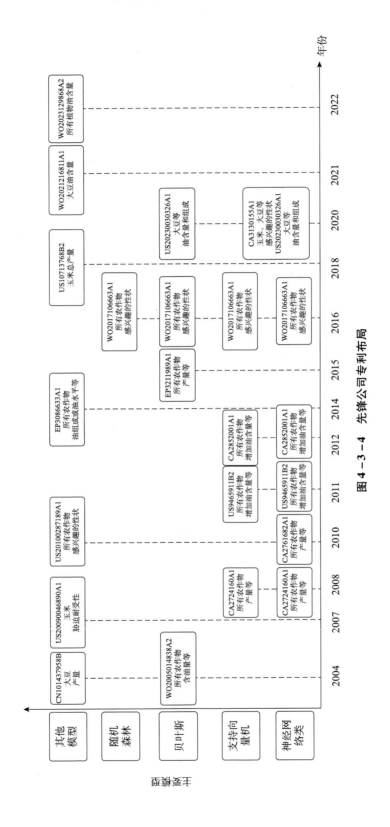

图 4 - 3 - 4 先锋公司专利布局

2007 年，为了快速评估玉米穗或玉米籽粒质量，加快育种进程，先锋公司提供了一种采用其他深度学习模型进行筛选的方法，包括获取玉米穗的一个或多个籽粒的数字图像，处理数字图像以从数字图像估计玉米穗的一个或多个籽粒的至少一个物理性质（专利申请 US20090046890A1）。

2008～2021 年，先锋公司分别采用支持向量机模型（专利申请/专利 CA2724160A1、US9465911B2、CA2852001A1、WO2017106663A1）、神经网络类模型（专利申请/专利 CA2724160A1、US9465911B2、CA2852001A1、WO2017106663A1、US20230030326A1）、贝叶斯模型（专利申请 EP3211989A1、WO2017106663A1、US20230030326A1）和随机森林模型（专利申请 WO2017106663A1）对通用农作物的高产等形状进行筛选，极大地丰富了筛选的模型以及涉及的作物种类。

2004～2022 年，除了上述常见模型，先锋公司还布局了其他线性、非线性及其他深度模型，主要包括隐马尔可夫模型、随机效应模型、非线性回归模型、监督分类算法等（专利申请/专利 US20090046890A1、US20100287189A1、EP3086633A1、US10713768B2、WO2021216811A1、WO2023129868A2）。

2. 孟山都科技公司（美国）

图 4-3-5 为孟山都科技公司专利布局。由图 4-3-5 可知，孟山都科技公司（以下简称"孟山都"）在 2008 年开始对作物智能预测与筛选育种技术领域进行专利布局，布局时间比先锋公司晚。2008 年，为了加快育种效率，孟山都开发了筛选大豆的一系列分子标记方法，筛选使用的模型为多重回归方法或模型（专利申请 AR066785A1）。同年，孟山都利用高通量测序和分子育种方法以能够在分子植物育种中使用直接测序信息的新方法。该方法适用于通用农作物，涉及的性状有抗病性，抗虫性，改变脂肪酸、蛋白质，增加谷物产量，增加油含量等（专利申请 AR066922A1）。

2010 年，孟山都提供了一种用于筛选个体植物对各种条件的增加耐受性或敏感性的自动化系统和方法。该方法适用于通用农作物，涉及的性状主要包括缺水胁迫、缺氮胁迫、冷胁迫、热胁迫、阳光胁迫等（专利 US9025831B2）。

2017 年，孟山都提供了一种鉴定植物育种的杂交方法，采用神经网络类等深度学习模型对通用农作物筛选感兴趣的性状（专利申请 US20170354105A1）。

2018 年以及 2020 年，孟山都对各种不同的筛选模型均进行了布局，例如神经网络类（专利申请/专利 US20190180845A1、WO2019113480A1、US11576316B2）、支持向量机（专利申请 US20190180845A1、WO2019113480A1）、贝叶斯（专利申请/专利 US20190180845A1、WO2019113480A1、US11576316B2）、随机森林（专利申请

US20190180845A1、WO2019113480A1）以及其他筛选模型（专利申请 US20190180845A1、WO2019113480A1），均涉及通用农作物以及筛选感兴趣的性状，布局较为全面，为重要的基础专利。

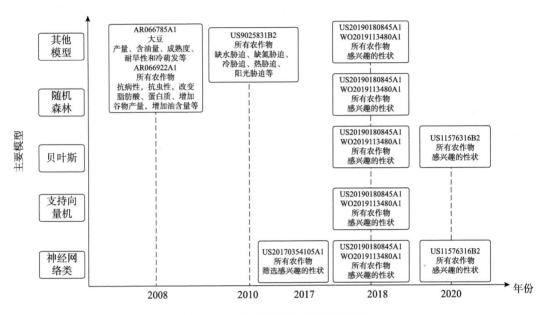

图 4 - 3 - 5　孟山都科技公司专利布局

3. 中国农业大学（中国）

图 4 - 3 - 6 为中国农业大学在作物智能预测与筛选育种技术领域的专利布局。

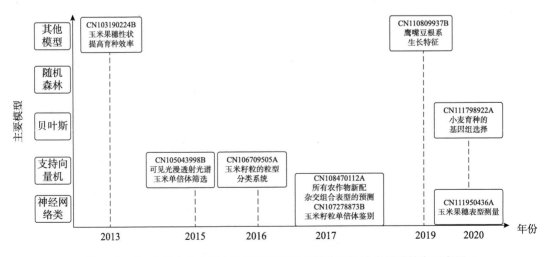

图 4 - 3 - 6　中国农业大学在作物智能预测与筛选育种技术领域的专利布局

2013 年，中国农业大学为了实现对作物性状无损且高效、快速、精确地测量，提供了一种基于计算机视觉技术的玉米果穗考种方法、系统和装置。该方法不仅测量速度快，且测量结果精确，设备成本低，能很好地代替人工考种方法，应用于农业玉米新品种选育生产与科研领域，可有效地提高育种效率（专利 CN103190224B）。

2015 年，中国农业大学为了提高筛选单倍体籽粒的效率，提供了一种利用可见光光谱分析建立玉米单倍体籽粒鉴别方法，并实现模型可鉴别未参与建模的材料具有可行性。基于该方法有望建立玉米单倍体自动化快速筛选系统，提高智能筛选效率，以满足大规模 DH 育种的需求（专利 CN105043998B）。

2016 年，中国农业大学为了进一步提高对作物籽粒进行粒型分类的精确性，提供了一种基于字典学习的玉米籽粒的粒型分类方法及系统。该方法及系统利用 K – SVD 模型对玉米籽粒的粒型进行稀疏分类，能够快速、精确地对玉米籽粒进行粒型分类，为玉米产量的评估提供了准确且可靠的基础，加快了育种进程（专利申请 CN106709505A）。

2017 年，中国农业大学为了对新配杂交组合表型进行预测，提高表型预测的准确性，提供了一种新配杂交组合表型的预测方法，从自交系表型、基因型和相似杂交种表型、基因型入手，寻找它们与新配杂交种表型的关系，从而提高表型预测的准确性，最终提高杂交组合育种成功率（专利申请 CN108470112A）。

2020 年，中国农业大学为了对作物根系进行动态分析，提供了一种基于延时摄影技术，对根箱法生长的种子的根系特征进行观察，能够观察到根系的一个非常完整的动态生长过程的方法专利，克服了只能作静态分析的局限性，为根系研究提供了一种新的途径（专利 CN110809937B）。同年，中国农业大学为了高效鉴别作物不同材料间的基因组异同，提供了一种鉴定作物育种材料间基因组选择利用区间和或"SNP 多态性热点区间"的方法，解决了如何鉴定作物不同材料间的基因组异同区间或如何鉴定作物材料间育种的基因组选择区间或如何鉴定作物材料间的"SNP 多态性热点区间"的问题（专利申请 CN111798922A）。同年，中国农业大学为了提高考种工作效率，提供了一种玉米果穗表型测量方法及系统，通过卷积神经网络，实现了对果穗败育、病毒程度的计算，最后通过果穗表型参数数据，创建玉米果穗三维模型，进行可视化，有效地解决了人工考种工作效率低下、主观误差大等问题（专利申请 CN111950436A）。

4. 先正达（中国）

2000 年 11 月，阿斯特拉捷利康的农化业务——捷利康农化公司以及诺华的作物保护和种子业务分别从原公司中独立出来，合并组建专注于农业科技的企业先正达。先正达 2007 年销售额约 92 亿美元，在高价值种子领域名列第三，2017 年被中国化工集团收购。图 4 - 3 - 7 为先正达在作物智能预测与筛选育种技术领域的专利布局。

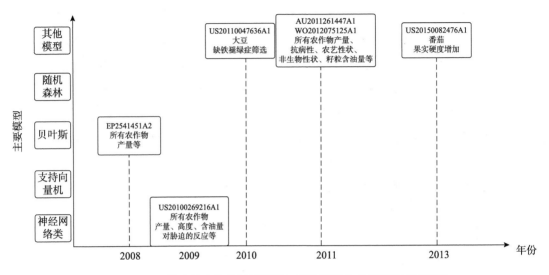

图 4 - 3 - 7　先正达在作物智能预测与筛选育种技术领域的专利布局

2009 年，先正达为了高效评估标记和作物性状的相关性，使用网络种群映射（NPM）评估分子标记和目标性状的相关性，将基因型和表型进行关联。该网络可用于识别或验证标记基因座周围或两侧的染色体区域内的 QTL 标记，提高了智能预测的筛选效率（专利申请 US20100269216A1）。

2010 年，先正达为了提高对作物性状信息的采集，将播种机和高精度 GPS 结合，用于测量在一个或多个田地中生长的多种植物品种的大量地块的相对成熟度，还配备了高精度 GPS 的车辆上的辐射作物传感器用于扫描样地中的植物性状，以记录与 GPS 地图位置同步的植物性状参数，用于筛选缺铁褪绿症绿豆（专利申请 US20110047636A1）。

先正达在 2011 年和 2013 年提出了使用模型结合分子标记预测并筛选具有目标优势的遗传性状的后代，例如预测并筛选产量高、具有抗病性、籽粒含油量高等特性的农作物及其细胞、种子以及组织培养物等（专利申请 AU2011261447A1、WO2012075125A1）。

2013 年，先正达为了高效筛选高硬度果实的番茄，开发高硬度果实的番茄相关的 QTL 分子标记，提供了一种通过检测 QTL 分子标记来高效筛选高硬度果实番茄的方法（专利申请 US20150082476A1）。同年，先正达为了提高作物育种效率，提供了一种用于改善旨在改变与遗传标记相关联的表型性状的植物育种程序的功效的方法。该方法基于个体的标记基因型和遗传标记与表型性状之间建立的关联，所述植物育种程序旨在改变可以建立与遗传标记物的关联的表型性状（专利申请 EP2541451A2）。

重要专利申请人布局比较如表4-3-1所示。总的来说，先锋公司的整体技术较为全面，算法模型通常适用于不同的农作物，为比较重要的基础专利。

表4-3-1 重要专利申请人布局比较

申请人	农作物种类	布局主要模型	主要性状
先锋公司	主要为玉米以及其他通用作物	神经网络类、随机森林、支持向量机、贝叶斯模型、具有固定效应和随机效应的线性模型	产量、抗病性、抗虫性、油酸和油的含量、耐旱性、根倒伏、茎倒伏、脆性折断、穗高、谷粒水分、株高等
孟山都	主要为大豆以及其他通用作物	神经网络类、随机森林、支持向量机、贝叶斯模型（神经网络类和贝叶斯模型为主要模型）	产量、环境胁迫反应、抗病性、昆虫和除草剂抗性、抗旱性、缺水胁迫、缺氮胁迫、冷胁迫、热胁迫、阳光胁迫，改变的脂肪酸、蛋白质、油含量等
中国农业大学	主要为玉米、小麦和鹰嘴豆，仅一件涉及通用农作物	神经网络类、支持向量机、贝叶斯模型	果穗、籽粒、根系生长等相关的性状
先正达	重点布局大豆、番茄以及其他通用作物	神经网络类、贝叶斯模型	产量、抗病性、果实硬度、籽粒含油量、缺铁褪绿症等

孟山都采用的模型以神经网络类和贝叶斯模型为主。中国农业大学仅有一件专利申请涉及通用农作物，涉及的农作物较为单一，并且涉及的性状也较少。先正达和先锋公司以及孟山都一样，涉及的植物大部分覆盖所有的农作物，将基因型与表型关联起来的算法模型主要有神经网络、贝叶斯模型和其他深度学习模型。

四、小 结

在智能预测与筛选领域中，近20年来专利申请量较小，共277个专利族，相关分析结论要点总结如下。

专利申请近年快速增长，早期有基础专利布局。自 2018 年为界限，可分为两个阶段。2018 年以前专利技术发展缓慢，处于技术起步或发展萌芽阶段，早期申请量虽然不高，但是授权率保持较高水平，属于基础专利布局。2018 年以后技术发展迅猛，全球申请量逐年递增。

近期创新活力较高，属于研究比较热门的领域。中国和美国是该领域的主要技术来源国，也是主要的目标市场。作物智能预测与筛选育种技术审中状态的专利申请占比最大。该领域处于不断发展的趋势，并且 2021～2023 年发展迅速，近期创新活力较高，属于研究比较热门的领域。

排名靠前的申请人均为农业巨头公司，国内以高校和科研院所为主。国内高校和科研院所紧追最前沿的技术研发方向，布局较为积极。国内企业需要加强布局。

重要专利申请人大多数来自国际农业巨头公司。国内创新主体可以关注该领域专利家族规模大、高被引、权利要求项数多以及市场价值较高的专利，在高价值专利培育以及专利布局方面有提升空间。

人工智能以及大数据的快速发展为智能预测与筛选育种技术领域发展助力。基因型与表型性状关联相关预测与筛选模型种类多，涉及的表型较全面，将向着越来越智能方向发展，极大地提高育种效率。作物智能预测与筛选育种技术领域使用的筛选与预测模型主要包括神经网络类、贝叶斯、决策树、支持向量机、随机森林以及其他模型。智能预测与筛选育种技术领域使用的筛选与预测模型较多，种类全，数量多，涉及的主要表型包括高产、高油、抗除草剂、抗倒伏、生物胁迫抗性和非生物胁迫抗性等性状，不同性状和筛选与预测模型侧重不同。

农业巨头公司在作物种类、性状、模型等方面偏重广撒网、全布局。国内高校和科研院校偏重做精做细。排名靠前的几名申请人中，先锋公司和孟山都在作物种类、性状、模型等方面布局较为全面，先正达在性状以及预测和筛选模型方面布局没有先锋公司和孟山都科技公司全面。国内申请人中国农业大学整体布局涉及的农作物较为单一，并且涉及的性状也较少。中国农业大学以及国内其他创新主体在作物智能预测与筛选育种技术领域专利布局的全面性以及完整性有待加强。

第五章　智能设计基因编辑育种关键技术分析

智能设计育种技术是人工智能技术与信息技术及生物技术的结合。[❶] 在生物技术中，基因编辑是"设计育种"的关键技术手段。基因编辑（gene editing）技术能快速、精确地对目标基因进行定点编辑，充分体现了设计育种的主观能动性。通过对智能设计育种相关的产业调研发现，产业技术专家认为基因编辑是智能设计育种中的重要竞争点。

一、基因编辑育种技术概述

基因编辑是一种新兴的对生物体基因组特定目标基因进行修饰的基因工程技术。与传统作物育种需要耗费大量的时间进行筛选不同，基因编辑技术育种可对作物基因组进行定点修饰，具有快速、高效和经济的优势。和其他生物技术例如转基因相比，基因编辑是对作物自身基因组进行改造，可以实现 DNA 水平的精准修改，尽量避免引入外源基因，安全性能更高。

基因编辑技术主要包括锌指核酸酶（zinc finger nucleases，ZFNs）、转录激活因子样效应物核酸酶（transcription activator – like effector nucleases，TALENs）、规律成簇的间隔短回文重复序列/CRISPR 相关蛋白（clustered regularly interspaced short palindromic repeats/CRISPR – associated，CRISPR/Cas）三种。

ZFNs 最先被应用于基因组定点编辑。该技术从 2001 年开始被陆续应用于不同物种的基因编辑中。但是 ZFNs 特异性较低、操作较为烦琐、费用较高，且该技术的核心专利较为集中，并未实现大规模的应用。TALENs 属于第二代基因编辑技术，与ZFNs 相比，操作较为简单、成本较低。但由于 TALENs 在尺寸上比 ZFNs 大，有更多的重复序列，应用时组装难度更大。

---

❶ 汪海，赖锦盛，王海洋，等. 作物智能设计育种：自然变异的智能组合和人工变异的智能创制［J］. 中国农业科技导报，2022，24（6）：1 – 8.

与前两代基因编辑技术相比，CRISPR/Cas 技术具有载体构建简单且靶向效率高、细胞毒性小、成本低、技术难度低及可进行多位点编辑等优势，尤其受到育种者的青睐。此外，单碱基编辑（base editing，BE）及先导编辑（prime editing，PE）是利用 Cas 融合蛋白进行的基因编辑方法，在本书中归为 CRISPR/Cas 的拓展应用。

根据对育种相关基因编辑专利的检索和分析可知（参见表 5 - 1 - 1、图 5 - 1 - 1），在上述三种技术中使用 CRISPR/Cas 技术进行农业作物育种的专利最多，且该技术也是产业中最关注的育种技术之一。下节将以农业作物育种中的 CRISPR/Cas 技术为重点分析对象，探讨未来智能设计基因编辑育种的发展方向。

表 5 - 1 - 1　三种基因编辑技术对比　　　　　　　　单位：项

技术	申请量	中国申请量	授权量	中国授权量	许可量	中国许可量
ZFNs	618	306	245	81	10	4
TALENs	484	120	242	34	4	1
CRISPR/Cas	3005	2047	1112	887	40	10

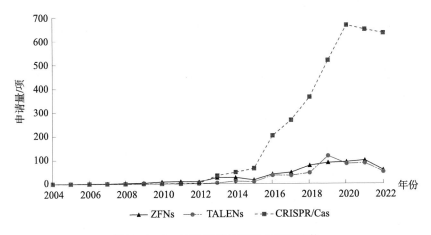

图 5 - 1 - 1　三种基因编辑技术发展趋势

二、专利申请趋势

CRISPR 最初在 1987 年被发现于细菌和古细菌中。2012 年 *Science* 期刊上发表了利用 CRISPR/Cas9 系统进行原核生物人工基因编辑的重要论文，拉开了该技术专利申请的序幕。CRISPR/Cas 基因编辑育种相关专利申请的变化趋势可见图 5 – 2 – 1。

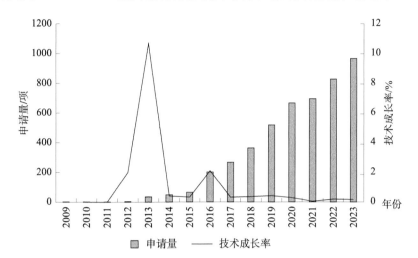

图 5 – 2 – 1　CRISPR/Cas 基因编辑育种相关专利申请趋势

从 2012 年开始，专利申请量进入快速增长期，2013 年和 2016 年有两个增长高峰，在 2020 年后年申请量高达 700 多项，2020～2023 年均保持在高位。从专利的技术成长率分析曲线可以看出，2013 年前后是技术的爆发期。

三、专利地域分析

1. CRISPR/Cas 育种技术全球布局

CRISPR/Cas 基因编辑在种业中应用可以为消费者带来更优质的农产品，如精准实现高产、抗病、抗干旱、抗倒伏等功能，培育的品种能够实现更高含量的蛋白质、维生素等，使生产者获得更高的收益；还可拓展相关产业链，如延长销售时间、产后保鲜和害病治理。表 5 – 3 – 1 列出了相关专利技术来源国。

表 5 – 3 – 1　CRISPR/Cas 基因编辑育种相关专利技术来源国分析

技术来源国	专利族/项	专利申请量/件	被引用专利数量/件
中国	1798	2900	1444
美国	1015	4792	2637
韩国	125	190	108
德国	70	88	71

续表

技术来源国	专利族/项	专利申请量/件	被引用专利数量/件
英国	56	73	100
瑞士	55	61	51
荷兰	51	66	52
日本	47	69	22
以色列	46	60	313
法国	42	54	96

从整体的 CRISPR/Cas 育种相关专利布局来看，中国和美国是农作物基因编辑育种的主要技术来源地，该领域中超过 80% 的专利技术来源于中国和美国。

从图 5-3-1 中的技术产出时间线上可以看出，在 CRISPR/Cas 的初始阶段，美国是 CRISPR/Cas 育种技术的主要产出国。2016 年，"基因编辑技术应用于农业生产"被纳入我国"十三五"国家科技创新规划，中国的申请量开始追赶美国，在 2017 年后逐渐超过美国，成为全球最大的 CRISPR/Cas 育种相关专利技术来源国。这种增长与中国一直以来对农业育种的高度重视、国内广大的消费市场需求和相关政策支持密不可分。但也应该注意到，该领域我国专利在国外布局、被引数量等方面与美国还有一定的距离。

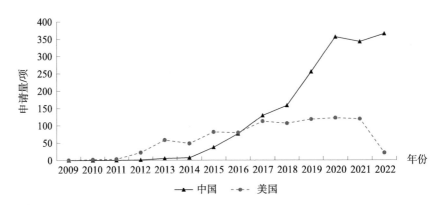

图 5-3-1 CRISPR/Cas 基因编辑育种相关专利技术产出中美对比分析

中国和美国是基因编辑育种相关专利技术的主要来源国和市场国。图 5-3-2 示出了中美两国申请人专利布局比较。美国申请人的专利在全球布局更为全面。我国申请人主要在国内布局。我国在今后的技术更新中应注重对核心和基础专利的全球布局，保证在相关产业中对自我权益的保护。

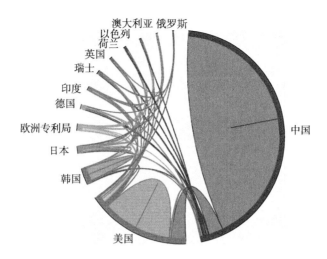

图 5 - 3 - 2 CRISPR/Cas 基因编辑育种中美相关专利市场布局

2. CRISPR/Cas 育种技术中国区域分布

从国内的专利申请量来看，高校和科研院所集中的北京市、江苏省、广东省、上海市、浙江省的申请均超过 5%，尤其是北京市来源的专利申请量占 16.99%，湖北省的专利申请量占比超 6%。结合申请人分析可知华中农业大学在该领域有大量的专利申请，在基因编辑育种方面进行了大量的科研和知识产权保护工作。

四、专利技术路线

CRISPR/Cas 最初是在原核生物中发现的适应性免疫系统。由于 CRISPR/Cas 具有精准编辑的特点，业内将该技术形象地比喻为基因"剪刀"。图 5 - 4 - 1 是基于相关重要事件和专利的 CRISPR/Cas 技术中外技术发展对比。道德纳和沙尔庞捷等人于 2012 年 5 月以 CVC 团队为申请人，首次申请 CRISPR/Cas9 用于基因定向切割的专利 WO2013176772A1。该专利进入中国并于 2017 年获得授权。2017 年 12 月，博德研究所的张锋团队首次申请 CRISPR/Cas9 用于真核细胞基因编辑相关专利 US8697359B1，提供了在真核细胞中指导 CRISPR 复合物形成的方法和利用 CRISPR/Cas9 系统的方法，为首例基于 CRISPR/Cas 系统实现植物细胞中基因编辑的专利。同时，有多件 CRISPR/Cas 相关专利申请布局中国，包括韩国图尔金（Toolgen）公司的专利申请 CN104968784A、美国西格玛奥尔德利希公司的专利申请 CN105142669A、北京大学的专利申请 CN104450745A 及苏州齐禾生科生物科技有限公司和中国科学院遗传和发育生物研究所的专利申请 CN103343120A。

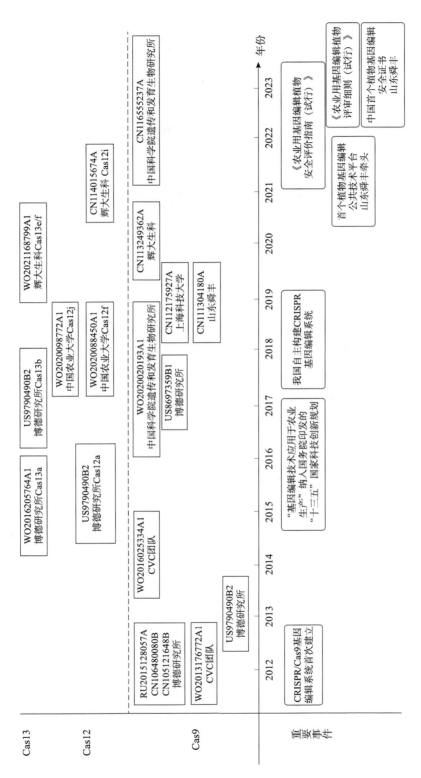

图 5 – 4 – 1 CRISPR/Cas 技术中外发展对比

我国育种研究者紧跟技术发展的脚步，短期内多个团队实现在多个作物品种中使用该技术对作物性状的修饰。如2014年5月16日，安徽省农业科学院水稻研究所申请了专利CN103981211A、CN104004782A、CN103981212A、CN104017821A，分别利用CRISPR/Cas9技术，构建了闭颖授粉水稻、延长水稻生育期、将黄色颖壳的水稻品种的颖壳颜色改为褐色以及定向编辑颖壳颜色决定基因OsCHI创制褐壳水稻材料的方法。

CRISPR/Cas9系统是最常用的Ⅱ型CRISPR系统，它识别3'-NGG的PAM基序，对靶标序列进行平末端切割。上述专利均是对CRISPR/Cas9基因编辑系统的改进和应用。随着应用的不断拓宽，固定的PAM基序以及Cas9蛋白本身特性的一些限制条件如蛋白大小等，对CRISPR/Cas系统的应用造成了局限性。为改善基因编辑的效率，国外研究者挖掘更多的Cas蛋白，构建新型的基因编辑系统，并申请相关专利。其中，2015~2017年，张锋团队申请新型基因编辑工具专利US9790490B2、WO2016205764A1、WO2018170333A1，涉及CRISPR/Cas12a、CRISPR/Cas13a和CRISPR/Cas13b。CRISPR/Cas12a（Cpf1）属于CRISPR/CasType V系统，具有5'-TTN的基序，对靶标序列进行黏性末端切割。与Cas9相比，Cas12a无须RNA或其他蛋白辅助便可将pre-crRNA自我加工为成熟的crRNA，因此Cas12a无须tracrRNA即可实现对靶位点的切割。除此之外，Cas12a具有ssDNA非特异性切割活性，又称为反式切割活性。而CRISPR/Cas13系统为靶向切割RNA的编辑系统，其切割方式也是利用crRNA引导Cas13与目标单链RNA结合并发挥其RNA酶活性。Cas13a，又称C2C2，在crRNA引导下，识别并切割靶标ssRNA。除Cas13a仅需要单个向导RNA就能靶向目的序列以外，Cas13b能够同时靶向多个RNA转录本。

党的十九大以来，我国的政策研究者和相关育种工作者认识到，种质资源、育种技术均是我国农业育种中的短板，造成育种技术差距的很大原因是基础研究创新不足，如基因编辑工具等关键核心技术原创不足。因此，我国研究者没有放弃底层技术的研发，部分申请人逐渐从单纯的技术应用进入新的基因编辑系统的研发中。中国农业大学在2018年研发出新型基因编辑工具CRISPR/Cas12f、CRISPR/Cas12j，并申请专利WO2020088450A1、WO2020098772A1。中国科学院遗传和发育生物研究所高彩霞团队研发出融合APOBEC3A脱氨酶的胞嘧啶单碱基编辑器并申请专利WO2020020193A1。上海科技大学2019年申请融合TadA与xCas9n的碱基编辑工具专利CN112175927A。舜丰生科申请基于突变Cas9的CRISPR/XNG-Cas9专利CN111304180A。2020年，辉大生科申请新型基因编辑工具CRISPR/Cas13e/Cas13f

专利 WO2021168799A1 并已获得中国、美国的授权。辉大生科还申请了融合突变的胞嘧啶脱氨酶 APOBEC1 的碱基编辑工具专利 CN113249362A。2021 年，辉大生科申请新型基因编辑工具 CRISPR/Cas12i 专利 CN114015674A，其同族美国专利 US20230136278A1 于 2022 年 8 月 15 日申请并于 2023 年 5 月 16 日授权。2022 年，高彩霞团队通过 AI 辅助的蛋白聚类挖掘到单链胞嘧啶脱氨酶，并研发融合胞嘧啶脱氨酶 sdd 的碱基编辑工具，申请专利 CN116555237A。可见在基因编辑领域，我国已有部分底层核心专利，可减少对国外技术的依赖。

五、专利技术构成

从已有专利申请的 IPC 主分类号统计信息可以看出，CRISPR/Cas 专利的主要分类号按照小类统计，可划分至 C12N（微生物或酶；其组合物；变异或遗传工程）、C07K（肽）、A01H（新植物或获得新植物的方法）等（参见表 5-5-1）。CRISPR/Cas 相关专利申请的技术主题根据技术改进方向和应用场景，主要可分为对包括 Cas 蛋白的优化、递送系统优化和 gRNA 序列设计优化及其他系统优化在内的 Cas 酶及基因编辑系统类的工具优化，包括作物品种的选择、靶标基因的拓展、gRNA 序列选择等应用类的改进；还有小部分专利是利用 CRISPR/Cas 系统的特点进行对植物病原菌和特定品种的检测。

表 5-5-1 按照 IPC 小组划分的分类号释义

IPC 主分类号	分类号对应的技术主题
C12N 15/82	用于植物细胞 ［2006.01］
C12N 15/29	编码植物蛋白质，如奇甜蛋白（thaumatin）的基因 ［2006.01］
C07K 14/415	来自植物 ［2006.01］
C12N 9/22	核糖核酸酶 ［2006.01］
C12N 15/113	调节基因表达的非编码核酸，如反义寡核苷酸 ［2010.01］
C12N 15/84	Ti-质粒 ［2006.01］
C12N 15/10	分离、制备或纯化 DNA 或 RNA 的方法（DNA 或 RNA 的化学制备入 C07H 21/00；自微生物中或用酶制备非结构多核苷酸入 C12P 19/34）［2006.01］

续表

IPC 主分类号	分类号对应的技术主题
C12N 15/90	将外来 DNA 稳定地引入染色体中〔2006.01〕
C12N 15/11	DNA 或 RNA 片段；其修饰形成（不用于重组技术的 DNA 或 RNA 入 C07H 21/00）〔2006.01〕
A01H 6/54	豆科，例如大豆、苜蓿或花生〔2018.01〕

对相关专利申请的应用领域进行分析发现（参见图 5-5-1），CRISPR/Cas 基因编辑育种专利的发明目的首先主要在于提高作物的产量、营养品质、生物胁迫和非生物胁迫耐受性等改良作物品种品质，其次在于提高植物中基因编辑的稳定性、可操作性及降低脱靶效应等系统本身的改进。

图 5-5-1　CRISPR/Cas 基因编辑育种相关专利应用领域关注度分析

六、专利申请人和发明人分析

（一）专利申请人分析

全球相关专利申请量排名前十的申请人均为中国和美国申请人，其中美国申请人为 CRISPR/Cas 技术的原发技术创新团队，中国申请人包括农业领域的高校、科研院所和基因编辑育种领域的创新企业。从专利的法律状态可以看出，虽然排名前十申请人已拥有部分授权专利，但由于该技术的发展历史不长，专利的申请时间较晚，还有大量的申请处于实审中，尤其是国外申请人的专利一半以上还未结案。以授权量排序，国内申请人的排名上升；国外申请人的专利进入实审和结案的时间均较晚，授权比例较低。但国内申请人在该领域还存在部分专利授权后未缴纳年费的情况，可见专利的转化还存在一定的困难，导致专利保护意愿不强。

（二）专利发明人及研发团队

专利申请中的第一发明人对发明作出的贡献可能起到关键的作用。对基因编辑育种专利中的第一发明人进行分析，发现在全球范围，华人育种工作者的显示度较高。以下对该领域中重要的发明人及相关团队的专利申请及转化应用情况进行分析。

1. 张锋团队

张锋是 CRISPR/Cas 基因编辑技术的创始人之一，拥有第一件由美国专利商标局授权的真核细胞 CRISPR/Cas9 基因编辑授权专利。布罗德研究所、麻省理工学院和哈佛大学是该领域中排名前十的国外申请人，相关专利有 120 项专利族 762 件专利，以张锋为第一发明人 70 余项。张锋的 CRISPR/Cas 育种相关专利申请的主要发明点大多在于 CRISPR/Cas 系统本身的改进，并陆续在新的 Cas 酶系统、单碱基编辑器和其他系统优化方面进行研发。

张锋团队前后创办了 7 家基于基因编辑技术的生物技术公司，包括成立于 2021 年的基因编辑农业公司成对植物（pairwise plants）。2023 年 8 月，成对植物公司通过与 Performance Food Group 的合作，推出了美国第一款食品服务渠道的基因编辑商业产品。该产品通过 CRISPR/Cas12a 基因编辑育种技术改良芥菜❶，改进其颜色、味道和营养物质含量，育种周期仅有传统育种的 1/4。

此外，作为 CRISPR/Cas 基因编辑技术众多底层专利的拥有者，张锋团队也为一些初创公司提供非排他性的 CRISPR 许可，收取预付费用和年度销售特许权使用费。

2. 中国科学院高彩霞研究员团队

高彩霞是我国最早应用 CRISPR/Cas9 基因编辑工具进行作物育种的科学家之一。高彩霞于 2021 年与张锋团队成员 Kevin Zhao 博士发起并创办苏州齐禾生科生物科技有限公司。该公司已在基因编辑底层新工具挖掘、自主知识产权基因编辑工具优化、安全高效递送系统开发以及突破性种质资源创制等方面取得了系列进展，形成了以 SEEDIT 平台为核心的高科技产业链条。

---

❶ DALE K, JULIUS P M, THOMAS J P, et al. Targeted Mutagenesis of The Multicopy Myrosinase Gene Family in Allotetraploid Brassica Juncea Reduces Pungency in Fresh Leaves Across Environments［J］. Plants, 2022, 11（19）: 2494.

从高彩霞团队的专利申请涉及的领域来看，该团队的研发方向涉及该技术的各个方面，不仅包括新的单碱基编辑器系统工具等系统的改进，还包括 CRISPR/Cas 基因编辑工具对水稻、小麦、玉米等作物的育种改造，涉及对植物抗病、抗旱、抗除草剂等靶基因的挖掘和基因编辑育种的实际应用。

3. 未名生物农业集团团队

未名生物农业集团于 2000 年由北京大学、中国科学院遗传与发育生物学研究所、中国农业科学院生物技术研究所等多家单位共同组建。团队的专利申请均以未名生物农业集团和先锋海外公司作为共同申请人。该团队的 20 项专利族大部分是利用 CRISPR/Cas 基因编辑工具对植物农艺性状的改良应用，涉及非生物胁迫耐性如耐寒和氮素限制、根长调控、花期调控、提高抗虫性能等方面，主要涉及分类号 C12N 15/29、C12N 15/82。

4. 舜丰生科团队

舜丰生科由朱健康院士团队领衔创建于 2018 年，是国内开展植物基因编辑产业化运作的重要企业。舜丰生科分别与深圳华大基因科技有限公司、先正达等企业合作签约，搭建了基因编辑工程化研发平台等多个育种平台。

舜丰生科团队拥有 96 项专利族 204 件的 CRISPR/Cas 基因编辑育种相关专利申请，其中已授权 38 项。其发明申请的主要技术功效包括新型的 CRISPR/Cas 酶及系统的开发、通过基因编辑提高作物产量、提高作物除草剂抗性、降低稻米作物直链淀粉含量、降低玉米株高及提高大豆油酸含量等。此外，舜丰生科获得中国农业大学赖锦盛教授团队 Cas12j 和 Cas12f 基础专利的排他性许可，并对其中的 Cas12f 进行植物物种的适应性改造用于后续的育种改良。2023 年 4 月，该公司研发的高油酸大豆拿到了全国首个植物基因编辑安全证书。

七、基因编辑育种国内外政策

基因编辑育种的最终目的是将育种的成果应用在产业上。而对于在作物基因编辑技术的应用实践中采取怎样的监管手段，各国政府尚未达成一致。

美国农业部、食品药品监督管理局和环保署三个部门从不同方向对基因编辑产品进行管理。欧盟大部分国家相关的监管政策为谨慎型模式，这种模式以过程监管为导向，把基因编辑作物等同于转基因作物进行监管。

我国在国务院颁布的《农业转基因生物安全管理条例》下，对基因编辑作物进行管理。2022年1月，农业农村部发布《农业用基因编辑植物安全评价指南（试行）》（以下简称《指南》），把基因编辑单提出来，主要针对没有引入外源基因的基因编辑作物，将依据可能产生的风险申请安全评价。《指南》简化了基因编辑作物商业化生产的审批流程，减少了基因编辑作物在中国投入商业使用的时间和经济成本。

结合各国的相关政策、技术发展趋势和专利申请情况可以看出，政策导向对智能设计育种基因编辑技术的发展和实际产业化的影响较大，需要持续高度关注。

八、小　结

第一，基因编辑育种是智能设计育种领域技术突破的重要方向，相关专利的布局和运用还存在较大提升空间。

从2016年开始，我国的CRISPR/Cas专利申请量已经追赶并超越美国，成为全球申请量最大的国家，且我国已拥有Cas12f、Cas12j、Cas12i、Cas13e、Cas13f、单碱基编辑器等一系列基因编辑工具的自主知识产权，拥有多位深耕该领域的专业技术人才，存在从技术上绕开国外的基础专利，避免知识产权纠纷和可能的"卡脖子"问题的可能性。但我国的相关专利申请人中还以高校和科研院所为主，市场上相关企业规模不大，产业化转化的能力有所欠缺，申请专利布局意识还稍显不足，已有的育种专利中对自有底层基因编辑技术的应用还不多。

第二，智能设计基因编辑育种的产业发展和商业化应用与政策导向密切相关。

基因编辑与转基因不同。美国、日本等国家已对基因编辑的农作物豁免转基因产品监管程序，并相继诞生了基因编辑商业化产品。英国已经声明将放宽针对基因编辑农作物和动物的法规。2023年，农业农村部发布《2023年农业用基因编辑生物安全证书（生产应用）批准清单》，下发我国首个植物基因编辑安全证书。种种迹象表明，基因编辑育种距离商业化更近了一步。

第三，加强对我国自有基因编辑育种技术的保护和运用，加强舆论宣传对相关技术运用的引导。

基因编辑可能是我国种业现代化、实现"弯道超车"的重要工具。创新主体应注意对我国自有底层专利的再发掘和应用。有关部门可引导或制定相关的政策，建立更规范化的基因编辑育种平台，引导科研力量针对产业需求进行研发，促进我国在基因编辑育种中的创新能力进一步转化为生产力。

第六章 结论及建议

一、智能设计育种关键技术分析结论

1. 作物表型信息数字化技术：我国技术储备较充足，全球布局待发力

作物表型信息数字化技术是现代农业智能设计育种技术链条中的前端技术，是智能设计育种表型性状大数据获取和运用的基础，是人工智能技术辅助育种的重要应用场景之一，主要包括数据采集和图像的识别、数字图像处理、深度学习生物学模型三个重要分支。在作物表型信息数字化领域，中国是全球主要的技术来源国，申请量和授权率均高于其他国家，申请人也以中国申请人为主。

深度学习模型及算法是智能设计育种智能化的核心。神经网络模型技术是深度学习的关键技术，其专利申请量占比47.82%，是主流的深度学习技术代表。神经网络模型现已有数十种之多，主要以卷积神经网络（CNN）为主，已成功应用于作物品种鉴定识别、病虫害诊断预测、产量预测、品质表型评价和预测等方面。神经网络模型技术发展经历了三个阶段。第一阶段为2009~2015年，部分神经网络模型在作物领域被初步应用。第二阶段为2016~2018年，对主流神经网络模型如CNN进行改进，并提出与其他数学模型相结合，使得神经网络模型在作物及其病害防治方面有了更广泛、更实际的应用。第三阶段为2019年至今，持续改进各类经典神经网络模型，在模型适应范围及应用范围上进一步扩展，与无人机、遥感技术、光谱技术等充分结合，成为深度学习中最为重要的技术，具备产业化、规模化应用。该技术领域中国专利申请量和专利授权量领先于其他国家。除高校和科研院所外，广州极飞是主要的企业申请人之一。

通过中国、美国主要企业创新主体的对比分析显示，中国广州极飞与美国蓝河科技均是较早将人工智能技术与农业相结合的高科技公司，在智能设计育种作物表型信息数字化过程中具有较深的专利技术积累，但两者的产品定位及其专利布局有所不同。广州极飞的产品及专利重点在于农业智能装备，包括智能无人飞行器和智能无人农机；而美国蓝河科技的产品及专利重点在于智能大型农机。广州极飞已具

备了一套完整的农业大田作业、智能设计育种、农业物联网的系统整合方案。在两者专利拥有量及其覆盖的技术领域方面，广州极飞不仅具有更全面的产品线，而且其专利技术领域布局更为广泛，几乎覆盖了智能设计育种作物表型信息数字化领域的全链条。两者均主要在各自所在国进行了大量专利布局。然而，以广州极飞为代表的我国创新主体，在全球专利布局方面略显薄弱。

2. 全基因组选择育种技术：育种芯片"卡脖子"，基因测序和液相芯片是潜在突破口

全基因组选择育种技术是从作物整个基因组学层面将表型信息与决定表型性状的遗传信息相关联用于育种的技术，是智能设计育种技术中承前启后的技术。全基因组选择育种技术专利申请总量为 228 项，其中中国专利申请量最高，占比达81.14%。全基因组选择育种技术主要包括固相芯片、液相芯片和基因测序技术，其中固相芯片应用最广泛，占比高达 75%，我国申请量虽然较高，但大部分为应用型外围专利，核心的作物育种固相芯片仍高度依赖美国，基本上被美国 Illumina 公司和Affymetrix 公司所垄断。在国家政策的扶持下，2020 年国内首次研发成功高密度基因芯片，但目前尚未有国产育种芯片成功应用于作物育种的报道。

基因测序和液相芯片技术占比分别为 17% 和 8%，虽然申请量小于固相芯片技术，但近几年增长快速，是打破美国对我国育种芯片"卡脖子"的潜在突破口。基因测序技术的核心是仪器，进入壁垒较高。全球具备自主研发能力并量产临床级高通量基因测序仪的企业，主要有 Illumina 公司、Thermo Fisher 及华大智造，其中Illumina 公司和 Thermo Fisher 设备占比超过 90%。华大智造是国产测序仪龙头企业，其制造的测序仪 DNBSEQ – T7 系列可实现测序成本降至约 500 美元，具有一定优势。在加强国内固相芯片技术攻关的同时，继续加大国内基因测序技术、液相芯片的投入力度，扩大其相对于固相芯片的成本和性能优势，是绕开"卡脖子"固相芯片技术的重要突破口。

3. 作物智能预测与筛选育种技术：国际巨头引领，我国高校快速跟进

作物智能预测与筛选育种技术位于现代农业智能设计育种技术链条中的中后端，既是智能设计育种基因干预和验证的重要支撑，也是人工智能技术辅助育种最重要的应用场景。美国先锋公司是最早开始运用作物智能预测与筛选育种技术的公司，也是申请量和授权量最高的公司。国际农业巨头孟山都和被中国化工收购的先正达也是该领域领先的申请人。以高校和科研院所为主的中国研发主体快速跟进，2018年以后新进入的创新主体数量和申请量均显著增加，中国申请量也快速超越美国，

成为申请量最多的国家。虽然中国申请量占比 46.33%，高于美国的 30.89%，但具有影响力的高价值专利仍然掌控在国际巨头手中。同时，国内申请量排名前二十的创新主体多为高校和科研院所，其中排名前五的是中国农业大学、先正达、湖北工业大学、扬州大学、南京农业大学，无一家纯粹本土企业上榜，反映出我国企业创新主体在该技术方向上的研发能力较为薄弱。

作物智能预测与筛选育种技术中，筛选与预测使用的机器学习模型主要包括神经网络类（18%）、贝叶斯（10%）、决策树（16%）、支持向量机（8%）、随机森林（7%）等，其中神经网络类是使用最多的模型。智能预测和筛选技术已成功用于高产、高油、抗除草剂、抗倒伏、育性改良、株型/粒型/果型、抗生物胁迫（如抗虫、抗病）和非生物胁迫（如耐盐碱、耐重金属）等性状的改进。作物智能预测和筛选育种技术对作物具有较高的通用性，可用于多种作物预测和筛选育种，具体品种主要有玉米、水稻、小麦、大豆、棉花和油菜。

4. 基因编辑育种技术：关键技术存在风险，跟随布局和自主研发初见曙光

美国和法国是 CRISPR/Cas 基因编辑技术的原创国。我国属于基因编辑技术领域的追赶者。中国和美国是农作物 CRISPR/Cas 基因编辑育种的主要技术来源地，该领域中超过 90% 的专利技术来源于中美（全球共 2968 项，8139 件；中国来源 1798 项，2900 件；美国来源 1015 项，4792 件）。育种中应用最广泛的 Cas9（全球 1810 项，4424 件，超总量的 60%），以及近年的新宠 Cas12a、Cas13a、Cas13b 的底层专利掌握在国外申请人手中。虽然我国改进和延伸应用专利不少，但真正进入产业化应用仍存在较高侵权风险。我国已有部分自主研发的 Cas12f、Cas12i 和 Cas12j 的底层核心专利，但专利布局、技术成熟度和产业化与国外存在差距（全球申请量 43 项，授权量 9 项，许可 2 项）。

舜丰生科获得中国农业大学赖锦盛教授团队 Cas12j 和 Cas12f 基础专利的排他性许可，并对其中的 Cas12f 进行植物物种的适应性改造用于后续的育种改良。2021 年 1 月，该公司创制首批基因编辑产品，包括高油酸大豆、香味玉米及高维生素 C 的生菜。2023 年 4 月，舜丰生科研发的高油酸大豆品种 AE15－18－1 获得我国首个作物基因编辑安全证书。

二、措施建议

1. 在国家政策利好的大环境下，加大政策推进和实施力度，引导我国智能设计育种产业稳步有序发展

智能设计育种产业受各国政府的产业政策影响较为明显，例如转基因和基因编辑技术方面，美国和日本均已有基因编辑育种的产品进入商品流通。虽然国内政策对于转基因、基因编辑等技术改造的作物有放松趋势，但舆论层面仍然存在对安全性的担忧。需进一步加大政策推进和实施力度，加快安全评价的环节流程，设立重要品种评审和推广绿色通道，做好舆论引导，营造良好宽松的产业推广环境。

2. 抓住智能设计育种领域在全球专利布局方兴未艾的有利时机，加大对关键技术创新的支持力度，提前形成高质量的知识产权布局

作物智能预测与筛选育种技术是智能设计育种领域关键和基础的核心技术之一，其本质在于通过运用人工智能、大数据等技术，精准预测和筛选出所需种质基因，为定向创制优良作物品种奠定基础。目前该技术处于前期阶段，我国在人工智能、大数据开发等方面已经具备良好的技术储备，存在"弯道超车"的潜力。建议加大对作物智能预测与筛选育种技术的引导和投入，促进相关技术加快发展，同时加强知识产权保护，综合运用专利、商业秘密、数据知识产权等知识产权保护形式，提前形成高质量的知识产权布局。

3. 为高校和科研院所提供高质量知识产权服务，加快科研成果的产业化运用，走产学研用一体化发展道路

国内智能设计育种专利集中在高校和科研院所，专利技术转化应用具有较大空间。建议加大对高校和科研院所专利申请质量的提升，将高水平的科研成果转变成高价值专利。加强高校和科研院所与企业对接和合作，设立重点攻关项目，有的放矢开展产业化创新，构建和升级高校和科研院所的专利技术许可平台，加强高价值专利的进一步推广和转化运用。同时，建议面向如中国科学院、中国农业科学院等高校和科研院所，成立智能设计育种领域创业基金，创办相应的产业化机构，进一步加大科研成果的转化运用。

4. 加快构建我国智能设计育种领域生物信息综合大数据平台，加快提升智能设计育种领域的综合创新能力

我国缺乏综合的育种基因组学信息数据库。虽然多个高校和科研院所有构建个别作物品种的基因组学数据库，如水稻、棉花基因信息数据库，但整体上数据库分散且数据格式不统一，导致智能设计育种数据资源难以形成合力，造成研究资源的重复和浪费。建议由政府分管部门牵头，由目前技术能力较强、专利布局需求较大的中国农业科学院等科研院所，组织制定国内育种信息数据的采集和处理标准，收集整理国内已有的育种大数据资源，构建我国智能设计育种生物信息综合大数据平台。

5. 整合智能设计育种技术链和产业链资源，推动我国智能设计育种产业高质量发展

我国在智能设计育种领域已具备一定技术储备和产业化基础。建议整合我国智能设计育种技术链和产业链资源：联合高通量智能化表型和基因组学采集和数字化创新主体（包括广州极飞、华大智造）开展优良种质资源表型和组学信息采集，为智能设计育种提供大数据基础；联合智能预测筛选相关创新主体（包括先正达）和基因干预与设计创新主体（包括舜丰生科）开展优良性状基因或功能元件的人工智能预测筛选、通路设计、精准改造验证和产业推广，推动我国智能设计育种产业的高质量发展。

第四部分

高分子领域参数限定专利申请的审查策略探究

第一章　参数限定专利申请事实认定分析

近年来，随着科学技术的快速发展，涉及参数限定的专利申请数量显著增长。尤其是在高分子领域，这类申请尤为普遍。在高分子领域中，参数不仅种类繁多，而且表现形式各异，即便是相同的产品也可能采用不同种类或形式的参数类型进行表征。此外，许多参数与材料的微观结构或宏观性能之间的关系难以直接预见，需要经过详尽的技术分析才能准确评估它们对性能的具体影响。目前，参数限定的权利要求已进一步演变，出现了自定义、数学公式表征等更为复杂的情形，这无疑增加了审查的难度。如何对参数表征的产品权利要求进行客观、准确且高效的审查，已成为世界各主要国家和专利组织共同面临的难题。

事实认定是司法裁判和专利审查过程中的核心环节，确保了法律适用的准确性和审查策略选择的合理性。特别是对于参数权利要求的申请而言，正确认定申请事实、确定发明构思显得尤为重要。在专利实质审查的实践中，尤其是在新颖性和创造性的评判过程中，在寻找最接近的现有技术以及从现有技术中探寻技术启示时，经常需要面对一个挑战，那就是将参数表征的发明产品与不采用参数或由不同种类或形式的参数表征的现有技术产品进行对比。这种对比往往存在难度，因为发明与现有技术可能采用了不同的技术手段和技术效果的表征或表述方式。在这种情境下，对权利要求中限定的参数进行准确的认定变得尤为关键。这不仅关系到现有技术中的相关技术手段是否与本发明技术方案中的技术手段相同，还涉及是否能够实现相同的技术效果。然而，综观之前的研究，关于参数限定权利要求的事实认定的研究相对较少。因此，本章将重点梳理参数限定申请的事实认定思路和方法，以期为专利审查提供更为准确和有效的指导。

发明构思占据举足轻重的地位，不仅是专利保护的基础，也是衡量专利申请是否满足创造性和新颖性标准的关键所在。确定发明构思对于界定专利权的范围和强度至关重要。在涉及参数限定权利要求的专利申请中，事实认定的核心在于确认发明构思。这一过程主要涵盖以下几个方面：首先，依据发明申请所公开的内容，精确识别发明旨在解决的技术问题；其次，分析并确定为解决这些问题所采取的关键技术手段；最后，评估这些技术手段是否能够有效解决所述技术问题或产生预期的技术效果。发明所针对的技术问题与所应用的关键技术手段二者紧密结合，共同构成了发明的核心即发明构思。

事实认定即固化事实基础的过程。审查实践中，站位所属技术领域的技术人员客观认定申请事实包括三个层次。一是站位所属技术领域的技术人员对构成发明的事实要素进行客观准确的理解。二是从技术问题、技术方案、技术效果核心三要素出发确定说明书的申请事实，准确把握发明实质。核心在于发明所解决的技术问题及技术方案中为解决该技术问题相应采用的关键技术手段。三是围绕权利要求保护的内容进行事实认定，明晰权利要求与发明构思的关系。

在专利审查中，特别是在高分子领域的参数限定权利要求申请中，准确的事实认定至关重要。首先，确定技术问题是关键的第一步。在高分子领域，技术问题可能涉及提高材料的机械性能、增强环境适应性、改善加工性能等方面。例如，在一个旨在提高高分子材料耐热性的发明中，技术问题主要集中在如何提升材料在高温下的稳定性。其次，我们需要从申请人声称要解决的技术问题出发，逐步分析和确认技术问题。这包括深入理解申请中描述的背景技术、技术挑战以及现有技术的不足，从而准确界定出发明所要解决的技术问题。随后，我们需要厘清哪些技术手段或技术特征的组合与解决技术问题直接相关。这要求我们对技术细节进行深入分析，理解每个技术手段或技术特征在解决技术问题中的作用和贡献。同时，我们也需要识别出那些可能相关但并非核心的技术手段或特征，以及那些与解决问题无关的技术手段或特征。在这个过程中，我们可以采用"剥洋葱"的方式，逐步剥离非核心的技术手段或特征，直至找到与解决技术问题直接相关的关键技术手段。这样，我们能够更加清晰地看到申请事实的真核，即发明的发明构思。最后，通过有条理、有层次的分析和确认，我们可以完成对申请事实的正确认定，并据此确定发明构思。这个过程不仅要求我们对技术细节有深入的理解，还需要我们具备敏锐的判断力和逻辑思维能力，以确保对发明的正确理解和评估，为后续的专利审查工作提供有力的支持。

本章首先系统地梳理了参数的定义和分类，旨在为准确进行参数限定申请的认定提供坚实的基础。基于"围绕权利要求保护的内容进行事实认定，明晰权利要求与发明构思关系"的总体原则，我们针对参数限定申请提出了一套详细的事实认定方法步骤，包括：厘清发明要解决的技术问题；分析参数对保护范围的限定作用，明确保护范围；确认发明实际解决的技术问题，鉴于化学领域技术效果的验证往往依赖实验数据，此时对发明所解决的技术问题或达到的技术效果的确认，通常包括经过数据验证以及虽然未验证但是通过本领域普通技术知识能够预期的；分析参数与技术问题之间的关联性，确定发明构思。通过这套方法步骤，我们能够更加系统、准确地认定参数限定申请，确保专利审查的公正性和有效性。

一、参数概述

1. 参数定义

参数是一种特性值，可以是直接测定的性能值（如物质熔点、钢的抗弯曲强度、导电体的电阻等），也可以是公式形式表达的数个变量的复杂或简单的数字组合。

2. 参数分类

参数本身具有复杂性和特殊性，其表现形式多种多样。不同的性能可以用不同的参数进行表征，即便同一性能也可以用多样化的参数进行表征。对于这些错综复杂的参数限定的专利申请，若想抽丝剥茧，理出清晰的脉络，形成条理化、规范化、标准化的审查思路，则需要将这些参数进行归纳分类，以便针对不同类型的参数进行具体问题具体分析。

从不同的角度出发，可以将参数分成不同的类型，常见的分类方式包括以下几种。

根据参数反映的实质内容，可以将参数分为：反映物质本质特征的结构和/或组成参数（以下简称"结构参数"），以及反映产品表象特征的性能和/或效果参数两类（以下简称"性能参数"）。例如，分子量、比表面积、孔隙率等为常见的结构参数，而杀菌率、力学强度、极限氧指数等为常见的性能参数。

根据参数的通用程度，可以将参数可分为：标准参数、通用参数和不常见参数。标准参数通常有国标、行业标准对其进行定义，并规范其测试方法。通用参数是常用的可以理解的参数，如波长 1065nm 下的透光率为 80% 以上。而不常见的参数包括自定义参数等。

根据参数的表现形式，可以将参数分为：单一参数、复合参数，其中复合参数常见的有公式、关系式等。例如，熔点 Tm 和密度 d 分别属于单一参数，两者的关系式 $Tm > -6553.3 + 13\,735\,(d) - 7051.7\,(d)^2$ 属于复合参数。

根据参数与专利申请所要解决技术问题之间的关联性，可以将参数分为无关联参数、直接关联参数、非直接关联参数。对于这三类参数的判断需要结合说明书的内容进行分析，较为复杂，其分类标准是基于充分的事实认定。该分类的结果有利于针对不同的参数类别制定不同的检索策略和审查策略。对于此三类的分类判断思路，具体参见本章第三节。

二、参数的角色认定和保护范围的认定

一般而言，准确理解权利要求的保护范围，明晰发明构思在申请中的表现形式即发明专利权的保护范围，以其权利要求的内容为准，说明书及附图可以用于解释权利要求的内容。

发明构思的表现形式主要有以下四种类型：①发明构思与独立权利要求的保护范围相匹配；②说明书体现发明构思，独立权利要求对该发明构思进行了上位概括，或者独立权利要求根本没有体现发明构思；③发明构思与从属权利要求的保护范围相匹配；④独立权利要求的保护范围相对于发明构思更窄。上述第②③情形是申请中最常见的，需要考虑权利要求与发明构思的匹配，判断权利要求中是否完整记载关键技术手段：权利要求中是否记载了关键技术手段，是否完整记载了关键技术手段，对关键技术手段的概括范围是否过宽。

参数限定权利要求中的参数特征不同于一般的结构/组成技术特征，在确定权利要求保护范围时更具隐蔽性。对参数的限定作用需结合技术手段和效果进行综合判断。应当准确认定参数是可以直接作为技术手段还是要求保护的技术主题的技术效果表征。如果是技术效果，还需要分析是否已经限定了该技术效果的技术手段，判断是否隐含了手段，或者该技术效果有没有限定作用。参数限定权利要求，还应当特别注意权利要求的保护范围是由权利要求中记载的全部内容作为一个整体限定的。

若为结构参数，则直接视为技术手段，判断依据参考结构/组成技术特征对技术方案的限定作用。例如填料的表面粗糙度，是对原料的进一步筛选，对权利要求具有限定作用。

若为性能参数，还需进一步判断性能参数与结构/组成之间的关系。因此，参数限定权利要求保护范围确定的关键或者说难点在于：性能参数对产品的结构/组成是否有限定作用。常见情形分为有限定作用、无限定作用。有限定作用的情形，通常是指在权利要求结构/组成限定的范围基础上参数进一步缩小限定范围。无限定作用的情形，则主要包括权利要求结构/组成圈定的保护范围等于或小于参数特征圈定的范围。性能参数对保护范围的限定作用取决于其是否隐含特定的结构或组成。若性

能参数由权利要求中的结构/组成特征决定，则可能不具有额外限定作用；反之，若性能参数隐含了未在权利要求中限定的结构或组成，则具有限定作用。

就性能参数对要求保护的技术主题特别是产品是否有限定作用分析，如图 1 - 2 - 1 所示。

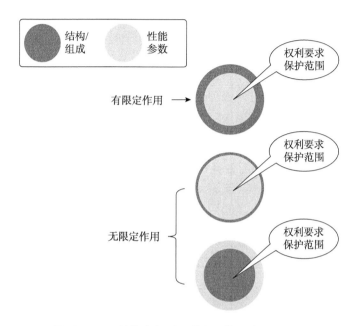

图 1 - 2 - 1　性能参数对保护主题的限定作用分析

（一）性能参数有限定作用的情形

性能参数有限定作用的情形往往在于性能参数隐含了特定的结构/组成，而特定的结构/组成技术特征并未被限定在权利要求中或未被完全限定在权利要求中，即性能参数由说明书的技术特征决定，或权利要求与说明书技术特征相互作用才具有所限定的性能参数。对于权利要求中的性能参数是否能进一步缩小权利要求保护范围，在不同的审查实践中做法并非完全一致。

【案例 1 - 2 - 1】

【基本案情】涉及摩擦体（源自中华人民共和国最高人民法院行政裁定书，最高法行申 8408 号）

本案为无效再审案件。再审申请人某株式会社，因与被申请人中国某协会，二审上诉人专利复审委员会、株式会社百乐发明专利无效行政纠纷一案，不服北京市高级人民法院（2016）京行终 5484 号行政判决。请求再审。

权利要求：1. 一种摩擦体，其对使用热变色性墨水在纸面上形成的热变色性的图案或笔迹进行摩擦，利用此时产生的摩擦热使上述热变色性的图案或笔迹热变色，其特征在于，

上述摩擦体由软质的合成树脂构成，并且，上述摩擦体与纸面接触的一端具有弧形剖面形状，将上述摩擦体的摩擦部相对于纸面的摩擦系数设定在 $0.2 \sim 1.0$ 的范围内，

将上述摩擦体的摩擦部的热导率设定在 $0.05\text{W}/(\text{m} \cdot \text{K}) \sim 50\text{W}/(\text{m} \cdot \text{K})$ 的范围内，

其中，上述摩擦系数，使用表面测定机，在 100mm/分、载荷 4.9N 的条件下，对在书写用纸上进行摩擦时的摩擦系数进行测定，

在使上述摩擦体和纸面之间的摩擦系数为 μ，

使利用上述摩擦体摩擦纸面上的热变色性的图案或笔迹时，摩擦体施加在纸面上的垂直方向的载荷为 W（N），

使利用上述摩擦体摩擦纸面上的热变色性的图案或笔迹时，摩擦体在纸面上移动的速度为 V（m/s），

使利用上述摩擦体摩擦纸面上的热变色性的图案或笔迹时，摩擦体与纸面接触的接触面积为 A（cm^2）时，上述摩擦系数 μ、上述载荷 W、上述速度 V 及上述接触面积 A 满足 $30.4 \geqslant (\mu \times W \times V)/A \geqslant 12.3$ 的关系，

在使利用上述摩擦体摩擦纸面上的热变色性的图案或笔迹时摩擦体施加在纸面上的垂直方向的载荷为 4.9N，并且使利用上述摩擦体摩擦纸面上的热变色性的图案或笔迹时摩擦体在纸面上移动的速度为 0.5m/s 的情况下，

上述摩擦体和纸面之间的摩擦系数 μ、利用上述摩擦体摩擦纸面上的热变色性的图案或笔迹时摩擦体与纸面接触的接触面积 A（cm^2），满足 $15.5 \geqslant \mu/A \geqslant 5.5$ 的关系。

技术问题：提供一种无论男女老少任何人均可以利用摩擦热可靠且容易地使热变色性的图案或笔迹热变色的摩擦体。

争议焦点：摩擦系数、$(\mu \times W \times V)/A$、$\mu/A$ 值参数是否有限定作用。

【案例分析】 各方观点：

某株式会社：该专利与证据相比具有三个区别技术特征：摩擦系数 μ；$(\mu \times W \times V)/A$；$\mu/A$ 值，均对该专利的保护范围具有限定作用。

理由 1：权利要求中不仅限定了摩擦系数，还限定了摩擦系数的测定方法。由于

弹性材料的摩擦系数与垂直压力、滑动速率等测定条件紧密相关，测试条件不同决定摩擦系数的数值不同，因此，具体测试条件下得到的摩擦系数对摩擦体具有限定作用。

理由2：$(\mu \times W \times V)/A$ 表征摩擦体摩擦时，在单位时间、单位面积上产生的摩擦热，是摩擦体所应满足的物理参数限定，不是对使用者使用方式的限定，因此，具有限定作用。

理由3：μ/A 值限定了摩擦体的材料、形状及表面粗糙度。μ/A 在一定范围内取值表明可以采用与该范围对应的摩擦体材料和形状，对该专利的主题具有限定作用。

还需要强调的是，该专利的摩擦体由软质合成树脂构成。对于不同材质的软质合成树脂，将其做成符合该专利的摩擦体时，需要考虑的因素非常复杂且相互联动变化，因此只能借助于物理参数来表征该专利的摩擦体。通过物理参数进行了限定，解决了声称的技术问题。

可见，再审申请人某株式会社因性能参数自身测试条件不同得到不同的数值，而权利要求已经明确了测试条件，即从性能参数自身的影响因素出发，认为参数具有限定作用，且强调了该案属于只能是通过借助物理参数来表征权利要求，进而才能解决所要解决的技术问题。

中国某协会：三项区别技术特征均无限定作用。

理由1：摩擦系数同时受到垂直压力、滑动速率以及温度三个条件的共同影响，温度是限定摩擦系数测量方法的充分条件之一。在限定测量方法时，权利要求并未完全明确测试条件。摩擦系数设定在0.2~1.0的宽泛范围内，已包含了各种常规条件下测量的结果，因此，无限定作用。

理由2：鉴于说明书记载了摩擦速度越快越容易产生变色，按压力度越大越容易产生变色。在未限定环境温度和变色温度时，$(\mu \times W \times V)/A$ 无法产生限定作用。

理由3：摩擦体和纸面之间的摩擦系数为 μ 含义不清楚，无法限定摩擦体材料。接触面积 A 取决于纸面特性，而权利要求1未限定纸面情况，导致对于同一摩擦体其与纸面的接触面积 A 可大可小，取决于使用者使用时的状态，无法唯一确定。因此，μ/A 对摩擦体无限定作用。

被申请人中国某协会则认为由于该案的权利要求中并未穷尽限定参数的影响因素，或未完全明晰参数对要保护的技术主题的影响，因此，无限定作用。

专利复审委员会：区别技术特征1~3至少包含了对摩擦系数 μ 测定方法的限定，以及摩擦体与纸面接触面积 A 与 μ 两个因素。这两个因素与摩擦体的材料、形状等有直接关系，因此，对摩擦体具有限定作用。

最高人民法院认为根据涉案专利说明书的记载，涉案专利具体实施方式中所选取的摩擦体材料均为已知材料，涉案专利的改进不在于摩擦体材料本身。区别技术特征1限定的速度、载荷与使用人的使用方式和特点密切相关，但也相应地限定了对摩擦体的摩擦系数进行测量的条件。区别技术特征2中限定了摩擦系数、载荷以及速度需要满足的条件。区别技术特征3中限定了在特定速度以及载荷的情况下，接触面积与摩擦系数的关系需要满足特定的条件。虽然三项区别技术特征确与使用人的使用方式（载荷、速度、面积）有关，但也相应地限定了测量摩擦体的摩擦系数的条件以及各项参数需要满足的相互关系，因此，具有限定作用。

【结论】三项区别技术特征对权利要求请求保护的主题"摩擦体"及保护范围具有限定作用，参数对权利要求的限定作用如图1-2-2所示。

【延伸】

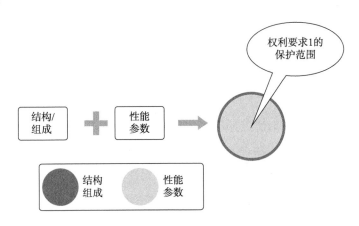

图1-2-2 参数对权利要求有进一步的限定作用

虽然区别技术特征1~3具有限定作用，但并不足以使得涉案专利权利要求1具有创造性。涉案专利既没有对"可逆热变色油墨"作出改进，也没有对摩擦体材料本身作出改进，其本质上是模拟特定人群的使用习惯和特点，通过有限的实验，对现有摩擦体摩擦后的变色效果的测量和验证。

虽然区别技术特征1~3具有限定作用，但权利要求1不具有创造性。需要区分审查操作逻辑，参数有限定作用并不代表具有技术贡献，进而使得要求保护的技术方案具有创造性。

（二）性能参数无限定作用的情形

性能参数无限定作用的一种简单情形在于：性能参数没有隐含特定的结构/组成，即权利要求限定了组成和参数，而结合说明书的记载或本领域公知常识能确认权利要求的结构/组成就能达到所限定的性能参数。如权利要求限定了一种聚酯组合物，包括 PET 和助剂，透光率达到 50%。经过分析，发现助剂并不会对透明性有劣化作用；而 PET 是本领域熟知的透明塑料，容易达到 80% 以上的透光率。因此，可以根据本领域公知常识认定权利要求中限定的透光率对聚酯组合物没有进一步的限定作用。另一种情形，根据说明书记载的内容进行分析，性能参数由已经限定在权利要求中的结构/组成特征决定，不会造成额外的限定作用。

【案例 1 - 2 - 2】

【基本案情】涉及一种用于预胶凝烘箱的苯氧树脂组合物。

权利要求：1. 聚醚二醇作为胶凝剂在预胶凝物品的方法中，使得在预胶凝之后，包含该聚醚二醇的苯氧树脂黏合剂组合物在 23～60℃ 的温度范围内表现出黏度和储能模量的增加，但是在 80℃ 或 100℃ 的温度范围下显示出黏度和储能模量的极小增加或甚至降低并且在 80℃ 下呈现低于 500Pa·s 的黏度，

所述方法包含：

a）为所述物品的各个接合部提供包含含量小于 7wt% 的所述聚醚二醇的所述苯氧树脂黏合剂组合物；和

b）使所述物品通过预胶凝烘箱。

技术问题：如何使黏合剂避免在后与凝胶处理中被冲洗掉，以及在车身接合部中产生失效。

【案例分析】

权利要求 1 限定了黏合剂组合物预胶凝之后在特定温度下黏度和储能模量与温度变化之间的关系。

根据发明说明书的记载内容，比较该申请的样品 1～4 以及比较样品 1～4 可知，包括苯氧树脂、聚醚二醇胶凝剂的实施例具有上述黏度，不包括上述组分或替换为其他种类的原料的比较样品的黏度不在限定的范围内。可见，上述性能参数与黏合剂组合物体系中包含苯氧树脂、聚醚二醇直接相关。

【结论】上述参数性能是由权利要求限定的组成直接带来的，参数对权利要求没有进一步的限定作用。参数对权利要求的限定作用如图 1 - 2 - 3 所示。

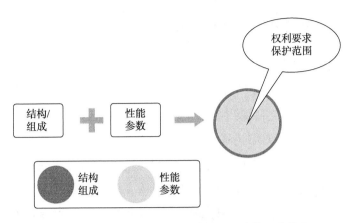

图1-2-3　参数对权利要求没有进一步的限定作用

【延伸】就上述权利要求而言，在现有技术已经公开了权利要求1组成的前提下，可推定权利要求1不具备新颖性。在审查实践中应当分析参数是否隐含公开特定的技术手段，若无，或隐含的技术手段被对比文件实质上公开，则应当认定公开组成的现有技术与参数限定的权利要求无法区分或对比文件客观上具有限定的性能参数。

（三）小　结

通过对上述案例的深入剖析，我们可以明确看到，参数权利要求的保护范围认定确实是一个既复杂又精细的过程。这一过程需要细致分析参数特征、说明书的详细描述、实施例与对比例数据的对比，以及技术效果的评估等多个方面。对于参数的角色认定，及其在权利要求中的限定作用，是确保权利要求精确性和有效性的关键步骤。明确参数在权利要求中的定位，不仅有助于准确理解权利要求的实质，还能为后续的检索和审查提供有力的指导。通过对参数角色的清晰界定，我们能够筛选出更为高效、精准的检索要素，从而制订合适的检索和审查策略。

三、参数与所要解决的技术问题的技术关联性分析

在保护范围准确认定的基础上，本书提出了参数与技术问题的关联性分析方法，从而确认申请的关键技术手段，厘清参数与组成结构和解决的技术问题三者的关联关系。

高分子领域常见的所要解决的技术问题：改善高分子材料的一种或多种性能；

实现高分子材料多个相关性能之间的平衡；改进材料配方，实现原料易获得性、成本降低或工艺简化等。在分析过程中需要厘清性能参数与解决的技术问题的接近程度，以及参数与其他组成/结构之间的关联性。

参数与所要解决的技术问题的技术关联性分析，实质上是确认申请的关键技术手段的过程，即站位所属技术领域的技术人员分析确认所解决的技术问题与参数、参数＋其他技术手段等表现形式的关联性。常见的关键技术手段类型包括：原料组分；原料组分＋用量；原料组分＋方法特征；原料组分＋参数特征；其他，包括纯参数。

由于化学领域的可预期性低特点，发明取得的技术效果是确定发明所解决的技术问题的主要依据，而对发明所解决的技术问题认定即分析：

哪些技术问题被包括参数在内的特征证实能得到解决，包括仅通过参数解决，或参数与其他技术手段共同解决；

哪些技术问题是所属技术领域的技术人员根据普通技术知识预期能得到解决的；

哪些技术问题没有被性能参数证实得到解决，但是可能被其他技术手段解决，也可能实质并未得到解决。

以下主要从参数与技术问题之间的关联性角度进行分析，给出参数限定相关申请事实认定分析方法以供读者借鉴。

权利要求中的参数特征可能体现解决技术问题的技术手段，也可能体现申请人主张的技术效果，相对于普通申请而言，需要厘清组成、参数、技术问题三者的关系。基于此，应站位所属技术领域的技术人员，通过客观分析来确定参数特征与发明所解决的技术问题之间的关联性，进行准确的事实认定。

参数与技术问题之间的关联性通常分为无关联、直接关联、非直接关联三种情形。例如，一种粒料，权利要求通过粒料中含有的孔隙粒料数进行限定。通过试验数据分析，粒料孔隙数与外观直接关联，孔隙数越少外观越好。根据本领域公知常识也能知晓两者的直接关联性。通过实施例之间对比，孔隙粒料数量与 YI 值没有明显统计性规律，站位本领域也同样看不出两者的关联性。

（一）参数与所要解决的技术问题无关联

对于参数限定的权利要求，需要分析申请通过参数限定解决了何种技术问题，获得了何种技术效果，来判断参数与所要解决的技术问题之间有无关联。如果存在以下情况，则可以判断参数限定与所要解决的技术问题之间无关联，进而检索也得到简化。

（1）若发明未记载该参数特征的作用，结合本领域的公知常识也无法确定所限定的参数特征能起到何种作用，则此时可以认为参数特征与所要解决的技术问题之间无关联（参考【案例1-3-1】）。

（2）若发明声称通过某一参数达到了某一技术效果，但是通过分析说明书、实施例及其相关效果数据，发现并未证实通过该参数达到了所述技术效果，则认为参数特征与所要解决的技术问题之间无关联。具体具有如下情形：说明书记载的对比例满足参数特征，但是其并不具有所述技术效果，不能解决技术问题（参考【案例1-3-2】）；还有一类说明书文本有缺陷的发明，效果数据本身存在矛盾之处从而不能证实通过参数确实获得了所述技术效果。

更为复杂的情况，有时会出现在同一权利要求中，如部分参数与所要技术的技术问题之间有关联，但是另一部分参数与所要解决的技术问题之间无关联的情况。对此，需要具体案例具体分析。但总体而言，分析思路具有可参考性。

【案例1-3-1】

【基本案情】涉及一种纤维素衍生物

权利要求：1. 一种粒状纤维素醚，其具有的未拍实堆积密度为至少370g/l、卡尔指数为10或更低，中值等效投影圆直径（EQPC）为至少200微米，黏度为1.2~200mPa·s，测量是根据2006再批准的ASTM D2363-79以2重量%水溶液在20℃下进行的。

技术问题：提供具有适当高的堆积密度和好的流动性以方便运输和加工纤维素衍生物。

【案例分析】发明未记载黏度特征的作用，结合本领域的公知常识也无法确定所限定的黏度特征能起到何种作用。

【结论】上述参数与所要解决的技术问题之间无关联。

【延伸】对于参数限定的权利要求，需要分析该申请通过参数限定所要达到的技术效果。如果发明中并未记载该参数特征的作用，结合本领域的公知常识也无法确定参数在发明中起到何种作用，则此时认为参数与所要解决的技术问题之间无关联。

【案例1-3-2】

【基本案情】涉及一种黏合片

权利要求：1. 一种黏合片，其具备基材层以及含有紫外线固化型黏合剂的黏合剂层，所述紫外线固化型黏合剂含有在侧链或末端具有聚合性碳-碳双键的聚合物，

该黏合剂层在22℃下的储能模量G′为30kPa~100kPa，

该黏合剂层在85℃下的储能模量G'为30kPa以下，

用高压汞灯以照射累积光量300MJ/cm^{2}照射特性波长365nm的紫外线而使该黏合剂层固化时的、该黏合剂层在22℃下的拉伸模量为0.1MPa～54MPa。

技术问题：提供凹凸追随性、耐热性和耐化学药品性均优异，可以在半导体晶圆加工时的多个工序中使用的黏合片。

技术效果：通过制备具有特定的储能模量G'且通过紫外线照射进行固化而能够表现出特定的拉伸模量的黏合剂层，能够提供可以作为半导体晶圆加工时的保护、固定用而在多个工序中使用的黏合片。

【案例分析】权利要求限定了储能模量、拉伸模量两个性能参数。

说明书中声称通过制备具有特定的储能模量G'且通过紫外线照射进行固化而能够表现出特定的拉伸模量的黏合剂层，能够提供可以作为半导体晶圆加工时的保护、固定用而在多个工序中使用的黏合片。

通过分析发明记载的实验数据，可见发明的4个实施例及4个比较例所用黏合剂层的紫外线固化型聚合物均落入权利要求1限定范围内，4个实施例所得黏合剂层的储能模量、固化后拉伸模量的数值也均落入权利要求1限定的范围内。

通过实施例与对比例之间进行比较可知，紫外线固化型聚合物的具体组成、交联剂以及紫外线固化型化合物等，均会影响最终黏合片的性能。

该发明的4个实施例及比较例1、4的储能模量落入权利要求1限定的范围内。比较例2的储能模量未落入权利要求1限定的范围内，但其凹凸追随性均是合格的。可见，权利要求中限定的储能模量与凹凸追随性是否合格并不具有对应的关系。

比较例3的拉伸模量落入权利要求1的范围内，但其耐热性不合格。比较例的拉伸模量未落入权利要求1的范围内，但其耐酸性和耐溶剂性均为合格。可见，权利要求中限定的拉伸模量与黏合剂层的耐热性和耐化学药品性并不具有对应的关系。

【结论】实施例和对比例的数据分析，通过权利要求中限定的储能模量、拉伸模量参数与技术问题无关联。

【延伸】对于参数限定的权利要求，需要分析申请通过参数限定声称达到的效果。在此基础上，需要进一步分析申请是否证实了通过该参数能够实现所述技术效果。如果通过实施例及其相关效果数据进行分析，发现对比例的参数也落入权利要求的范围内，但并未达到相应的技术效果，则认为参数特征与所要解决的技术问题之间无对应关系。

总结而言，对于参数与所要解决的技术问题之间有无关联，需要充分核实申请记载的内容，并站位所属技术领域的技术人员的高度，通过仔细比对分析来进行判断。

（二）参数与解决技术问题直接关联

对于参数与技术问题是否直接关联的分析，本书基于结构参数和性能参数分别进行分析。

通常，我们将能够反映产品本质的参数视为结构参数，例如聚合物的分子量、分子量分布、熔体流动指数、熔点、玻璃化转变温度等。在事实认定过程中，正因为结构参数反映的是产品本质，通过调整或选择结构参数以解决技术问题，结构参数与技术问题的关系较为直观。但仍然应当通过对实施例进行充分、全面的分析，客观地得出两者之间的关系。

性能参数其通常是对产品性能的描述，例如透光率、摩擦性、透气透湿性、剥离强度等。以性能参数与技术问题间关系确认的难易程度为划分标准，将性能参数划分为以下两类：①性能参数与技术问题间有明确的关联机理，如透光率和透明性，剥离强度和剥离性等（参考【案例1-3-3】）；②需通过本领域技术知识确认参数与技术问题的关联性（参考【案例1-3-4】）。

1. 性能参数与技术问题间有明确的关联机理

【案例1-3-3】

【基本案情】涉及一种具有隔板的增强用膜

权利要求：1. 具有隔板的增强用膜，其特征在于：

当在23℃的温度和50%RH的湿度下以150°的剥离角度和10m/min的剥离速率将隔板Q从增强用膜P剥离时，包含导电组分的黏合剂层A2的表面具有3.0kV或更低的剥离起电电压，并且该脱模层B1的表面具有1.0kV或更低的剥离起电电压。

技术问题：在剥离隔板时可发生的剥离起电可被抑制。

【案例分析】通过分析，可见发明的5个实施例中的黏合剂层中含有导电组分，剥离时，黏合剂层表面和脱模层表面的起电电压均在权利要求1的范围内，在剥离隔板时可抑制剥离起电。5个对比例的黏合剂组合物中不含有导电组分，剥离时，黏合剂层表面和脱模层表面的起电电压均高于权利要求1限定的范围。

权利要求1限定了所述起电电压参数值的技术方案能够实现在剥离隔板时可抑制剥离起电的发明目的。

【结论】起电电压参数与实现在剥离隔板时可抑制剥离起电的技术问题直接关联，且通过电压与起电之间的机理，也可以直接判断两者关联。该发明中通过判断起电电压参数值的大小能够直观地判断是否解决技术问题。此外，还应当注意参数与技术问题之间是否存在与现有技术相悖之处——此时应当结合本领域技术知识进行进一步判断。

2. 需结合本领域技术知识，确定参数与技术问题间的关联性

【案例1-3-4】

【基本案情】权利要求：1. 一种表面保护膜，包括基材、胶黏剂层，胶黏剂层采用丙烯酸酯胶黏剂，该表面保护膜的透光率为85%以上。

技术问题：如何提高芯片的缺陷识别率。

【案例分析】5个实施例的表面保护膜的透光率均大于85%，相对于对比例1透光率为80%，可提高芯片缺陷识别率。结合本领域公知常识也能知晓，透光率提高可增加可视性，进而提高受其保护的芯片缺陷识别率。

【结论】透光率参数与提高芯片的缺陷识别率技术问题是直接相关的。应当客观地站位所属技术领域的技术人员，判断参数与技术问题之间的关系。

（三）性能参数与所要解决技术问题非直接关联

参数与技术问题无关联以及参数与技术问题直接关联都是考量参数与技术问题是否存在关联的较为简单的情形。但在审查实践中，对性能参数与所要解决的技术问题的关联性难以判断。本书梳理了性能参数与所要解决技术问题非直接关联的几种典型情形：一是性能参数与技术问题非直接关联，而由组成决定，参数是组成的体现；二是性能参数与组成共同与技术问题关联，当无法直接判断性能参数是否作为解决技术问题的唯一技术手段时，需要进一步研究分析性能参数与组成之间的关联性，以确定性能参数在解决技术问题时的实际作用；三是性能参数与组成相互独立，未知参数对解决技术问题的贡献。对第三种情形需要进一步站位所属技术领域的技术人员进行判断，并结合原申请文件对关键手段的记载，或者通过审查意见进行充分交互后再判断。

对于参数限定与组成间关系的关系图，如图1-3-1所示。

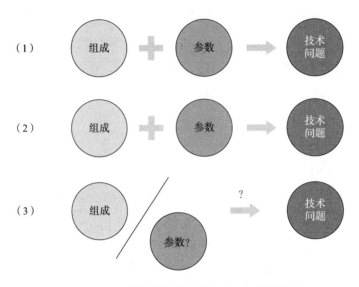

图 1 - 3 - 1　非直接相关参数限定与组成间关系

1. 参数由组成决定

【案例 1 - 3 - 5】

【基本案情】权利要求：1. 聚酯二醇作为胶凝剂在预胶凝物品的方法中，使得在预胶凝之后，包含该聚酯二醇的环氧树脂黏合剂组合物在 23～60℃ 的温度范围内表现出黏度和储能模量的增加，但是在 80℃ 或 100℃ 的温度范围下显示出黏度和储能模量的极小增加或甚至降低并且在 80℃ 下呈现低于 500Pas 的黏度的用途，所述方法包含：a）为所述物品的各个接合部提供包含含量小于 7wt% 的所述聚酯二醇的所述环氧树脂黏合剂组合物；和 b）使所述物品通过预胶凝烘箱。

技术效果：本申请的黏合剂组合物（在预胶凝烘箱处理步骤之后）具有在等于和低于 60℃ 的温度下足够高的黏度以在后预胶凝处理中防止在浴（脱脂、磷酸盐浴和电涂层浴）中冲洗掉，同时在等于和高于 80℃ 温度下黏度仍足够低以在固化黏合剂的车身接合部中避免各种失效模式的黏度水平。

说明书其他部分记载"我们已经发现在黏合剂组合物中使用某些胶凝剂可实现如上文所论述的目的"，另外，通过实施例和对比例进行比较可知，采用聚酯二醇作为胶凝剂，相对于聚酰胺、聚乙烯醇缩丁醇等胶凝剂，可预胶凝黏合剂的耐冲洗性好，同时能避免后续处理的缺陷问题，并且，黏合剂具有一定规律的黏度、储能模量变化。

【案例分析】耐冲洗性是该申请关注的技术效果。首先，根据该申请说明书记载的内容，可以获知黏合剂组合物中胶凝剂是实现发明目的的关键因素。其次，比较该申请的实施例以及比较例，耐冲洗性与黏合剂组合物的组成、胶凝剂的选取有关，具体为只有包括环氧树脂、聚酯二醇胶凝剂的实施例获得了所限定的黏度和储能模量变化的参数，具有耐冲洗性。

【结论】该申请的技术效果与体系中包含环氧树脂、聚酯二醇胶凝剂直接相关，看不出与所限定的黏度和储能模量变化的参数有何直接关联性。

【延伸】当申请文件声称将参数作为解决技术问题的技术手段时，应当充分站位本领域技术人员，结合原申请文件的记载以及实验数据的分析，确定参数还是决定参数的结构组成为解决技术问题的关键技术手段。如果参数是某一组成带来的，那么可以以该关键组分为重点考虑因素，在检索时侧重寻找公开组成解决相应技术问题的对比文件。

2. 参数与组成共同作用，以解决技术问题

【案例 1 – 3 – 6】

【基本案情】权利要求：1. 一种橡胶组合物，其橡胶成分 100 质量% 中，玻璃化转变温度为 $-75 \sim 0℃$、重均分子量 Mw 为 $1.5 \times 10^5 \sim 1.5 \times 10^6$ 的共轭二烯系聚合物的含量为 95 质量% 以上，

橡胶成分 100 质量% 中，丁苯橡胶（A）的含量为 10 质量% ~60 质量%，所述丁苯橡胶（A）中的苯乙烯的含量为 5 质量% 以上不足 15 质量%，1,3 – 丁二烯部分的乙烯基键合量为 41mol% ~70mol%，

丁苯橡胶（B）的含量为 30 质量% ~70 质量%，所述丁苯橡胶（B）中的苯乙烯的含量为 15 质量% 以上不足 30 质量%，1,3 – 丁二烯部分的乙烯基键合量为 10mol% ~70mol%，

丁苯橡胶（C）的含量为 10 质量% ~45 质量%，所述丁苯橡胶（C）中的苯乙烯含量为 30 质量% 以上不足 45 质量%，1,3 – 丁二烯部分的乙烯基键合量为 10mol% ~70mol%，

所述丁苯橡胶（A）、（B）及（C）中的至少一个以含有氮原子和/或硅原子的化合物对末端进行改性，

相对于所述橡胶成分 100 质量份，

玻璃化转变温度为 $-75 \sim 0℃$、重均分子量 Mw 为 $1.0 \times 10^3 \sim 5.0 \times 10^3$ 的低分子量共轭二烯系聚合物的含量是 1 ~30 质量份，

氮吸附比表面积为 40 ~400m²/g 的二氧化硅的含量是 10 ~150 质量份，

所述橡胶组合物的 tanδ 峰温度为 –20℃以上。

技术问题：如何提供一种能够均衡地改善燃油经济性、湿抓地性能、耐磨性及驾驶稳定性的橡胶组合物及使用该橡胶组合物的充气轮胎。

【案例分析】该申请说明书提供了均包含丁苯橡胶（A）和丁苯橡胶（B）两种丁苯橡胶的实施例和比较例的对比。实施例 2 和比较例 3 除了橡胶成分组成不同，其余组成均相同。通过对比可以得出，对于含有丁苯橡胶（A）和丁苯橡胶（B）两种丁苯橡胶的橡胶组合物，橡胶成分 100 质量% 中上述共轭二烯系聚合物的含量在 95 质量% 以上时，能均衡地改善燃油经济性、湿抓地性能、耐磨性及驾驶稳定性，尤其改善湿抓地性能。通过该申请包含丁苯橡胶（A）和丁苯橡胶（B）两种丁苯橡胶的实施例和比较例的对比，包含该申请权利要求 1 限定用量范围内的低分子量共轭二烯系聚合物的实施例相比于不含所述低分子量共轭二烯系聚合物的比较例以及含有过量所述低分子量共轭二烯系聚合物的比较例，能够均衡地改善燃油经济性、湿抓地性能、耐磨性及驾驶稳定性。

另外，申请说明书记载了"橡胶组合物的 tanδ 不足 –20℃时，有时不能充分确保湿抓地性能"。进一步考察该申请的实验数据，通过该申请包含丁苯橡胶（A）和丁苯橡胶（B）两种丁苯橡胶的实施例和比较例的对比，橡胶组合物 tanδ 峰温度为 –20℃以上的实施例的橡胶组合物相对于橡胶组合物 tanδ 峰温度为低于 –20℃的比较例的橡胶组合物，能够均衡地改善燃油经济性、湿抓地性能、耐磨性及驾驶稳定性，尤其改善湿抓地性能。

综上可见，只有在橡胶成分 100 质量% 中所述共轭二烯系聚合物的含量、所述丁苯橡胶（A）的 1,3 – 丁二烯部分的乙烯基键合量、所述低分子量共轭二烯系聚合物的含量和橡胶组合物的 tanδ 峰温度均符合权利要求 1 的限定时，橡胶组合物才能够均衡地改善橡胶组合物的燃油经济性、湿抓地性能、耐磨性及驾驶稳定性。通过申请文件的实施例、对比例的对比分析，得出 tanδ 峰温度参数与聚合物组成作为共同技术手段解决技术问题。

【延伸】通过分析申请文件的实施例、对比例验证程度，需要判断参数、组成在解决技术问题中的角色。倘若二者能共同作为解决技术问题的技术手段，则需要将这些参数、组成特征的组合作为一个整体看待。

3. 参数与组成相互独立，未知参数对解决技术问题的贡献

申请人为了突出参数或者结构组成对性能有关键的影响，往往通过单一因素变量的实施例和对比例来凸显。然而，申请文件在设置对比试验时，也可能调整多个

变量，使得在进行事实调查时无法判断技术效果是由何种变量所造成的，进而无法确定参数、结构组成和技术问题之间的关联性。在这种情况下，本书认为应借助说明书的记载或通过站位所属技术领域的技术人员，或通过审查意见与申请人充分交互后结合意见陈述等进行进一步的判断。

（四）小　结

在对发明的参数限定进行深入分析的过程中，本书提供了可借鉴的分析方法来揭示参数与解决技术问题之间的内在联系。对于参数有限定作用的情形，提出参数与技术问题关联性分析方法，包括三种情形。情形一为无关联，包括：未记载或者站位本领域无法确定参数的作用；未有实验数据支撑所声称的参数的技术效果。情形二为直接关联，包括：参数与技术问题有明确关联机理；通过站位本领域技术人员或充分实验验证确定参数与技术问题存在关联。情形三为非直接关联，包括：参数由组成决定，组成与技术问题关联；参数与组成共同解决技术问题；参数与组成相互独立，无法判断关联性，需站位本领域技术人员，依据申请文件的记载及答复审查意见通知书的意见陈述进行确定。

四、小　结

在高分子领域的专利审查中，参数限定申请的复杂性确实是一个审查难点，因为它涉及对技术细节的深入理解以及对技术效果的准确评估。因此，在事实认定中更需要充分站位本领域技术人员，需要重点分析参数的限定作用，清晰剥离参数背后隐含的技术信息、参数与特定的技术手段的关联性、参数与技术问题之间的关联性，即清楚认知参数是否进行了角色伪装。在准确实施认定的基础上进行检索，以及选择合适审查策略。

需要特别注意的是，确定发明所解决的技术问题时要根据本领域特点客观分析试验数据。通过分析权利要求中是否完整记载关键技术手段来判断权利要求与发明构思是否匹配。如果权利要求未体现发明构思，则经过确认的发明所解决的技术问题不能作为权利要求所保护技术方案所能达到技术效果的依据。基于说明书公开内容及相关背景技术分析相关技术特征与所解决技术问题的关联性，从而准确确定关键技术手段。对于参数与其他技术手段关联，共同解决技术问题的情形，应当杜绝特征割裂评述。应考量性能特征之间、性能特征与其他结构组成技术特征之间的关联性。

第二章　高分子领域参数限定专利申请的检索

一、引　言

每一件发明专利申请在被授予专利权前都应当进行检索。检索是发明专利申请实质审查程序中的关键步骤。前面的章节对参数限定的权利要求进行了事实认定分析，从中可以看出：有些参数对权利要求的保护范围有限定作用，有些参数对权利要求的保护范围无限定作用；有些参数与所要解决的技术问题直接相关，有些参数与要解决的技术问题具有非明确的直接关联性，有些参数与所要解决的技术问题无关联。厘清参数在申请文件中的角色，可使得检索有的放矢。

对保护范围有限定作用以及与所要解决的技术问题相关联的参数，往往体现出技术方案的发明构思，此时参数成为我们需要检索的内容。同时，参数限定的申请日益增多，参数表征形式也日益多元化。参数限定申请的检索和审查是我们审查实践中的难点。现对包含参数特征的权利要求的检索进行梳理，以期提供一些可供参考的检索策略。

二、参数检索特点和难点

参数是一种特性值，在内容上反映的是结构、组成、效果等特征，从形式上则表现为数值或数学表达式。前一章节对参数的定义、类型等进行了详细的研究，可以看出高分子领域的参数既可以是结构参数（如重均分子量），也可以是性能参数（如硬度），还可以是工艺参数（如 pH）；既可以是直接测定的参数（如透光率），也可以是以公式表达的数个变量的组合（如高分子拖尾指数）；既可以是通用参数，亦可以是自定义参数（如表面自由能的范德华力成分 γ_{sd} 的值），还可以是特定条件下的通用参数值（如波长 1065nm 下的透光率为 80% 以上）；既可以表征未知结构性能的已知参数，还可以是表征已知结构的未知参数。同时，由参数与所要解决技术问题的关联性可以看出，参数可能与所要解决的技术问题直接关联，也可能与解决的技术问题无关联，亦可能存在不明确的关系。参数可能由组成和/或工艺决定，也可能难以厘清参数背后表达的本质含义。此外，参数名称的表达存在多种方式，对关键词往往难以全面表达。参数数值的检索噪声大，存在不易筛选等问题。

在审查过程中，对于权利要求中出现的参数，需要结合权利要求书和说明书以及所属领域的技术知识，考虑该参数是否隐含了产品的结构和/或组成，对该权利要求中的特征是否具有限定作用。如果该参数具有限定作用，则应当对其进行检索。如果不能确定该参数是否对产品有限定作用，则可首先将其作为基本检索要素进行检索。在没有检索到合适的对比文件时，可删除该参数再作进一步检索。

审查过程中发现，当包含参数的专利申请与现有技术的区别技术特征之一在于该参数时，判断该参数特征是否影响该申请的创造性，往往是争议的焦点。检索有效的参数证据，是化解该争议的有效方法。对此，我们进一步分析了上述参数与解决技术问题的关联性，对哪些参数需要检索、哪些参数不需要进行检索进行了梳理。具体包括三种情形：参数与解决的技术问题直接相关（即参数是体现发明构思的关键技术特征）；参数与解决的技术问题关系不明确；参数与解决的技术问题不相关。对于第一种情形，通常情况下，参数应当作为检索要素之一进行检索；对于第二种情形，可先将参数作为基本检索要素，在没有检索到合适的对比文件时，可删除该参数再作进一步检索；对于第三种情形，检索时可不考虑该参数。

从多年的审查经验以及大量的审查案例可以看出，参数直接被公开，或者决定参数的结构和/或组成被公开，往往可消除争议。

三、检索的一般思路和常用技巧

（一）参数限定权利要求的检索的一般思路

参数限定的专利申请往往更关注参数本身。直接检索参数可以确定参数是否是常见参数，可以了解本领域的测定方法与现有技术的水平等，可使审查员了解本领域技术，趋近"本领域的技术人员"，这对于全面高效的检索以及新颖性和创造性的判断至关重要。同时，如果能够直接检索到公开参数的对比文件，无疑是最直接、最能让申请人信服的对比文件。直接检索适用于标准参数、通用参数以及与之关联/转化的非标准参数。而对于其他类型参数，即使在全文库中进行检索，结果集也往往比较小，在实际检索过程中会存在较大的漏检风险。这时，我们需要采用 CPC、FT 等分类号进行检索，或者根据参数的本质含义，考虑参数的决定因素以及参数对技术问题和技术效果的影响，将其转化为通用参数、关键组分和/或工艺步骤以及技术问题或效果等以提高检索全面性。参数限定的权利要求的一般检索思路如图 2－3－1 所示。

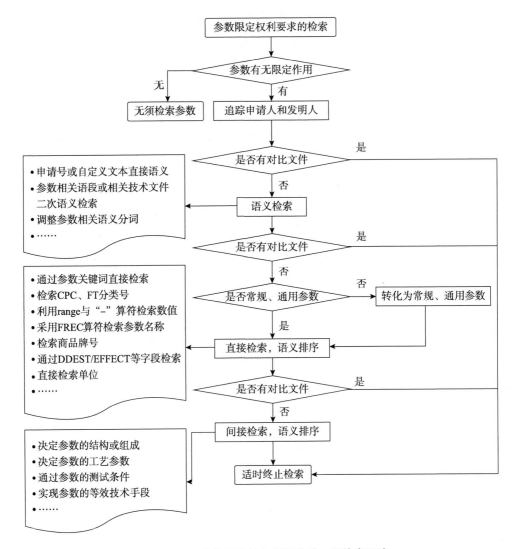

图 2－3－1　参数限定的权利要求的一般检索思路

先确定参数对权利要求有无限定作用，有限定作用时再进行检索。在检索的过程中，先追踪申请人和发明人以及语义检索，如无对比文件再对参数依次进行直接检索和间接检索。在直接的检索过程中，可直接检索参数名称、数值范围、单位，也可检索分类号或产品牌号。例如，对于含有密度、熔点等参数特征的权利要求，在 CPC、FT 分类号中有相应的细分，对于此类参数，可尝试采用相应的分类号进行检索；对于由多个常规参数通过公式形式表达的非常规参数，在无法直接检索到该非常规参数的情况下，可采用该非常规参数的定义中的常规参数进行检索。对于采用直接检索无法得到有效对比文件的情形以及含义复杂、难以表达的参数，可采用间接检索的方法。间接检索的方法可绕过参数本身，从决定参数的结构或组成、工艺出发进行检索，亦可从参数的测试条件和实现参数的等效技术手段出发进行全面检索，降低漏检风险。上述阐述的是一般检索思路，在实践中不适宜照搬照套，应对不同的案件应当各有检索侧重点。

（二）常用检索方法、命令和字段

1. 语义检索

语义检索不需要采用传统检索手段中的多个检索要素组合来限定检索范围，可大幅度减少甚至无须检索要素，通过语义对文献进行排序，显著提高了检索效率。在参数权利要求的检索过程中，我们梳理了以下语义检索思路：以申请号、权利要求为语义基准进行初步语义检索，获得对比文件，则终止检索；查看语义分词，补充参数和/或决定参数的检索要素作为语义分词，再次进行语义检索，获得对比文件，则终止检索；采用说明书中对参数的文字描述（参数与解决技术问题的关联性、影响参数的因素），作为二次语义基准进行排序，获得对比文件，则终止检索；与布尔检索进行融合检索。

2. 常用检索命令和字段

参数特征通常由参数名称、数值和单位构成，如无机填料的粒径为 50～100 微米。虽然语义检索在一定程度上可以提高检索效率，但对关键词的大量扩展也引入了大量不准确的噪声文件。另外，语义不提取数值关键词，数值的存在与否不影响目标文献的排序；语义技术尚不能像人类一样思考，无法进行技术层面的理解，进而无法对参数进行抽象转化，这可能将目标文献排除至可读文献量之外。实际实践中，我们一般需要采用布尔检索对语义检索进行人工干预，以提高检索的高效性和准确性。表 2-3-1 汇总了常用检索系统中通用检索参数的检索命令和字段，列出了其含义、使用规则等，熟练灵活地使用各种命令和字段，能够有效提高检索效率。

表 2 - 3 - 1　常用的检索参数的检索命令和字段

命令/字段	含义	使用情形	举例
/CLMS	权利要求	全文基本索引结果数较多	熔融指数/CLMS
/EFFECT	解决的技术问题和有益效果	效果参数和性能参数、技术问题	水蒸气透过率/EFFECT
/CPC	CPC 分类	涉及结构、性能等参数的分类号	C08G2110/0058/cpc，具有大于等于 50 且小于 $150kg/m^3$ 的密度
/FT	FT 分类	涉及结构、性能等参数的分类号	4F070/AB23/FT，玻璃化转变温度；4F070/AD04/FT，指定粒度分布；4F071/AA89/FT，结晶度；4F071/AF16，撕裂强度
单位	单位作为检索要素	数值为发明点，结果数较多	微米 or μm or um or 目 or nm
牌号	组分牌号	特定牌号的组分具有待检索参数特征	YH - 795、Kraton 4122 和 Sol T176 用于检索扯断强度大于 12.0MPa、伸长率大于 950%、邵氏硬度 >60A 的线型 SBS
FREC	检索词出现的频率	检索结果数量大	透光率/Frec > 2
RANGE	数值范围的检索	以数值范围为发明点	RANGE［数字 1 ~ 数字 2 单位］，RANGE［数字 1 ~ 数字 2］

3. 间接检索的要素确定和扩展

对于采用直接检索无法得到有效对比文件的情形以及含义复杂、难以表达的参数，可采用间接检索的方法。间接检索的方法可从决定参数的实质出发，通过决定参数的组分以及制备方法进行检索，降低漏检风险。在间接检索的过程中，对基本检索要素的确定和扩展尤为重要。根据前面章节的分析可知，参数与技术问题存在一定的关联性。参数可以是特定的结构和/或组成和/或工艺方法获得的技术方案的性能表征。通过梳理上述关系，可充分全面地对参数要素进行多角度的扩展。

当参数与技术问题相关时，可以将参数的表达扩展至技术问题或技术效果。当参数与技术问题之间的作用机理较为明确时，可从作用机理中提取关键词作为检索要素，必要时可将作用机理和技术问题同时作为检索要素进行检索以提高检索效率。

当参数与组成共同与技术问题相关联时，在检索中，可将该组成、作用机理以及技术问题用同在算符连接，以期快速获得对比文件。

对于由权利要求中限定的技术特征带来的效果参数，可将参数特征转化为技术特征进行检索。对于说明书记载的技术特征带来的技术效果，将效果参数转化为说明书记载的技术特征。对于原料、工艺参数和使用过程的参数带来的技术效果，应当对原料、工艺或过程进行检索。对于不能确定参数特征和组成特征之间关联性的效果参数，尽量检索与本申请结构/组成/工艺相同或接近的现有技术，即将组成和/或工艺均作为检索要素进行检索。

四、常用检索策略及案例

（一）语义检索

输入一个专利公开号或者直接输入任意长度的一段文本，计算机就能够基于输入的数据开展机器学习，自动运算文档之间和词语之间的关联性，对数据库中存储的千万乃至上亿条文献作排序，将自动推荐最相关的文献至检索界面。如此可以有效地提升检索效率，缩短检索时间。

1. 直接语义检索

在检索初期对申请号或自定义文本进行试探性检索，有一定的概率可以很快获得满意的结果。如直接以申请号进行语义检索，排除非现有技术后，第 2 位即可获得公开剥离性表面的水接触角为 100°以上，加热后黏合力为加热前黏合力的 10 倍以上的加强膜的对比文件。该对比文件明确公开了加热前的黏合力和加热后的黏合力以及剥离性表面的接触角。该案涉及的参数为申请人自定义的参数。此类案件可考虑直接语义检索，借助检索系统的语义排序功能将目标文献的位次提前。

2. 二次语义检索

【案例 2 - 4 - 1】

【权利要求】一种黏结剂带，其具备带状的基材和黏结剂膜，所述黏结剂膜是第一非导电性黏结剂层、含有导电性粒子的导电性黏结剂层和第二非导电性黏结剂层依次层叠而成所述基材设置在所述黏结剂膜的第一非导电性黏结剂层侧，所述第一非导电性黏结剂层的厚度 $T1$ 与所述导电性黏结剂层的厚度 T 满足 $T1 < T$，所述 $T1$ 与所述第二非导电性黏结剂层的厚度 $T2$ 满足 $T1 \leqslant 0.5 \times T2$，所述 T 为 $1.5 \sim 4\mu m$。

【检索过程】

直接以申请号语义检索，第 87 篇获得可评述新颖性的对比文件；进一步，以"非导电性黏结剂层，导电性粘接剂层，非导电性粘接剂层，导电性粘接剂层，厚度，μm，微米"作为二次语义基准，第 12 位即获得对比文件。该文件公开了第一非导电性黏结基层的厚度为 $2\mu m$、导电性黏结剂层的厚度为 $3\mu m$、第二非导电性黏结剂层的厚度为 $18\mu m$、导电性粒子的平均粒径为 $3\mu m$，满足 $T1 < T$、$T1 \leqslant 0.5 \times T2$ 和 T 为 $1.5 \sim 4\mu m$。

【结论】 对于以参数特征为主要特征的权利要求，可考虑通过二次语义功能将目标文献的位次提前，且二次语义的基准可直接表达参数特征中的关键词，而不表达常用的、不相关的词。

3. 语义分词的调整

在技术方案的撰写内容中，若某一非发明点的技术特征出现多次，则在语义检索的词频统计过程中会对技术特征赋予较高权重，反而将真实发明点的权重降低，使得语义检索无法获得有效对比文件。语义分词及其权重是系统排序模型在进行匹配度计算时参考的信息。在直接语义未果时，在语义分词中增加参数的常用技术术语，可以更精准地命中目标文献。

4. 启示案例

检索参数特征的组分作为结合启示文献时，采用申请文件中对性能的文字描述作为语义基准，具有事半功倍的效果。

【案例 2 – 4 – 2】

【权利要求】 一种注射成型品，是由阻燃性树脂组合物注射形成的，所述阻燃性树脂组合物相对于聚烯烃系树脂即 A 成分 100 重量份含有由下述式（1）表示的有机磷化合物即 B 成分 1 ~ 100 重量份，该聚烯烃系树脂是至少含有 60 重量% 以上的按照 JIS K7210 标准在 230℃ 下以 2.16kg 负荷测定的熔体流动速率为 10 ~ 35g/10 分钟的聚丙烯系树脂的树脂成分，该有机磷化合物的有机纯度为 97.0% 以上，氯含量为 1000ppm 以下，通过下述的测定方法测定的 ΔpH 为 1.0 以下，残留溶剂量为 1000ppm 以下……

【检索策略】 以说明书中记载的聚丙烯熔体流动速率相关段落（"作为本发明中的聚丙烯系树脂的优选例，优选按照 JIS K7210 标准在 230℃ 下以 2.16kg 负荷测定的熔体流动速率为 0.1 ~ 50g/10min 的树脂，更优选适合熔体流动速率为 0.2 ~ 45g/10min 的树脂，进一步优选适合熔体流动速率为 0.3 ~ 40g/10min 的树脂，特别优选适合熔体流动速率为 $10\sim35g/10min$ 的树脂。在使用熔体流动速率大于 $50g/10min$ 的树脂时，有时在成型物的燃烧时产生大量滴下物，无法得到所需的阻燃性"）为语义基准进行检索，第 2 篇命中可评述创造性的 Y 类文件。

【结论】 在检索系统中，语义基准所包含的具体信息是排序效果的关键。当包含参数特征的组分存在于结合启示文献中时，以参数特征的文字描述作为语义基准，能更好地聚焦目标对比文件的发明核心，提高排序结果与目标对比文件的相关度。

（二）参数直接检索

1. 参数相关分类号使用

参数名称表达多样，如粒径还可表达为粒度、直径、大小等。参数的单位各异，如微米、纳米、目数及其字母符号等。此外，测试条件的变化还会使得数值的大小发生变化。这使参数难以全面表达。同时，常见参数的全面表达，如时间、温度等的检索往往使得检索结果集过大，故文献难以筛选。联合专利分类体系 CPC 和日本专利分类体系 FI/FT 等均从发明目的、功能、参数等方面对专利文献进行了细分。如 CPC 分类号涉及密度、黏度等。如 FI/FT 分类给出了由物理性质的数值限定的分类号 AB21 等，同时还进一步细分了分子量、熔点、厚度、粗糙度等。合理使用上述相关分类号，可有效避免参数表达的困难。

（1）CPC 分类号

【案例 2 - 4 - 3】

【权利要求】 一种硬质聚氨酯泡沫，其特征在于，所述泡沫具有 $80.0\sim300.0kg/m^3$ 的密度；制备原料包括：多异氰酸酯、阻燃剂、发泡剂、催化剂和选自聚醚多元醇、聚酯多元醇、聚醚碳酸酯多元醇和聚醚酯多元醇中的至少一种的多元醇。

【检索策略】 采用检索式"C08G2110/0058/cpc（具有大于等于 $50kg/m^3$ 且小于 $150kg/m^3$ 的密度）and 阻燃 and 发泡"进行检索，文献量 230 篇，第 7 篇获得破坏新颖性的对比文件。该对比文件的权利要求 4 明确公开一种聚氨酯泡沫，所述聚氨酯泡沫是由含有多元醇、多异氰酸酯、发泡剂、催化剂和阻燃剂的聚氨酯发泡原料获得的，其中所述多元醇含有聚酯多元醇，所述多异氰酸酯是二苯基甲烷二异氰酸酯类异氰酸酯，所述阻燃剂由膨胀石墨和磷类粉末阻燃剂中的任一种或两种粉末阻燃剂构成，并且添加量相比于 100 质量份的所述多元醇为 20 质量份以上，并且所述聚氨酯泡沫具有 $80\sim120kg/m^3$ 的密度。

【结论】 采用 CPC2000 系列分类号进行常见参数的表达检索，可极大缩小检索集，提高检索效能。

（2）FT 分类号

【案例 2 – 4 – 4】

【权利要求】 一种光学膜，其包含聚酰亚胺系树脂，所述光学膜在拉伸试验中的屈服强度为 81MPa 以上，黄色度小于 3.0，弹性模量为 4.8GPa 以上，总透光率为 85% 以上。

【检索过程】 以检索式"4J043/ZA31/FT（机械性能）and 4J043/ZA32/FT（弹性）and 4J043/ZA52/FT（透明度）"进行检索，文献量 66 篇，语义排序第 2 篇即可获得对比文件。

【结论】 FT 分类号对聚合物的机械性能、光学性能、粗糙度、分子量、溶解性等多种性能进行了细化，涉及上述类型的参数的检索可考虑使用 FT 分类号。

2. RANGE 与"–"算符使用

语义引擎不提取数值关键词，数值的存在与否不影响目标文献的排序。数值范围作为发明构思的一部分，仅当对参数名称进行检索时，文献量比较大，且需要在浏览过程中对含量进行筛选，工作量大。各数据库中，"RANGE"算符和"–"算符可应用于数值范围的表达和检索，为检索数值范围提供了有效武器。

（1）RANGE 算符

"RANGE"算符的基本表达式有两种：一是"关键词 nD/W RANGE［数字 1～数字 2 单位］"；二是"关键词 nD/W RANGE［数字 1～数字 2］"。上述两种方式均包含数字 1、数字 2 两个端点值且不受数字 1、数字 2 整数或是否带有小数的影响，检索结果均会包含整数和小数。如采用检索式"［（纤维素纳米纤丝 or cellulose nanofibril? or CNF or cellulose nano fibril? or 纳米纤丝化纤维素 or NFC or microfibrillated cellulose or 纳米纤丝 or 纤维素纳米原纤）S（结晶度 or crystallinity or degree or crystallization）］and［（结晶度 or crystallinity or degree or crystallization）5D RANGE（70%～100%）］"进行检索，在 24 个结果集里即可获得评述一种纳米纤维素组合物（包含具有 70% 或更大的纤维素结晶度的纳米原纤化的纤维素，所述纳米原纤化的纤维素具有从 0.01～1000nm 的范围内的尺寸）的对比文件。采用"RANGE"算符对参数数值范围进行直接检索，可大大提高检索效能。

（2）"–"算符

RANGE 算符可以高效实现带单位数值的检索，但对于组合物中常用的重量份、重量% 等并没有很好地支持。"–"算符可表达组分的含量数值范围，可针对含量数值范围进行检索，在一定程度上与 RANGE 算符形成互补，可减少漏检情况的出现。"–" 算符的基本表达式为："关键词　nD/W　数字 1 – 数字 2"。如采用检索式 "（聚丙烯 3d 74~98）and（聚丁烯合金 3d 2~9 or 9~10 or 10~25）and 抗氧剂 and 润滑剂"，检索结果为 2 篇，第 2 篇即为评述一种发泡聚丙烯材料（由包括以下重量份的原料制备得到：聚丙烯 74~98 份、聚丁烯合金 2~25 份、抗氧剂 0.05~0.9 份和润滑剂 0.05–2 份）的 X 类文件。

3. FREC 算符

FREC 算符可限定关键词出现的频率。对于常见组分、结构或参数作为关键词的情况，使用 FREC 算符可有效降噪，快速获得目标文献。如采用检索式 "［（紫外 or UV）1w 吸收剂］/FREC >3 and（TPO OR "819" OR 氧化膦）/FREC >1"，结果数为 2219 篇，语义排序之后，第 58 篇即可获得评述含有技术特征黏着剂层含有在浓度 0.1 质量% 的乙腈溶液中的波长 380nm 的吸光度为 0.3 以上的光聚合引发剂的技术方案。

4. 牌号检索

当参数限定用关键词不易表达时，本领域的技术人员还常常会用组分牌号进行检索。在检索的过程中发现牌号为 KM334、EXL2314、EXL2611、F351、KW4426、EXL2300、EXL2300G 的丙烯酸类核壳材料的壳原料均为烷基链包括 1~12 个碳原子的甲基丙烯酸烷基酯，核材料均为烷基链包括 1~12 个碳原子的丙烯酸烷基酯。以其为检索要素结合其他检索要素构建检索式 "（OR KM334，EXL2314，EXL2611，F351，KW4426，EXL2300，EXL2300G）and（C09J163 or C09D163 OR C08L63）/IC/CPC/EC and（OR 填料，填充剂）" 进行检索，可快速获得评价一种树脂组合物（所述树脂组合物的原料包括如下重量份的组分：环氧树脂 20~50 份，无机填料 30~60 份，丙烯酸类核壳材料 1~10 份；所述丙烯酸类核壳材料的壳部分的原料包括甲基丙烯酸烷基酯；所述甲基丙烯酸烷基酯的烷基链包括 1~12 个碳原子；核部分的原料包括丙烯酸烷基酯，所述丙烯酸烷基酯的烷基链包括 1~12 个碳原子）的多篇新颖性文件。

当权利要求中的参数为原料的物化参数时，可根据申请文件说明书中披露的原料牌号信息，或者检索过程中确定的/平时积累的牌号信息直接检索，快速获得目标文件。

5. 检索字段的灵活使用

各数据库中均具有丰富的检索字段，对说明书部分进行了更为细致的标引，如背景技术、发明内容、附图说明、具体实施方式、用途或技术领域、解决技术问题和有益效果、用途或技术领域和解决的技术问题和有益效果，使得我们可以制订更具针对性的检索策略，可精准聚焦想要获取的对比文件。

（1）背景技术/DEBA 或/DESCB 字段的使用

根据说明书的撰写要求可知，说明书的背景技术部分要客观地指出背景技术存在的问题和缺点。通常，申请人采用参数进行限定均会解决一些较为明确的技术问题。在具体参数表征的检索要素难以表达的情况下，可以考虑采用技术问题进行限定，以聚焦参数限定解决的技术问题。如采用检索式"C08L55/02/ic/cpc and C08L25/12/ic/cpc and（分子量 or 熔体流动速率） and 流动性/DEBA"，可检索出在 ABS 塑料中添加小分子量的丙烯腈－苯乙烯共聚物和大分子量的丙烯腈－苯乙烯共聚物，提高塑料流动性和成型性能的现有技术。

（2）具体实施方式/DESCMO 或/DEIM 字段的使用

具体实施方式是说明书的重要组成部分，它对于充分公开、理解和实现发明，支持和解释权利要求都是极为重要的。因此，说明书应当详细描述申请人认为实现发明或者实用新型的优选的具体实施方式。优选的具体实施方式应当体现申请中解决技术问题所采用的技术方案。对于参数限定权利要求的案件而言，为了证明参数带来的技术效果，申请人通常会给出具体的实施例。此时，采用/DESCMO 字段检索不仅可以提高检索效率，还能降低漏检率。如采用检索式"（聚酯 P Tg P 酸值）/DESCMO AND C09D167/ic/cpc"，可检索到采用两种酸值和玻璃化温度不同的聚酯树脂复配，使得聚酯树脂涂料的耐腐蚀性、耐刮擦性、耐黏连性和耐蒸煮性提高的现有技术。在实践中，采用/DEBA、/DESCMO 和/EFFECT 等字段可以精准聚焦参数限定所解决的技术问题、参数限定的原料性能等，也可以避免常规检索带来的噪声，大大提高检索效率。

6. 单位检索

参数的构成除参数名称和数值外，还包括单位。单位能够较好表达与参数相关的物理意义，并且当专利申请涉及参数数值，尤其是参数数值是专利申请的发明点时，单位对应的物理意义往往与发明构思接近。在表达发明构思时，物理单位比关键词具有优势。利用物理单位进行参数检索是一种有效检索参数的方法。如采用"电压 and［（or 粘接，黏接，粘结，黏结，粘合，黏合，粘着，剥离）2w（or 强度，力）］and（KV p（N W 25mm）"检索式进行检索，结果数为 72 篇，语义排序后第 19 篇获得的对比文件即可评述一种反射型偏光薄膜用表面保护薄膜（其具有黏合剂层，在将所述黏合剂层的黏合面粘贴于反射型偏光薄膜之后进行剥离时的剥离带电电压为 ±0.7kV 以下；所述黏合剂层的黏合面对所述反射型偏光薄膜的黏合力在拉伸速度 30m/分钟、剥离角度 180°下为 0.8N/25mm 以下）。可见，当所限性能参数的表述方式繁多、不能很好准确表达时，可考虑以该性能参数较常见的单位进行检索。此外，对于单位分辨性较大的参数，也可以用该单位直接检索进而快速地锁定目标文献。

7. 不常见参数的检索

不常见参数也是用来辅助定义产品的引入变量。参考欧洲专利局的定义，不常见参数是指以下情形中的一种：不是相关领域公知参数，现有技术中未测量过；与公知参数有相关性，例如通过公式组合形成的新参数。现有技术中很难找到类似的参数。在检索中，直接输入相应的参数进行检索往往收效甚微。为了更高效地实现对不常见参数的检索，我们进一步梳理了多种有效的针对不常见参数的检索方法以期在海量的文献中快速获得对比文件。

（1）追踪检索（申请人、发明人、同族）

国内外化工巨头都有自己的专利申请策略，拥有包括由基本专利、外围专利等构成的较为缜密的专利保护体系。外围专利作为围绕基本专利所作出的改进型专利，其与基础专利原理相同或相近但申请角度不同，甚至是基于竞争者基础专利进行研究或改进。通过追踪检索可以快速获取与本申请紧密相关的文献，进而准确、快速掌握现有技术，甚至获取对比文件。如采用检索式"宝洁公司/pa and 透射率 and 折射率"，共检索得到 40 个结果。语义排序在现有技术的第 1 篇即获得了可以评述一种光泽吹塑制品〔其包括层，其中所述层包含：a）第一热塑性材料，所述第一热塑性材料具有至少约 80% 的总光透射率值；和 b）与所述第一热塑性材料不同的第二热塑性材料，其中所述第一热塑性材料和所述第二热塑性材料具有：约 $0.1cal^{1/2}cm^{-3/2}$ 至约 $20cal^{1/2}cm^{-3/2}$ 的溶解度参数差值，以及约 0.01 至约 1.5 的折射率差值，其中采用约 4 至约 30 的拉伸比吹塑所述制品〕的最接近现有技术。

（2）将自定义参数替换为标准参数

自定义参数由标准参数定义，其与标准参数具有相同的内涵和外延。此时，将其表达为标准参数对其进行检索，往往可以快速获得对比文件。厘清不常见参数表达的物理含义，从其定义或本质含义中提炼出有助于参数表达的关键词，从而有效提高检索效率，避免漏检。如采用"（内径 P ℃） and D01F2/00/ic/cpc"检索式进行检索，可检索到满足温控公式 $1000/(X+0.19\sqrt{D})$ 的制造纤维素成型件的对比文件。

（3）厘清自定义公式参数的含义，提高筛选效能

非公式限定的参数，如熔融指数$\geq 10g/10min$，是一维数值的集合。包含两个或多个数学公式限定的技术特征是二维、三维等多维数值的集合，其将多个参数关联起来定义权利要求的保护范围。数学公式一般是申请人基于发明创造具体的实施例提出的关于若干参数之间关系的表达式，现有技术中很难找到类似的数学公式，无法有效进行检索。此时，认真解析公式参数背后的含义，结合本领域普通技术知识，通过对目标文献进行精准画像，可以显著提高检索和筛选效率。如通过分析公式参数$0 < \{[-10(wt\%)^{-1} \times (以wt\%计的二烯（按组分A的重量计）-0.9wt\%)] + [3(phr)^{-1} \times (以phr计的酸受体 - 9phr)]\} \leq 40$，发现在含二烯的情况下，需看二烯含量是否$\leq 0.9\%$以及酸受体是否$\geq 9$，如果同时不满足，则不需计算，直接可知不满足算式。在不含二烯的情况下，只用看酸受体含量是否满足上述要求。阅读部分对比文件后发现，MgO、ZnO的用量一般为$5phr$，将其代入后发现不论二烯含量为多少，都不可能满足数学式，因此可以将所有MgO、ZnO的量为5的情形全部排除。经过前面对算式的解读之后，检索结果中对很多对比文件无须花费时间去验算，即可快速筛选出对比文件。可见，通过认真解读自定义公式，厘清公式的内在含义，可提高筛选文献效率。

（三）参数间接检索

1. 采用决定参数的组分检索

根据第二章梳理的参数限定权利要求的申请事实认定分析，在能够判断权利要求中的性能和/或效果参数是由申请文件中的已知结构和/或组成特征带来的情况下，可以认为该性能/效果参数是组合物本身所固有的。若采用直接检索未得到合适的对比文件，此时，可着重检索决定该性能/效果参数的结构和/或组成。如通过"（黏胶纤维 or 粘胶纤维）and 沥青 and pd<20180713"检索，文献量206篇，语义排序之后第1篇获得可评述一种沥青组合物（其含有沥青和纤维素；相对于沥青100质量份，纤维素的含量为0.01质量份以上10质量份以下；纤维素的结晶指数为50%以下）的对比文件。虽然检索式中未表达结晶指数，但是检索过程中发现，黏胶纤维是常见的改性纤维素且结晶度为30%~40%。可见，将该参数转化为可检索的结构和/或组成技术特征，可快速获得对比文件并减少漏检概率。

2. 采用决定参数的制备工艺检索

对于一些含义复杂、难以表达的参数，围绕参数本身进行检索存在较大难度，

进行简单推定通常又难以说服申请人。在化学领域，对于参数限定的产品权利要求而言，制备方法在很大程度上决定了产品的参数。因此，在直接检索未果的情况下，以决定参数的制备方法进行检索不失为一种新思路。

【案例 2 - 4 - 5】

【权利要求】 一种长条形膜，其为熔体流动速率为 5 ~ 40g/10 分钟的四氟乙烯类聚合物所构成的长条形膜，其中，将所述长条形膜在 180℃ 下加热 30 分钟后测定热伸缩率，将与其流动方向成 45°角的第一方向上的热伸缩率规定为 A、与所述第一方向正交的第二方向上的热伸缩率规定为 B 时，A 和 B 分别为 - 2% ~ + 1%，｜A - B｜为 1% 以下。

【检索过程与分析】 采用检索式"（C08L27/18/ic/cpc or C08F214/26/ic/cpc）and 冷却辊 and 温度 and 结晶"进行检索，检索集中共 93 篇文献，语义排序后第 4 篇获得对比文件。虽然该对比文件未直接公开长条形膜的 A、B 和｜A - B｜范围，但是采用骤冷的方式，通过减小空气间隙以保持热熔融性聚合物的温度与最初冷却辊接触前的温度差进而增加骤冷温度差的作用，与本申请通过非接触式加热部加热热熔融性聚合物的作用相同，且其公开的温差已经落入该申请记载的范围内。故而能够获知其制备的长条形膜的上述参数理应与权利要求保护的参数相同。

五、小　结

参数检索是检索中的一个难点。参数名称的多样性、数值范围的复杂性以及表达方式的差异性，常常使得检索过程变得困难重重，导致检索结果不尽如人意。随着互联网技术、大模型技术的飞速发展，语义检索已成为专利检索的重要部分。通过合理使用语义检索功能，可提高参数检索效率和精准度。同时，CPC、FT 分类号以及产品牌号在参数检索中的应用也愈发广泛，它们为检索提供了更为精确的指引。各检索系统中的/DEBA、/DESCMO 和/EFFECT 等字段，FREC、RANGE 和 "-"算符，具有强大的聚焦效果，灵活使用可以更加精准地定位到相关的专利文献，大大缩小检索范围，提高检索效率。参数检索的难点不仅在于其名称和数值范围的多样性，更在于其与技术问题的关联性。因此，在进行参数检索时，我们需要深入分析申请文件，探究参数特征与技术问题的内在联系。同时，结合参数所隐含的技术特征进行深入挖掘，拓展检索要素，找出检索的突破口。

第三章　高分子领域参数限定专利申请审查策略

参数限定申请的审查，因其参数本身的特殊性和复杂性，一直是各国专利组织和审查机构所面临的挑战。随着科技发展，参数限定申请凭借其更容易锁定侵权对象且被无效的难度相对较高的优势，越来越多地成为申请人青睐的撰写方式。审查实践中也发现，参数的表征形式正向着复杂化、多样化演变，自定义参数、复杂的公式参数等已屡见不鲜，无疑给审查工作带来了更大的难度。

高分子领域参数限定申请早期主要集中在日本。国内申请人对参数限定申请的实践还尚处于初期，普遍对如何撰写好参数限定申请并不具有清晰的认识。与此同时，我国《专利审查指南 2023》尚未对参数限定申请制定专门的细化规定，导致不同领域在审查时可能存在标准不一的情况。特别值得注意的是，前期审查实践更多关注"三性"条款的审查使用，对参数限定申请的清楚、充分公开条款的适用能力相对薄弱。此外，不同国家和地区的专利局在参数限定申请的审查标准上也存在差异。例如，欧洲、日本、美国等的专利局的审查指南对于参数限定申请的规定各有侧重，这导致在审查实践中，对于同族和系列申请在法律适用、证据考量、结案方向以及授权范围等方面的不一致性。

本章将深入探讨高分子领域参数限定申请的法条适用和审查策略选择，以期提高针对参数限定申请的法条适用能力，并致力于促进形成更为合理、统一的审查标准，为专利申请人提供更加明确和公正的审查环境。

一、对于参数限定专利申请清楚的审查

（一）中国国家知识产权局与他局对于参数限定专利申请清楚的审查标准比较

《专利法》第二十六条第四款规定，权利要求书应当清楚地限定要求专利保护的范围。我国《专利审查指南 2023》第二部分第二章第 3.2.2 节记载，使用参数表征

时，所使用的参数必须是所属技术领域的技术人员根据说明书的教导或通过所属技术领域的惯用手段可以清楚而可靠地加以确定的。除此之外，我国《专利审查指南2023》并未专门针对参数限定申请的清楚性审查作出更详细的规定。

欧洲、美国、日本及我国均要求说明书充分公开参数的定义和测试方法。对参数的清楚性评价以"严格"著称的欧洲专利局更是对参数特征的审查规则作出了详尽、全面的规定。欧洲专利局于2019年的审查指南修订中，将关于参数特征的清楚性评价的相关规定集中整合在F-Ⅳ,4.11节，同时为了应对越来越多的自定义参数涌现，还于该小节下增加4.11.1非常规参数小节。该小节将参数分为常规参数、非常规参数，并针对不同类型参数的清楚性记载要件进行了详细、明确的规定。

欧洲专利局要求，参数的测量方法必须完整记载于权利要求内，除非其测量方法是所属技术领域技术人员所公知的测试方法，或不同的测量方法得到的测试结果是唯一的，抑或测量方法过于冗长会导致权利要求不清楚。上述规定实现了无须借助说明书公开的内容便可使社会公众容易地、毫无疑义地明确权利要求的技术含义和技术范围。

欧洲专利局审查指南规定，产品的特性可以通过与产品的物理结构相关的参数来指定，只要这些参数可以通过本领域通常的客观程序清晰可靠地确定。如果产品的特性是由参数之间的数学关系来定义的，则需要清晰可靠地确定每个参数。此外，欧洲专利局审查指南还规定，非常规参数不能直接转换为本领域公知的参数的情况下，或者用于测量非常规参数的装置无法得到的情况下，由于其不能与现有技术进行有意义的比较，可以以不清楚来给出反对意见。欧洲专利局通过严格评价参数的清楚性，为社会公众提供明晰的权利范围，同时也从申请文件自身文本撰写角度，有效规制企图用自定义参数、复杂的公式参数提高对参数限定申请与现有技术差异的判断难度，从而以实质上没有新颖性、创造性的申请获取授权的情形。

相较于欧洲专利局对参数特征清楚性的严格审查，我国审查实践中对参数的清楚性审查则更为宽松。一方面，由于对参数特征的清楚性评判尚未形成细化、统一的判断标准；另一方面，国内申请人普遍还未形成清楚、完整记载参数定义及其测试方法的意识，实质审查程序倾向于避免由于测量方法不完善的撰写缺陷而驳回实质具有技术贡献的发明申请。然而，随之而来的是，涌现出越来越多这样的参数申请，或是试图用自定义参数或复杂的公式参数掩盖实质缺乏新颖性、创造性的事实，或是采用复杂罕见的参数限定以掩盖实质上未充分公开关键技术手段，再或者是采用模糊参数定义或范围企图以最广泛的看似合理的方式解释以寻求更大的保护范围。

为了均衡鼓励申请人发明创新的热情和顾及社会公众的利益，建议可以从"企图用复杂参数掩盖实质上没有新颖性、创造性"的这类参数专利着手，对此类参数限定申请的清楚、公开充分给出相对严苛并确保客观的审查意见，从而实现在规制这类参数专利的同时，引导社会公众提高参数限定申请的撰写水平。

（二）典型案例研究

参数限定申请中常见的可能导致参数特征不清楚的情形有：参数特征可能由于其本身的技术含义模糊、量纲不明或其测试方法缺失或不完善等，所属技术领域的技术人员无法确切地获得该参数。除此之外，还可能存在申请人为了掩盖产品权利要求不具备新颖性的缺陷而选择自定义参数或复杂的公式参数进行表征的情况，此时应注意该自定义参数或公式参数能否清楚地被界定其技术范围。以下采用具体的案例对常见的参数特征不清楚的情形进行分析。

【案例 3 - 1 - 1】

【基本案情】涉及热固化性树脂组合物

权利要求：1. 一种热固化性树脂组合物，其含有热固化性成分和白色颜料 E，在模塑温度 100～200℃、模塑压力 20MPa 以下及模塑时间 60～120 秒的条件下，传递模塑时产生的溢料长度为 5mm 以下。

【案例分析】该申请说明书第 0072 段定义"模塑时的溢料长度"时，采用了"从模具中心部的型腔朝向模具的上模和下模的合箱缝的间隙，向放射方向溢出的树脂固化物的最大长度"的表述。继而，其说明书第 0139、0140 段则描述，"溢料如图 5 所示，表示树脂组合物从型腔 403 的外延沿 6 条间隙流入而固化的部分 410"。根据上述描述，并不能清晰地确定该申请所述"溢料"是指专利权人主张的从模具的上模和下模的间隙渗出的所谓"渗出溢料"，而不是指在模具的 6 条间隙内流动的"狭缝溢料"。因此，该申请说明书中有关"溢料长度"的描述和定义不够清楚。

【结论】上述申请中，出现了技术术语"溢料长度"。该技术术语在本领域并无公知的定义，说明书中有关"溢料长度"的描述和定义不够清楚，进而导致了权利要求的保护范围不清楚。在考察权利要求是否清楚时，首先应当注意权利要求中所使用的参数的名称和/或技术术语的含义是否清楚。

【案例 3 - 1 - 2】

【基本案情】用于鼻内递送的氰钴胺素低黏度水性制剂

权利要求：1. 氰钴胺的稳定药物水性溶液，其包含氰钴胺和水，具有小于约

1000cPs 的黏度，且其中所述的氰钴胺溶液在鼻内施用时的氰钴胺生物利用度相对于肌肉内注射的氰钴胺至少为约 5%。

【案例分析】尽管对于所属技术领域的技术人员来说，黏度属于常见的参数。但是，黏度是温度的函数。在液体中，黏度通常随着温度的降低而增加。由于黏度对温度的依赖性，黏度值必须始终伴随着测量的温度。该申请说明书没有公开黏度的测量方法以及其测量条件。该申请中的黏度值是不清楚的。

【结论】常见的关于参数不清楚的情形大都是参数的测量方法不清楚导致的。原则上，测量方法对明确定义参数是必要的。尤其是当参数特征的测试方法、测试条件对其测试结果影响较大时，说明书通常需要公开相应的测试方法或测试条件以保证参数特征的技术含义是清楚的。

【案例 3 – 1 – 3】

【基本案情】轮胎用橡胶组合物

权利要求：1. 一种轮胎用橡胶组合物，其包含聚丁二烯、其他橡胶以及橡胶增强材料，所述聚丁二烯满足：当 ML（1 + 4）100℃测定终了时的扭矩 100% 时，该值衰减 80% 时的应力缓和时间（T_{80}）为 10. 0 ~ 40. 0 秒。

【案例分析】该案在中国经历了实质审查和复审程序，历次审查意见通知书中均未涉及清楚条款的使用。其欧洲同族的审查过程中，欧洲专利局明确提出权利要求 1 中出现了参数，但是并未限定其相应的测量方式或标准，因此，不符合 A84（F – Ⅳ,4. 18）的规定。

【结论】由上述案例可以看出，欧洲专利局对于参数的清楚性评价相对于我国更为严格，其要求将相应的测量标准或者测试手段限定于权利要求中。我国则并不要求将参数的测试方法等限定于权利要求中，对权利要求中参数特征可通过说明书记载的内容进行解释。

（三）小　结

在参数特征的清楚性审查中，首要考量说明书中的记载，并结合现有技术和/或普遍认可的技术知识，来判断这些参数的技术含义是否明确清晰。一般情况下，参数的测量方法或测试标准需被记载在权利要求中以便更好地确定权利要求的保护范围。此外，参数本身的有效数字或物理量纲也可能导致权利要求不清楚，因此在审查过程中需要特别留意。对于申请人而言，充分披露参数的技术含义、测量方法，以及在某些情况下实现该参数的具体手段，对于确保社会公众能够理解和实施参数所限定的技术方案至关重要。特别是当涉及自定义参数时，详细描述其具体含义、测试方法、测试条件以及获取该自定义参数的步骤等，显得尤为必要。这不仅能够确保权利要求保护范围清楚，也有助于确保专利的有效性和稳定性。

二、对于参数限定专利申请充分公开的审查

（一）中国国家知识产权局与欧洲专利局对于参数限定专利申请说明书充分公开的审查标准比较

我国《专利法》第二十六条第三款规定：说明书应当对发明或者实用新型作出清楚、完整的说明，以所属技术领域的技术人员能够实现为准。而对于参数限定专利申请的充分公开的判断规则，我国专利审查指南并未作出专门细化的规定。

相较于我国，欧洲专利局审查指南则对参数限定专利说明书充分公开的判断规则给出了详细的规定。《欧洲专利局审查指南（2023 修订版）》F－Ⅳ,4. 11 节规定，当一项权利要求包含定义不佳的参数时，其结果致使所属技术领域的技术人员无法得知其正在实施的内容是否落于权利要求范围，此情况不仅不符合《欧洲专利公约》第八十三条所要求的说明书充分公开，也构成不符合《欧洲专利公约》第八十四条所规定的权利要求须明确的定义。权利要求中包含模糊定义或不完善测量方法的参数特征，在其他专利局可能不会被认为是公开不充分，但在欧洲专利局则可能被认为是公开不充分。例如欧洲专利局判例 T2341/17，其要求保护一种激光烧结热塑性组合物，包括 D90 值的参数限定。异议人根据《欧洲专利公约》第八十三条提出反对意见，认为所属技术领域的技术人员无法知晓 D90 究竟指的是 90% 的颗粒是按体积、按数量、按重量还是按表面积的颗粒，说明书未充分公开参数特征 D90。欧洲专利局申诉委员会最终接受异议人观点，基于《欧洲专利公约》第八十三条公开不充分撤销了涉案参数限定申请。

《欧洲专利局审查指南（2023 修订版）》还规定，如果已知的产品和所要求保护的产品在所有其他方面相同，则首先提出缺乏新颖性的反对意见。如果申请人能够例如通过合适的比较试验表明相对于这些参数确实存在不同，则可以提出疑问：该申请是否公开了制备具有权利要求中限定的参数的产品所必需的全部特征（Art. 83）。也就是说，对于与现有技术的区别仅在于参数特征的涉案专利。如果申请人能够通过合理的陈述，例如提供在同一参数条件下两者的比较试验数据，证明两者的产品确实不同，那么审查员可以质疑涉案专利说明书是否由于没有完整地公

开该产品制备方法中的某些关键性的技术细节，以致所属技术领域的技术人员无法实现该参数特征。

《欧洲专利局审查指南（2023 修订版)》特别指出一点，即缺少说明书的支持常常也被认为是未充分公开，也就是说未充分公开致使所属技术领域的技术人员在要求保护的整个范围内实现发明的程度。欧洲专利局将权利要求中参数的数值范围视为一个整体，要求申请人对整个数值范围进行充分公开，否则可能认为说明书公开不充分。在我国，如果权利要求中的某些实施方式没有"充分公开"以致不能实现部分方案，则通常属于权利要求概括不合理，适用支持条款。欧洲专利局和我国对于相同的情形适用了不同的条款。相比较而言，欧洲专利局对充分公开的要求则更为严格。

（二）典型案例研究

在高分子领域参数限定申请的审查实践中，当参数特征与该申请的技术问题具有关联性，属于关键技术特征，由于参数特征本身不清楚，或是申请文件未给出实现参数特征的具体手段，并且，所属技术领域的技术人员根据现有技术、所属领域的专业技术知识以及申请说明书公开的信息也无法获知如何获得该参数时，该参数限定专利申请解决技术问题的关键技术手段是模糊的，此时适用公开不充分条款。

相应地，当参数特征与申请的技术问题具有关联性，虽然说明书未清楚、完整地记载实现该参数的技术手段或方法，然而所属技术领域的技术人员根据现有技术、其所掌握的专业知识以及该申请说明书公开的信息能够确定和选择最终使所述方案满足所述限定的具体技术手段时，则说明书未公开具体的技术手段并不会导致相应的说明书公开不充分。

以下通过两个案例对上述情况进行阐述。

【案例 3 – 2 – 1】

【基本案情】一种活性材料和锂离子电池

发明构思：通过调整活性材料第一颗粒、第二颗粒粒径的配比来提升极片的压实密度；通过调整第一颗粒和第二颗粒掺杂元素的种类和含量，从而使得电池 500次循环放电容量保持率高。

权利要求：1. 一种活性材料，其粒径满足式（1）：（Dv90 – Dv50）–（Dv50 – Dv10）≤2.5 式（1）；

其中，Dv90、Dv50、Dv10 分别是指在体积基准的粒度分布中，从小粒径侧起达到体积累积 90%、50%、10% 的粒径；所述活性材料包括第一颗粒和第二颗粒，第一颗粒粒径小于活性材料的 Dv50，第二颗粒粒径大于活性材料的 Dv50；

其中，所述活性材料的化学式为：$Li_nCo_xM_{1-x}O_{2-y}$，M 元素选自 Ni、Mn、Al、Mg、Ti、La 和 Zr 中的一种或几种，且 $0 \leqslant n \leqslant 1.2$，$0 < x \leqslant 1$，$-0.1 \leqslant y \leqslant 0.2$。

【案例分析】 该案活性材料由不同平均粒径、不同元素掺杂的第一、第二颗粒混合而成，第一颗粒平均粒径小于第二颗粒，但其掺杂元素的种类和/或总含量则大于第二颗粒。专利文件并未公开该活性材料的制备过程。为制备上述活性材料，应该是先分别制备第一、第二原料颗粒，将二者混合。但第一、第二原料颗粒有各自的粒径分布，二者混合后其粒径分布具有不确定性，所属技术领域的技术人员基于其所掌握的常规知识和基本能力，不清楚要采用何种技术手段才能实现在混合后的活性材料的粒径分布中，第一颗粒精确位于粒径分布的 Dv50 的左侧、第二颗粒精确位于粒径分布的 Dv50 的右侧，说明书中也并未对此作出清楚的说明。

【结论】 该申请只给出原料和产物的粒径设想，而未给出使所属技术领域的技术人员能够实施的技术手段，所属技术领域的技术人员根据现有技术、所属领域的专业技术知识以及该申请说明书公开的信息也无法获知如何获得该参数。该申请由于缺乏解决技术问题的技术手段而无法实现，因此其说明书公开不充分。

【案例 3-2-2】

【基本案情】 一种安全营养的豆浆制作方法

发明构思：通过控制豆浆制作过程中 Q 与 V 的比值在特定数值范围，获得一种安全营养的豆浆。

权利要求：1. 一种安全营养的豆浆制作方法：粉碎阶段；加热阶段，加热装置加热杯体内液体。其中，加热装置辐射的总热量为 Q，制浆总量为 V，Q 与 V 的比值为 300 至 800kJ/L。

【案例分析】 在实际制备豆浆的体积确定的情况下，通过计算可以获取相应的 Q/V 值，其主要取决于加热装置的加热功率和加热时间。所属技术领域的技术人员能够通过调整加热装置的功率和加热时间来使制备豆浆过程中的 Q/V 值满足相应的要求。选择和确定具体的加热功率、加热时间等参数是所属技术领域的技术人员容易做到的，即所属技术领域的技术人员根据现有技术、其所掌握的专业知识以及申请说明书公开的信息，能够确定和选择最终使所述 Q/V 值满足所述限定条件的具体技术手段。由此，尽管该申请说明书未公开控制 Q/V 的具体技术手段，也不会导致其说明书公开不充分。

【结论】该申请参数特征为其解决技术问题的关键技术手段。虽然说明书未清楚、完整地记载实现该参数的技术手段，然而所属技术领域的技术人员根据现有技术、其所掌握的专业知识以及该申请说明书公开的信息，能够确定和选择最终使所述方案满足所述限定的具体技术手段，因此不会导致说明书公开不充分。

（三）小　结

审查涉及参数特征表征的产品专利申请是否充分公开时，应首先以所属领域技术人员的视角为出发点，评估说明书中所提供的参数技术含义和/或测试方法是否足够详尽；接下来，需要基于说明书的详细记载，必要时结合合理的分析、推导，来判断参数与技术手段、技术问题的关联性；若参数与技术问题毫无关联，满足该参数的技术方案并无法解决其技术问题，则属于公开不充分；若参数为性能参数，则需核实说明书是否给出实施该效果的全部技术手段；另外，对于非常规参数，应根据说明书的记载，详细剖析参数要素之间的关系，并依据上述思路判断参数与技术手段、技术问题之间的关联性。

三、对于参数限定专利申请支持的审查

（一）不支持的一般性规定

1. 中国相关规定

《专利审查指南2023》第二部分第二章第3.2.1节具体规定如下：通常，对于产品权利要求来说，应当尽量避免使用功能或者效果特征来限定发明。只有在某一技术特征无法用结构特征来限定，并且技术特征用结构特征限定不如用功能或效果特征来限定更为恰当，而且该功能或者效果能通过说明书中规定的实验或者操作或者所属技术领域的惯用手段直接和肯定地验证的情况下，使用功能或者效果特征来限定发明才可能是允许的。对于权利要求中所包含的功能性限定的技术特征，应当理解为覆盖了所有能够实现所述功能的实施方式。因此说明书中记载的内容是否能够为该功能或者效果特征提供支持是非常重要的。如果权利要求中限定的功能是以说明书实施例中记载的特定方式完成的，并且所属技术领域的技术人员不仅明了此功能还可以采用说明书中未提到的其他替代方式来完成，或者所属技术领域的技术人员有理由怀疑该功能性限定所包含的一种或几种方式不能解决发明或者实用新型所

要解决的技术问题，并达到相同的技术效果，则权利要求中不得采用覆盖了上述其他替代方式或者不能解决发明或实用新型技术问题的方式的功能性限定。

2. 欧洲专利局关于不支持的规定

《欧洲专利公约》第八十四条规定：权利要求应该限定要求保护的内容。权利要求应该清楚和简洁，并且得到说明书的支持。

《欧洲专利审查指南（2023修订版）》中关于说明书的支持规定如下：

6.1 概述

权利要求书必须得到说明书的支持，这意味着每一项权利要求的主题必须在说明书中找到依据，并且权利要求的保护范围不能比由说明书和附图的内容及其对现有技术作出的贡献所应当获得的范围更宽（T 409/91）。

6.2 概括程度

大多权利要求由一个或多个具体实施例概括而成，在每一个具体的专利发明中，审查员应当根据相关的现有技术判断可允许的概括程度。一项开拓性发明的保护范围可以比已知技术的改进性发明概况得更宽。一项权利要求合适的保护范围应当是，既没有宽到超出发明公开的程度，也没有窄到剥夺发明人因公开换保护而应得的收益的程度。应当允许发明人在权利要求中涵盖说明书中实施例的所有明显变型方式、等同方式及其使用方式。具体来说，如果能够合理预测权利要求所涵盖的所有变型方式都具有发明人说明书所述的属性或用途，则应当允许发明人合理概括权利要求。但是，如果发明人在发明日之后修改权利要求，扩大权利要求的保护范围，则必须满足公约第123（2）条的规定。

6.3 就不支持提出反对意见

作为一个总的原则，除非有充分的理由认为所属技术领域的技术人员基于原始发明给出的信息，通过常规实验方法或分析方法，无法将说明书中的特定教导扩大到权利要求所请求保护的整个领域，否则均应当认为权利要求得到了说明书的支持。不过支持应当是技术性的，没有技术内容的含糊文字或断言都不能提供支持。

只有在存在充分理由的情况下，审查员才能提出不支持的反对意见。一旦审查员列出了理由说明例如一项较宽的权利要求在其整个范围内没有得到支持，则说明该权利要求完全得到说明书支持的举证责任就转移给了发明人。当提出反对意见时，在可能的情况下，该反对理由应得到一篇已公开文件的具体支持。

6.4 功能性限定

一项权利要求可以用功能来宽泛地限定其特征，即功能特征，即使说明书中只给出了该特征的一个例子，如果所属技术领域的技术人员仍然能够理解可以用其他手段达到同样功能（参见 F 部第四章 2.1 和 4.10）。

（二）典型案例研究

审查时，需站位所属技术领域的技术人员，明确参数特征反映的结构/组成或技术效果。若为结构参数，则对组合物具有限定作用；若为性能参数，则需考察说明书中的对比实验数据，判断其与产品结构/组成的联系，及其对权利要求保护范围的影响。可分为以下情形：

1. 参数特征为技术手段

对于非明显的结构/组成参数，若说明书证实满足该参数即可解决技术问题，且独立于其他组成、方法，则该参数为技术手段，直接限定权利要求保护范围，无须限定其他特征。

【案例 3 - 3 - 1】

【基本案情】

权利要求：1. 一种白色薄膜，其特征在于，由在 90℃ 下的薄膜纵向和横向的热收缩率均为 -0.2% ~0.5% 的高分子薄膜形成，高分子薄膜是双轴拉伸 PEG 薄膜。

2. 如权利要求 1 所述的白色薄膜，其特征在于，高分子薄膜内部含有气泡。

3. 如权利要求 1 所述的白色薄膜，其特征在于，在高分子薄膜的至少一面上设有紫外线吸收层。

【案例分析】

权利要求 1 未限定权利要求 2 ~3 的特征，但根据发明说明书记载，灯源产生的热量是发明所要解决的技术问题产生的原因，通过将薄膜在 90℃ 下的纵向和横向的热收缩率都控制在一定范围内，来减少变形的发生。发明人进一步提交的证据表明：白色薄膜中设置气泡的作用，是提高白色薄膜的光学反射率，与白色薄膜的热收缩性能无关，白色薄膜至少一面上设有紫外线吸收层属于更优的技术方案。

【结论】白色薄膜的光学反射率高低、是否含有气泡与技术问题的产生没有任何关系。参数特征本质上为技术手段，直接限定权利要求保护范围，无须再限定组成、方法等特征。

2. 性能参数由特定的组成/方法特征带来

发明本质是通过包含特定的组成/方法特征的技术方案解决问题，权利要求仅限定参数得不到说明书的支持，应进一步限定特定的组成/方法。

3. 性能参数无法确定由特定的组成/方法特征带来

当所属技术领域的技术人员通过说明书的记载，无法确认其由哪些特定的组成/方法特征所带来，仅知晓通过说明书实施例中的特定方式实现，且无法预见其他替代方式达到相同效果时，权利要求中不得采用涵盖这些替代方式的功能性参数限定。

【案例3-3-2】

【基本案情】 一种钎焊不锈钢制品的方法

权利要求：1. 一种钎焊不锈钢制品的方法，包含：（i）将铁基钎焊填料物质施加至不锈钢部件；（ii）组装部件；（iii）真空加热来自步骤（i）或（ii）的部件至少1000℃，且在至少1000℃的温度下加热该部件至少15min；（iv）提供所得的钎焊区域平均硬度小于600HV1的制品；和（v）重复步骤（i）、步骤（ii）和步骤（iii）的一步或多步。

【案例分析】

根据发明说明书记载：发明的实现与含量有关，与温度、时间也有关，但说明书没有给出钎焊填料的成分配比、温度以及时间对焊接区域硬度影响的规律，所属技术领域的技术人员在此基础上，难以判断除说明书具体实施方式所公开的钎焊填料具体点值的实施例以外的其他技术方案均能解决发明所要解决的技术问题。

【结论】 仅限定该参数而未限定具体实施方式的相关特征的权利要求得不到说明书的支持。

4. 包含坏点的技术方案

若所属技术领域的技术人员根据说明书发现参数限定包含无法解决技术问题的方案（坏点），则权利要求得不到说明书支持，应去除坏点。数值范围或数学公式参数极易导致保护范围与技术效果的不匹配。

【案例3-3-3】

【基本案情】

权利要求：1. 以铈和锆混合氧化物为主成分的组合物，其特征在于具有总孔体积至少是$0.6cm^3/g$。

2. 以铈和锆混合氧化物为主成分的组合物，其特征在于具有总孔体积至少是$0.3cm^3/g$，这种体积是由直径至多$0.5\mu m$的孔提供的。

【案例分析】

所属技术领域的技术人员知晓催化剂的总孔体积和比表面积的数值越大，其催化效果越好。催化剂总孔面积的合理上限应当是任何以铈和锆混合氧化物为主成分的组合物的总孔体积所能达到的最大值。发明说明书未对该最大值予以描述，也未描述其以铈和锆混合氧化物为主成分的组合物的总孔体积是否能够达到该最大值或二者之间的关系。

【结论】所属技术领域的技术人员依据说明书记载不能合理预期其能够达到所述最大值，因此得不到说明书的支持。

（三）小　结

关于参数限定在权利要求中的审查，尽管我国与欧洲专利局并未直接明确规定详尽的准则，但在实践中，首要任务在于准确理解和把握发明的核心构思，从而准确评估该发明对现有技术的实质性贡献。对于与发明构思直接关联的参数特征，应审慎评估其对现有技术的贡献及是否得到说明书支持。若参数特征直接关联所解决的技术问题，则发明可仅限定参数。若参数为追求的性能效果，则需进一步分析其与组成/方法的关系。若参数限定权利要求包含无法解决问题的技术方案，则权利要求需适当地调整或限缩。对于非关键的参数特征，则不必过于严格地限定。

四、参数限定专利申请新颖性和创造性的审查

（一）新颖性和创造性的一般规定

1. 新颖性的一般规定

（1）我国对于参数特征表征产品新颖性的一般规定

《专利审查指南2023》第二部分第三章第3.2.5节规定，对于包含性能、参数特征的产品权利要求，应当考虑权利要求中的性能、参数特征是否隐含了要求保护的产品具有某种特定结构和/或组成。如果该性能、参数隐含了要求保护的产品具有区别于对比文件产品的结构和/或组成，则该权利要求具备新颖性；相反，如果所属技术领域的技术人员根据该性能、参数无法将要求保护的产品与对比文件产品区分开，则可推定要求保护的产品与对比文件产品相同，因此发明的权利要求不具备新颖性，除非发明人能够根据发明文件或现有技术证明权利要求中包含性能、参数特征的产品与对比文件产品在结构和/或组成上不同。

《专利审查指南2023》第二部分第十章第5.3节规定，对于用物理化学参数表征的化学产品权利要求，如果无法依据所记载的参数对由该参数表征的产品与对比文

件公开的产品进行比较，从而不能确定采用该参数表征的产品与对比文件产品的区别，则推定用该参数表征的产品权利要求不具备专利法第二十二条第二款所述的新颖性。

（2）欧洲专利局对于参数特征表征产品新颖性的一般规定

《欧洲专利局审查指南（2023 修订版）》F－Ⅳ,4.11.1 节规定，在使用类型（i）的非常规参数并且不可能从非常规参数直接转换为本领域公知的参数的情况下，或者用于测量非常规参数的装置无法得到的情况下，初步看可以不清楚来给出反对意见，因为不能与现有技术进行有意义的比较。这种情况也可能不具备新颖性。

证明非常规参数相对于现有技术是真正的区别特征的举证责任在于发明人。在这方面不存在无罪推定。

《欧洲专利局审查指南（2023 修订版）》G－Ⅵ,6 节规定，就现有文件而言，从该文件本身所明确记载的内容中可能明显看出缺乏新颖性。或者，在实施现有文件的教导中，其可能隐含了这样的意思：技术人员将必然获得落入权利要求的术语中的结果。仅仅在可能对现有教导的实际效果没有合理怀疑的情况下，审查员才应该提出这种缺乏新颖性的反对意见（然而，对于第二种非医疗应用而言，则参见 G－Ⅵ,7 节）。当权利要求通过参数限定发明或发明的特征时（参见 F－Ⅳ,4.11 节），也可能出现这种情形。在相关现有技术中可能提及不同的参数，或者完全没有提及参数。如果已知的产品和所要求保护的产品在所有其他方面相同（如果例如起始原料和制备方法相同，则将预期是相同的），则首先提出缺乏新颖性的反对意见。如果发明人能够例如通过合适的比较试验表明相对于这些参数确实存在不同，则可以提出疑问：该发明说明书是否公开了制备具有权利要求中限定的参数的产品所必需的全部特征（Art. 83）。

2. 创造性的一般性规定

中国国家知识产权局和欧洲专利局对于参数特征表征产品的创造性没有特殊的规定。

其中，中国国家知识产权局对于参数特征表征产品的创造性的一般规定如下。按照创造性的基本原则和判断方法来进行，通常可按照以下三个步骤进行：首先，确定最接近的现有技术；其次，确定发明的区别特征和发明实际解决的技术问题；最后，判断要求保护的发明对本领域的技术人员来说是否显而易见。

（二）新颖性和创造性的审查思路

1. 新颖性审查思路

产品权利要求的新颖性审查涉及两种情形：参数被对比文件直接公开，或虽未直接公开但无法据此区分产品，则推定无新颖性。

（1）结构参数推定

关键在于判断参数是否隐含产品特定结构/组成。直接隐含则不宜推定公开，隐含则需对比文件有相同/相似结构/组成才可推定。

（2）性能参数推定

若参数由限定结构/组成带来，则无限定作用，公开结构/组成即无新颖性。若与未限定结构/组成相关，则有限定作用，需考虑对比文件是否公开相似结构/组成并产生相同性能。

（3）适合推定规则的情形

第一，对比文件公开产品具有相同结构和/或组成，且参数由这些特征决定。

第二，结构和/或组成由特定方法获得，对比文件产品由相同或相近方法得到。

第三，对比文件与保护产品结构和/或组成相同，并有其他相近物化参数，可合理怀疑。

第四，对比文件公开产品具有相同结构和/或组成，参数相近或测量方法不同，极大可能落入保护范围。

2. 推定新颖性和创造性的界限

对于参数限定的产品权利要求，推定核心在于判断参数是否隐含产品区别于对比文件的特定结构/组成。若二者关联性不明确，则推定不具新颖性缺乏说服力。以下情形不宜推定公开，可考虑创造性：

第一，参数直接反映产品结构/组成，此时参数对产品有明确限定作用，对比文件未公开相应参数；

第二，参数隐含产品特定结构/组成，对权利要求有限定作用，对比文件未公开相应参数/结构/组成；

第三，参数与产品结构/组成关联性不确定，仅凭公开的结构/组成推定无新颖性不充分。

3. 创造性审查思路

产品权利要求的创造性审查复杂，需深入剖析参数与产品结构/组成的关联，结合技术问题和技术效果，采用三步法从现有技术出发进行分析判断。

（1）参数与技术问题无关联

发明没有提供充分的验证表明该参数与所要解决的技术问题具有关联性，则该参数无实质性贡献。此时，若该参数在最接近现有技术中未被公开且无法推定公开或不能区分，则通常认为该参数对解决技术问题不具有技术贡献，对其选择不需要付出创造性劳动。

（2）参数与技术问题直接关联

发明验证了参数与技术问题直接关联，则该参数为技术贡献点。创造性审查分两种情形：参数直接公开或可推定公开时，重点在于事实认定；参数构成区别且可调整获得时，重点在于判断参数选择是否需要付出创造性劳动。

（3）参数与技术问题间接关联

当权利要求参数与技术问题关系不明确时，需分析参数与产品结构/组成/方法的关联，确定其实际作用。审查重点在于建立参数与这些要素之间的关系，评估其是否需要付出创造性劳动，以及是否可结合现有技术调整获得。

4. 推定新颖性的反驳

推定公开得到的结论并非最终事实，允许被反驳和推翻。《专利审查指南 2023》规定，推定新颖性的举证责任在于发明人，可通过补充试验、现有技术证据或基于文件记载的信息进行反驳。若反驳成立，则需要进一步审查公开充分性、创造性和权利要求的支持性。在审查实践中，需要综合考量选取合适法条，以提高审查效率、授权准确性并维护公众利益。

（三）典型案例研究

1. 新颖性审查

（1）参数被直接公开

权利要求与对比文件公开的内容实质上相同，发明人只能通过修改克服缺陷。

（2）参数被推定公开

【案例 3 - 4 - 1】

【基本案情】权利要求：1. 一种树脂组合物，其包含下述成分：

总量 100 质量份的（A）聚丙烯系树脂和（B）聚苯醚系树脂、1~20 质量份的（C）氢化嵌段共聚物以及 0.01~0.5 质量份的（D）高级脂肪酸，其特征在于，在将所述树脂组合物溶解于氯仿中后，在溶解于氯仿中的总组分量（100 质量%）中，所述（D）成分的存在比例，即 $XD_{(B+C)}$ 为 0.13 质量% ~ 0.80 质量%。

【案例分析】根据发明说明书记载，实施例 5 相对比较例 6 采用不同加料方式在原料用量相同的基础上具有较高 $XD_{(B+C)}$ 值，并不能据此推广到发明的加料方式相比于所有其他加料方式均具有高 $X_{D(B+C)}$ 值，而经分析对比文件 1 加料方式与发明实施例 5 相似。

【结论】$XD_{(B+C)}$ 值由 D 组分的加料方式决定，而对比文件 1 的加料方式与发明实施例 5 相似，因而无法区分，推定无新颖性。

2. 创造性审查

（1）参数与技术问题无关联

经分析参数无法解决技术问题，没有技术贡献。此时可认为获得该参数是不需要付出创造性劳动的。

（2）参数与技术问题直接关联

发明文件充分验证了参数能够解决技术问题，此时该参数是发明技术贡献点。创造性审查思路可分以下情形：

1）参数被公开/推定公开/无法区分

参数是基于最接近现有技术的公开内容被直接公开或推定公开或无法区分，区别为其他的技术特征。此时与上述新颖性审查类似，重点在于对申请文件和对比文件进行准确的事实认定。

2）参数直接被最接近现有技术教导或结合公知常识评述

【案例 3 - 4 - 2】

【基本案情】权利要求：1. 一种黏合片，其仅在单面具有黏合力因加热而降低的黏合面，

与该黏合面处于相反侧的面在 25℃下利用纳米压痕法测得的弹性模量为 10MPa ~ 600MPa，其在剖视图中具有：包含所述黏合面作为表面的黏合剂区域；和与该黏合剂区域的该黏合面的相反侧邻接的被覆材料区域，该黏合剂区域包含黏合剂与热膨胀性微球，被覆材料区域由通过活性能量射线的照射能够固化的树脂材料构成，加热后的所述黏合面的表面粗糙度 Ra 为 3μm ~ 9.9μm，将所述黏合片的黏合面贴附于 PEG 薄膜时的黏合力，即加热前的黏合力 a1 与加热后的黏合力 a2 之比 a2/a1 为 0.5 以下。

【案例分析】权利要求 1 与对比文件 1 的主要区别在于限定了与黏合面相反侧面

的弹性模量、加热后黏合面的表面粗糙度以及加热前后黏合力之比。虽然实施例表明这些限定条件能提高黏合片的切断精度，但发明说明书未明确这些参数能带来何种额外的技术效果。对比文件1已公开通过调节黏弹性层的弹性模量可改善切割操作和热可靠性，表明本领域技术人员有动机通过调整弹性模量来提高切断精度。同时，对比文件1也表明通过加热使压敏黏结剂层表面变粗糙可降低黏结力，因此调整表面粗糙度以控制黏合力也是本领域技术人员易实现的技术。

【结论】对比文件1教导了调整该参数解决相同的技术问题，故有动机直接调整该参数。

（3）参数与技术问题间接关联

虽然无法确定参数与所要解决的技术问题直接相关，但通过分析可知参数与产品的组成/结构/方法等相关，而上述因素与所要解决的技术问题相关联。此时应重点建立参数与上述因素的关系，进而通过调整上述因素获得相应的参数。

【案例 3 – 4 – 3】

【基本案情】权利要求：1. 一种吸水性树脂，其特征在于，其通过使水溶性烯属不饱和单体在内部交联剂、偶氮化合物与过氧化物的存在下聚合并利用后交联剂进行后交联而得的吸水性树脂，所述水溶性烯属不饱和单体的 70mol% ~100mol% 为丙烯酸及其盐，且所述后交联剂为三羟甲基丙烷三缩水甘油基醚，该吸水性树脂满足以下的性质：

（A）生理盐水吸收能力为 55g/g 以上、在 4.14kPa 载荷下的生理盐水吸收能力为 15ml/g 以上且残留单体含量为 300ppm 以下；

（B）黄色度为 5.0 以下且在 70℃、90% 相对湿度的环境下放置 10 天后的黄色度的变化率 ΔYI 为 10 以下。

【案例分析】权利要求1与对比文件1的主要区别在于其独特的后交联处理工艺以及对吸水性树脂黄色度及其变化率的限定。对比文件2中提到了相似的聚合过程和后交联技术，也使用了部分与权利要求1相似的交联剂。关于黄色度及其变化率，对比文件1和对比文件2提供了相关的制备工艺和添加剂（如螯合剂）。这些工艺和添加剂能够影响吸水性树脂的颜色稳定性。结合对比文件1和对比文件2的公开内容可知，所属技术领域的技术人员能够推导出如何调整制备工艺和添加特定化合物来调控吸水性树脂的黄色度及其变化率，从而满足权利要求1中对于这一特性的限定。

【结论】虽然现有技术没有直接公开该参数，但现有技术给出了引入该组成特征解决相同技术问题、实现相同参数的技术启示，因此不具备创造性。

（四）小　结

在审查包含参数特征的权利要求的新颖性和创造性时，对参数与产品结构和组成之间关系的深入分析显得尤为重要。当对比文件产品结构与组成相同（参数决定）或制备方法相同或相近（结构/组成由特定方法获得），或对比文件产品结构与组成相同，且公开了其他相同或相近的物化参数时，则可推定新颖性。然而，当参数直接反映结构或组成，或与其关联性不确定时，不宜推定新颖性。在创造性审查中，应关注参数与解决技术问题的关联性。若参数与技术问题相关，则为评述重点，需寻找调整参数或相关结构/组成/方法的技术启示。